新时代外国语言文学
新发展研究丛书

总主编　罗选民　庄智象

# 认知语言学新发展研究

Cognitive Linguistics: New Perspectives and Development

束定芳　田　臻 / 著

清华大学出版社
北　京

# 内 容 简 介

本书梳理了认知语言学近 40 年来的发展历程，勾勒了从 20 世纪 80 年代认知语言学理论研究的开创性发展，至 21 世纪 20 多年来全面拓展的全景图像。进入新世纪，认知语言研究领域迅速扩展，经典课题不断深化，体现出明显的学科交叉特征，在语言的计算模型、语言加工的神经认知机制、语言多模态性和社会认知特点、批评话语分析等多个研究领域产出了大量的前沿性成果。本书在对上述研究进行归纳和述评的基础上，分析了研究方法的变革和发展趋势，并详述认知语言学研究成果在语言教学领域的应用及其对符合汉语特点的语法创新研究的影响。

本书适用于语言学研究领域的研究者和学习者。

版权所有，侵权必究。举报：010-62782989，beiqinquan@tup.tsinghua.edu.cn。

图书在版编目（CIP）数据

认知语言学新发展研究 / 束定芳，田臻著. —北京：清华大学出版社，2021.12（2022.11 重印）

（新时代外国语言文学新发展研究丛书）

ISBN 978-7-302-57438-5

Ⅰ. ①认… Ⅱ. ①束… ②田… Ⅲ. ①认知语言学—研究 Ⅳ. ① H0-06

中国版本图书馆 CIP 数据核字（2021）第 021775 号

策划编辑：郝建华
责任编辑：郝建华　刘细珍
封面设计：黄华斌
责任校对：王凤芝
责任印制：丛怀宇

出版发行：清华大学出版社
网　　　址：http://www.tup.com.cn, http://www.wqbook.com
地　　　址：北京清华大学学研大厦 A 座　邮　编：100084
社 总 机：010-83470000　邮　购：010-62786544
投稿与读者服务：010-62776969, c-service@tup.tsinghua.edu.cn
质量反馈：010-62772015, zhiliang@tup.tsinghua.edu.cn

印 刷 者：大厂回族自治县彩虹印刷有限公司
装 订 者：三河市启晨纸制品加工有限公司
经　　销：全国新华书店
开　　本：155mm×230mm　印　张：18.25　字　数：276 千字
版　　次：2021 年 12 月第 1 版　印　次：2022 年 11 月第 2 次印刷
定　　价：118.00 元

产品编号：088131-01

# 中国英汉语比较研究会
# "新时代外国语言文学新发展研究丛书"
# 编委会名单

## 总主编

罗选民　庄智象

## 编委

（按姓氏拼音排序）

| | | | | |
|---|---|---|---|---|
| 蔡基刚 | 陈　桦 | 陈　琳 | 邓联健 | 董洪川 |
| 董燕萍 | 顾曰国 | 韩子满 | 何　伟 | 胡开宝 |
| 黄国文 | 黄忠廉 | 李清平 | 李正栓 | 梁茂成 |
| 林克难 | 刘建达 | 刘正光 | 卢卫中 | 穆　雷 |
| 牛保义 | 彭宣维 | 冉永平 | 尚　新 | 沈　园 |
| 束定芳 | 司显柱 | 孙有中 | 屠国元 | 王东风 |
| 王俊菊 | 王克非 | 王　蔷 | 王文斌 | 王　寅 |
| 文秋芳 | 文卫平 | 文　旭 | 辛　斌 | 严辰松 |
| 杨连瑞 | 杨文地 | 杨晓荣 | 俞理明 | 袁传有 |
| 查明建 | 张春柏 | 张　旭 | 张跃军 | 周领顺 |

# 总　　序

　　外国语言文学是我国人文社会科学的一个重要组成部分。自1862年同文馆始建，我国的外国语言文学学科已历经一百五十余年。一百多年来，外国语言文学学科一直伴随着国家的发展、社会的变迁而发展壮大，推动了社会的进步，促进了政治、经济、文化、教育、科技、外交等各项事业的发展，增强了与国际社会的交流、沟通与合作，每个发展阶段无不体现出时代的要求和特征。

　　20世纪之前，中国语言研究的关注点主要在语文学和训诂学层面，由于"字"研究是核心，缺乏区分词类的语法标准，语法分析经常是拿孤立词的意义作为基本标准。1898年诞生了中国第一部语法著作《马氏文通》，尽管"字"研究仍然占据主导地位，但该书宣告了语法作为独立学科的存在，预示着语言学这块待开垦的土地即将迎来生机盎然的新纪元。1919年，反帝反封建的"五四运动"掀起了中国新文化运动的浪潮，语言文学研究（包括外国语言文学研究）得到蓬勃发展。中华人民共和国成立后，尤其是改革开放以来，外国语言文学学科的发展势头持续迅猛。至20世纪末，学术体系日臻完善，研究理念、方法、手段等日趋科学、先进，几乎达到与国际研究领先水平同频共振的程度，取得了令人瞩目的成绩，有力地推动和促进了人文社会科学的建设，并支持和服务于改革开放和各项事业的发展。

　　无独有偶，在处于转型时期的"五四运动"前后，翻译成为显学，成为了解外国文化、思想、教育、科技、政治和社会的重要途径和窗口，成为改造旧中国的利器。在那个时期，翻译家由边缘走向中国的学术中心，一批著名思想家、翻译家，通过对外国语言文学的文献和作品的译介塑造了中国现代性，其学术贡献彪炳史册，为中国学术培育做出了重大贡献。许多西方学术理论、学科都是经过翻译才得以为中国高校所熟悉和接受，如王国维翻译教育学和农学的基础读本、吴宓翻译哈佛大学白璧德的新人文主义美学作品等。这些翻译文本从一个侧面促成了中国高等教育学科体系的发展和完善，社会学、人类学、民俗学、美学、教育学等，几乎都是在这一时期得以创建和发展的。翻译服务对于文化交流交融和促进文明互鉴，功不可没，而翻译学也在经历了语文学、语言学、文化学等转向之后，日趋成熟，如今在让中国了解世界、让世界了解中国，尤其是"一带一路"建设、人类命运共同体构建，讲好中国故事、传递好中国声音等方面承担着重要使命与责任，任重而道远。

20世纪初，外国文学深刻地影响了中国现代文学的形成，犹如鲁迅所言，要学普罗米修斯，为中国的旧文学窃来"天国之火"，发出中国文学革命的呐喊，在直面人生、救治心灵、改造社会方面起到不可替代的作用。大量的外国先进文化也因此传入中国，为塑造中国现代性发挥了重大作用。从清末开始特别是"五四运动"以来，外国文学的引进和译介蔚然成风。经过几代翻译家和学者的持续努力，在翻译、评论、研究、教学等诸多方面成果累累。改革开放之后，外国文学研究更是进入繁荣时代，对外国作家及其作品的研究逐渐深化，在外国文学史的研究和著述方面越来越成熟，在文学理论与文学批评的译介和研究方面、在不断创新国外文学思想潮流中，基本上与欧美学术界同步进展。

外国文学翻译与研究的重大意义，在于展示了世界各国文学的优秀传统，在文学主题深化、表现形式多样化、题材类型丰富化、批评方法论的借鉴等方面显示出生机与活力，显著地启发了中国文学界不断形成新的文学观，使中国现当代文学创作获得了丰富的艺术资源，同时也有力地推动了高校相关领域学术研究的开展。

进入21世纪，中国的外国语言学研究得到了空前的发展，不仅及时引进了西方语言学研究的最新成果，还将这些理论运用到汉语研究的实践；不仅有介绍、评价，也有批评，更有审辨性的借鉴和吸收。英语、汉语比较研究得到空前重视，成绩卓著，"两张皮"现象得到很大改善。此外，在心理语言学、神经语言学和认知语言学等与当代科学技术联系紧密的学科领域，外国语言学学者充当了排头兵，与世界分享语言学研究的新成果和新发现。一些外语教学的先进理念和语言政策的研究成果为国家制定外语教育政策和发展战略也做出了积极的贡献。

习近平总书记指出："要着力推进国际传播能力建设，创新对外宣传方式，加强话语体系建设，着力打造融通中外的新概念新范畴新表述，讲好中国故事，传播好中国声音，增强在国际上的话语权。"为贯彻这一要求，教育部近期提出要全面推进新工科、新医科、新农科、新文科等建设。新文科概念正式得到国家教育部门的认可，并被赋予新的内涵和定位，即以全球新技术革命、新经济发展、中国特色社会主义新时代为背景，突破传统的文科思维模式与文科建构体系，创建与新时代、新思想、新科技、新文化相呼应的新文科理论框架和研究范式。新文科具备传统文科和跨学科的特点，注重科学技术、战略创新和融合发展，立足中国，面向世界。

新文科建设理念对外国语言文学学科建设提出了新目标、新任务、新要求、新格局。具体而言，新文科旗帜下的外国语言文学学科的发展目标是：服务国家教育发展战略的知识体系框架，兼备迎接新科技革命的挑战能力，彰显人文学科与交叉学科的深度交融特点，夯实中外政治、文化、社会、历史等通识课程的建设，打通跨专业、跨领域的学习机制，确立多维立体互动教学模式。这些新文科要素将助推新文科精神、内涵、理念得以彻底贯彻落实到教育实践中，为国家培养出更多具有融合创新的专业能力，具有国际化视野，理解和通晓对象国人文、历史、地理、语言的人文社科领域外语人才。

进入新时代，我国外国语言文学的教育、教学和研究发生了巨大变化，无论是理论的探索和创新，方法的探讨和应用，还是具体的实验和实践，都成绩斐然。回顾、总结、梳理和提炼一个年代的学术发展，尤其是从理论、方法和实践等几个层面展开研究，更有其学科和学术价值及现实和深远意义。

鉴于上述理念和思考，我们策划、组织、编写了这套"新时代外国语言文学新发展研究丛书"，旨在分析和归纳近十年来我国外国语言文学学科重大理论的构建、研究领域的探索、核心议题的研讨、研究方法的探讨，以及各领域成果在我国的应用与实践，发现目前研究中存在的主要不足，为外国语言文学学科发展提出可资借鉴的建议。我们希望本丛书的出版，能够帮助该领域的研究者、学习者和爱好者了解和掌握学科前沿的最新发展成果，熟悉并了解现状，知晓存在的问题，探索发展趋势和路径，从而助力中国学者构建融通中外的话语体系，用学术成果来阐述中国故事，最终产生能屹立于世界学术之林的中国学派！

本丛书由中国英汉语比较研究会联合上海时代教育出版研究中心组织研发，由研究会下属29个二级分支机构协同创新、共同打造而成。罗选民和庄智象审阅了全部书稿提纲；研究会秘书处聘请了二十余位专家对书稿提纲逐一复审和批改；黄国文终审并批改了大部分书稿提纲。本丛书的作者大都是知名学者或中青年骨干，接受过严格的学术训练，有很好的学术造诣，并在各自的研究领域有丰硕的科研成果，他们所承担的著作也分别都是迄今该领域动员资源最多的科研项目之一。本丛书主要包括"外国语言学""外国文学""翻译学""比较文学与跨文化研究"和"国别和区域研究"五个领域，集中反映和展示各自领域的最新理论、方法和实践的研究成果，每部著作内容涵盖理论界定、研究范畴、研究视角、研究方法、研究范式，同时也提出存在的问题，指明发展的前景。总之，本丛书基于外国语言文学学科的五个主要方向，借助基础研究与应用研究的有机契合、共时研究与历时研究的相辅相成、定量研究与定性研究的有效融合，科学系统地概括、总结、梳理、提炼近十年外国语言文学学科的发展历程、研究现状以及未来的发展趋势，为我国外国语言文学学科高质量建设与发展呈现可视性极强的研究成果，以期在提升国家软实力、构建人类命运共同体过程中承担起更重要的使命和责任。

感谢清华大学出版社和上海时代教育出版研究中心的大力支持。我们希望在研究会与出版社及研究中心的共同努力下，打造一套外国语言文学研究学术精品，向伟大的中国共产党建党一百周年献上一份诚挚的厚礼！

罗选民　庄智象<br>2021 年 6 月

# 前　　言

　　语言和认知的关系一直广受关注。认知语言学研究人类一般认知能力对语言结构和语言使用的影响，提出了很多有价值的理论分析框架，取得了许多引人注目的研究成果，加深了人们对语言和思维之间关系的认识。21世纪以来，认知语言学的研究领域不断扩展，与计算机科学、神经认知科学、心理学、生物学、社会学等学科广泛交叉融合，并在研究方法上不断创新，在自然语言处理、语言加工机制等方面的研究进展迅速，成果的应用前景十分广阔。

　　进入21世纪，互联网的广泛普及使大规模语言数据的存储和计算成为可能，以统计方法为主导的自然语言处理研究逐渐成为主角，我们也进入了"语言智能"时代。一方面，大数据成为建立各种语言计算模型的基础，促成研究方法的巨大变革；另一方面，各种语言数据所涵盖的丰富的社会、文化、心理、行为等信息也促使语言研究的疆域不断拓展，人们对语言与认知关系的认识不断加深。在这一层面上来讲，新世纪以来认知语言学进入了发展的新时代，总结、分析、提炼这一时期认知语言学研究的特点对该学科未来的发展与创新至关重要。

　　鉴于此，本书着眼于认知语言学研究的全球视野，梳理了近40年来该领域的发展历程，勾勒了从20世纪80年代认知语言学理论研究的开创性发展，至21世纪20多年来全面拓展的全景图像。在此基础上，本书着重分析了近20年相关分支学科的前沿研究与发展，评述其对认知语言学发展产生的影响，并对未来发展趋势进行展望。全书共分4章：第1章综述认知语言学在20世纪后期的萌芽和发展过程、基本概念和理论流派；第2章侧重评述21世纪以来认知语言学领域一些主要分支学科的发展过程和主要成果，特别是一些新兴的分支领域，如批评认知语言学、认知社会语言学等；第3章分析了21世纪以来认知语言学的研究方法变革，特别是语料库法和实验研究法等实证方法的综合和互补的发展趋势；第4章考察并反思了认知语言学理论的应用情况，一方面是认知语言学理论在外语教学方面的应用，另一方面是认知语言学理论和研究方法在汉语语法研究方面的应用与创新。

田臻、张立飞、李国宏、李恬、张辉、张天伟、杨唐峰、史李梅、段丹等参与了本书的撰写工作。田臻负责有关认知语言学研究方法方面的内容以及后期全书各章节内容的整合，段丹参与了研究方法相关内容的总结与撰写；张立飞和史李梅回顾了有关 20 世纪认知语言学的发展历程；李国宏总结了认知语言学在外语教学与汉语研究中的应用与创新；李恬全面描述了构式语法、神经认知语言学和认知语用学等领域的发展；张辉阐述并评价了批评认知语言学这一新兴研究领域的发展；张天伟对社会认知语言学研究进行了全面的分析；杨唐峰对隐喻和转喻研究关注的最新热点及其发展创新做了详细评述。

本书的编写得到了丛书总主编和清华大学出版社的指导和支持，特此致谢。因时间仓促，认知语言学研究领域还有一些相关的内容和进展未能收入本书，已有的内容还存在一些疏漏和不足，欢迎专家和广大读者批评指正。

束定芳
2021 年 10 月

# 目　　录

## 第1章　认知语言学20世纪主要发展综述 …………… 1

### 1.1　认知语言学的兴起 …………………………………… 2
- 1.1.1　认知语言学与第二代认知科学 …………………… 2
- 1.1.2　认知语言学的发展脉络 …………………………… 4

### 1.2　认知语言学的基本原则 ……………………………… 7

### 1.3　认知语言学的主要流派 ……………………………… 10
- 1.3.1　范畴化理论 ………………………………………… 10
- 1.3.2　概念隐喻理论与概念转喻理论 …………………… 13
- 1.3.3　构式语法理论 ……………………………………… 19
- 1.3.4　认知语义学理论 …………………………………… 22
- 1.3.5　心理空间理论和概念整合理论 …………………… 30
- 1.3.6　认知语法理论 ……………………………………… 33

### 1.4　结语 …………………………………………………… 38

## 第2章　新时代认知语言学的发展与创新 …………… 39

### 2.1　隐喻与转喻研究 ……………………………………… 40
- 2.1.1　隐喻与转喻研究进展概述 ………………………… 40
- 2.1.2　隐喻与转喻最新研究中的热点问题 ……………… 41
- 2.1.3　隐喻与转喻在国内的研究与创新 ………………… 67

### 2.2　构式语法研究 ………………………………………… 68
- 2.2.1　构式语法研究进展概述 …………………………… 68
- 2.2.2　构式语法最新研究中的热点问题 ………………… 70
- 2.2.3　构式语法在国内的研究与创新 …………………… 73

## 2.3 批评认知语言学研究 ·············· 74
### 2.3.1 批评认知语言学概述 ·············· 74
### 2.3.2 批评认知语言学在批评话语研究中的地位 ······ 76
### 2.3.3 认知语言学与批评认知语言学的关联 ········ 78
### 2.3.4 批评认知语言学的研究方法 ············ 80

## 2.4 认知社会语言学研究 ·············· 85
### 2.4.1 认知社会语言学概述 ·············· 85
### 2.4.2 认知社会语言学的最新进展和研究特点 ······ 87
### 2.4.3 国内认知社会语言学的研究与创新 ········ 94

## 2.5 神经认知语言学研究 ·············· 97
### 2.5.1 神经认知语言学概述 ·············· 97
### 2.5.2 神经认知语言学研究的热点问题 ·········· 98
### 2.5.3 国内神经认知语言学的研究与创新 ········ 99

## 2.6 认知语用学研究 ················ 100
### 2.6.1 认知语用学概述 ··············· 100
### 2.6.2 认知语用学研究的热点问题 ············ 102
### 2.6.3 国内认知语用学的研究与创新 ·········· 104

## 2.7 结语 ···················· 105

# 第3章 新时代认知语言学研究方法 ········ 107
## 3.1 21世纪认知语言学主流研究方法 ········ 108
### 3.1.1 内省法 ··················· 108
### 3.1.2 语料库研究方法 ··············· 114
### 3.1.3 多模态研究方法 ··············· 121
### 3.1.4 心理实验方法 ················ 128
### 3.1.5 神经实验方法 ················ 135

## 3.2 认知语言学研究方法近10年的新发展 ········· **143**
### 3.2.1 内省法与实证研究方法紧密结合 ········· 144
### 3.2.2 量化方法的改进及研究领域的纵深发展 ········· 146
### 3.2.3 多模态研究范围扩大及语料库建设 ········· 148
### 3.2.4 时空关系研究的深化及汇流证据的使用 ········· 151
### 3.2.5 传统理论问题的深化及实验范式的改进 ········· 154

## 3.3 多元研究方法对认知语言学发展的影响 ········· **157**
### 3.3.1 传统研究领域和主题的拓展与深化 ········· 157
### 3.3.2 神经认知研究的崛起和应用 ········· 158
### 3.3.3 认知语言学理论的创新和思辨 ········· 161

## 3.4 结语 ········· **163**

# 第 4 章 新时代认知语言学的应用与实践 ········· **165**

## 4.1 认知语言学在教学中的应用与实践 ········· **165**
### 4.1.1 外语教学之困 ········· 165
### 4.1.2 认知语言学的语言观与外语教学 ········· 169
### 4.1.3 认知语言学在教学中的应用与实践 ········· 180
### 4.1.4 认知语言学教学实践之评价 ········· 190

## 4.2 认知语言学在汉语研究中的应用 ········· **191**
### 4.2.1 认知语法与汉语研究 ········· 192
### 4.2.2 构式语法理论与汉语研究 ········· 202
### 4.2.3 概念隐喻/转喻理论与汉语研究 ········· 212

## 4.3 结语 ········· **216**

# 参考文献 ········· **217**

# 术语表 ········· **267**

# 图 目 录

图 1-1 英语双及物构式与动词 hand 的融合 ············· 20
图 1-2 力动态概念基元 ···································· 28
图 1-3 动词框架语言和卫星框架语言的编码区别 ········· 29
图 1-4 西班牙语和英语对运动事件的编码方式差异 ······ 30
图 1-5 hub、spoke、rim、wheel 的侧面选择差异 ········ 37
图 2-1 文化语义学示意图 ································· 62
图 3-1 基线、加工和层级 ································· 110
图 4-1 汉、英名动词类的不同格局 ······················ 195
图 4-2 词汇与构式网络——以双及物构式为例 ·········· 203
图 4-3 构式句法结构和语义结构的对应关系 ············ 205

# 表 目 录

表 1-1 力动态适用领域及其语言表征 ………………………… 27
表 1-2 前景和背景的特征对比 ………………………………… 35
表 2-1 隐喻特征的三维分类 …………………………………… 50
表 4-1 情态动词图式、意义及用法 …………………………… 182
表 4-2 情态动词的功能及举例 ………………………………… 189
表 4-3 各个层面的构式形义分析 ……………………………… 203

# 第 1 章
# 认知语言学 20 世纪主要发展综述

认知语言学起源于 20 世纪 70 年代，语言学家们基于对当时盛行的形式语言学进行了反思，开始以一种新的视角看待语言的形式和意义，在研究中逐渐关注语言与一般认知能力之间的关系。1975 年对于认知语言学的发展而言，是一个标志性的时间节点。这一年，美国加州大学伯克利分校（University of California, Berkeley）举办的语言学暑期班上宣读了四篇重量级的论文，分别是 Paul Kay 有关颜色词的研究、Eleanor Rosch 对基本层次范畴的考察、Leonard Talmy 对多种语言中空间关系表达方式的探讨，以及 Charles Fillmore 关于框架语义学（Frame Semantics）的论述（束定芳，2009）。这四篇论文的一个共同议题就是人的基本认知能力对语言的作用。因此，1975 年常被看作是认知语言学的发端之年。现今，认知语言学已然迈入不惑。经过 40 多年的发展，认知语言学已成为当前世界语言学研究的一个重要范式，并在很多方面取得了辉煌的成就，Dąbrowska（2016）概括为以下几点：

（1）对许多语言中各类词汇和语法现象做了详尽的阐述，包括此前很少有人研究的语言。

（2）加深了我们对于一些基本语言问题的了解。例如，意义是如何构建的？语言何以如此？语言是如何习得的，又是如何变化的？

（3）为理解语言处理和语言障碍搭建了理论框架。

（4）使得此前处于边缘地位的语言现象，如识解、具身、语法范畴的意义、隐喻、转喻和象似性等，成为语言学的中心议题。

（5）使得我们对语言研究的诸多方面在概念层面达成共识。

认知语言学 40 多年的发展历程大致可分为各有侧重的两个阶段。

从20世纪70年代中期到21世纪初可看作是认知语言学的初创阶段（张辉，2018）。其间，认知语言学的倡导者们利用内省的方法，秉承认知承诺（cognitive commitment），构建了众多的理论模型，借以阐释语言的语义和语法问题，如 Lakoff & Johnson（1980，1999）的概念隐喻和概念转喻理论、Lakoff（1987）的范畴化理论、Langacker（1987，1991）的认知语法、Talmy（2000a，2000b）的认知语义学、Fauconnier 和 Johnson 的心理空间和概念整合理论（Fauconnier，1985，1997；Fauconnier & Turner，1998，2002），以及 Goldberg（1995，2006）和 Croft（2001）的构式语法等。这些理论多采用心智思辨的方法对语言现象进行深入的剖析，因此也被称为认知语言学"原型"（prototype of cognitive linguistics）（Divjak et al.，2016：449）。另一阶段则是进入21世纪以来的近20年时间，出现了许多建立在认知语言学"原型"基础上的扩展研究，主要体现为两个转向，即"社会转向"（social turn）和"经验转向"（empirical turn）。下面概述认知语言学第一阶段，即21世纪之前的发展历程。概述将从三个方面展开，即认知语言学的兴起、认知语言学的基本原则和认知语言学的主要流派。

## 1.1 认知语言学的兴起

### 1.1.1 认知语言学与第二代认知科学

认知语言学发源于美国，是认知科学的重要组成部分，产生于第二代认知科学，其哲学基础是体验哲学，其主要推动力是对于生成语法理论的不满。Lakoff & Johnson（1999）认为认知科学经历了两个发展阶段，即第一代认知科学和第二代认知科学。两代认知科学都着眼于心智和认知，都认为语言和认知存在于人们的头脑中，但却存在一系列根本的分歧。这些分歧从本质上看体现了"客观主义"与"非客观主义"及"非体验性"与"体验性"的对立。

第一代认知科学产生于20世纪50年代，以客观主义理论为基础，既接受了传统英美分析哲学的观点，也继承了笛卡尔的主要观点。它吸取了分析哲学的符号运算理论,主张利用形式分析的方法来进行推理。这是一种忽视身体经验的哲学,持"天赋论"观点,认为心智与体验无关,感知与概念分离;推理是先验的,独立于感知能力和身体运动之外;强调思维的非隐喻性;主张"推理自治",并认为这是人区别动物的一个标志性特征(王寅,2007:17)。

以乔姆斯基为代表的生成语言学受第一代认知科学的影响,认为语言和句法是天赋的、自治的,人类的大脑先天就有自治的"句法模块",句法是人类心智的生成部分,同时句法自治与语义无关,因此生成语言学将主要精力放在句法研究上。乔姆斯基还接受了笛卡尔有关"普遍语法"的观点,认为普遍语法是与生俱有的语言初始状态,由带普遍性的原则和参数构成,它们决定了语言中最本质的句法部分,独立于身体和外界,没有任何经验因素能影响其自治性。

第二代认知科学发端于 20 世纪 70 年代,认为心智的本质来自身体经验,坚决反对客观主义、天赋论等观点,其哲学基础是体验哲学。"体验"是第二代认知科学的核心要义,既表现在心智、推理、语言、意义的许多主要方面,也表现在思维的结构和内容上,对概念的形成、推理的理解、语言的分析、意义的描述起着关键作用。

认知语言学植根于第二代认知科学,认为语言不是天赋的、自治的,语言离不开人的感知体验和互动认知。同样,句法也不是自治的,不能离开语义,语义及功能才应该是语言研究的中心内容。认知和体验是认知语言学的两个核心概念。在认知语言学看来,意义就是概念化,是人们在对现实世界的体验中,经由认知加工而形成的意象;是一种体验性的心理现象,是主客体互动的结果,必须要从体验、互动、文化背景、百科知识等多个角度加以描写。语法也是人们在对语言世界的体验过程中,利用范畴化、类推等基本认知能力,对接触到的真实语言进行抽象而来的大小不一、复杂程度各异的构式。

一言以蔽之,建立在第二代认知科学基础上的认知语言学在诸多方面与转换生成语法针锋相对,是对后者的全面"反动"。有意思的是,认知语言学的许多创始人,如 Lakoff、Langacker、Jakendoff 都曾是转换生成语法的拥趸。

## 1.1.2　认知语言学的发展脉络

### 1. 萌芽时期

　　如前所述，认知语言学创立的重要标志之一，是 1975 年美国加州大学伯克利分校举办的语言学暑期班上宣读的四篇论文。

　　第一篇论文是 Paul Kay 有关颜色词的研究。他发现，尽管各种语言中颜色词的数量不同，但是说不同语言的人对每种常见典型颜色的认知却几乎没有区别。在众多的颜色中，世界上的语言对某几种颜色都有表达的词语。这证明了典型颜色的存在，也说明颜色是普遍的，对颜色的认知也是普遍的，这是由物理和生理因素共同决定的。

　　第二篇论文是 Eleanor Rosch 对基本层次范畴的研究。例如"椅子"是一个属于基本层次的范畴，但"家具""摇椅"不是基本层次范畴，"家具"是"椅子"的上位范畴概念，而"摇椅"是"椅子"的一个下位范畴概念。我们可以在大脑中形成一个"椅子"的意象，却无法形成"家具"的意象。基本层次范畴跟人类与世界的互动有关。她发现，在人们关于基本层次范畴成员的心理意象中，有身体和大脑活动的参与，这表明意义具有体验的性质。

　　第三篇论文是 Leonard Talmy 对多种语言中空间关系表达方式的讨论。Talmy 发现，每一种语言都有一套不同的描述空间关系的词语，但它们之间并没有一种对应关系。例如，英语中有 in、through、on 等，汉语中也有一些类似的介词，但它们之间并不完全对应。Talmy 认为，每一种空间关系都可以分解为一系列基本的空间关系，而这些基本的空间关系在不同的语言中是一致的。同时，空间关系的语义元素并不只是与空间关系相关，还与身体的作用方式相关。

　　第四篇论文是 Charles Fillmore 关于"框架语义学"的论述。英语中有 buy、sell、goods、price 这四个词，他们同属于一个"事件框架"。在一次"购物事件"中，有四种与事件相关的东西，在一次"购买"活动中，一般会涉及四个角色，即买主、卖主、钱和商品，同时还有三个阶段：第一阶段，卖主需要货物，准备了钱；第二阶段，卖主有货物，想把它卖了换钱；第三阶段，买主拿到货物，卖主拿到钱。Fillmore 发现，在所有语言中，任何一个事件都相对于一个框架得到定义，框架与逻辑无关,而是与人类的经验相关。

以上研究发现,意义与人类的经验具有千丝万缕的联系,人类的语言能力并不是一种独立的能力,而是人类普遍认知能力的一部分。语义是主观和客观的结合,不可避免地要受到人的主观看法、心理因素以及社会文化因素的影响。Lakoff(2005)曾说,他之所以转而研究认知语言学,并进一步提炼出认知语言学的体验哲学观,正是受到了1975年这四篇论文的启发。

## 2. 蓬勃发展时期

1975年的这四篇论文无异于在平静的湖水里丢下了一颗石子,荡起了无数涟漪。自此,特别是20世纪80年代和90年代,认知语言学开始了蓬勃发展,不同的理论派别像雨后春笋一样冒了出来;不仅会上的四篇论文均有后续研究,进一步发展出了相关理论,其他与认知有关的理论亦相继涌现,如概念隐喻/转喻理论、心理空间和概念整合理论、认知语义学、认知语法以及象似性理论等。

### 1)从颜色词研究到原型范畴理论

早在1975年的伯克利语言学暑期班之前,学界就已经注意到了亚里士多德(Aristotle)式经典范畴观的不足。维特根斯坦(Wittgenstein,1953)以"游戏"(game)为例,深刻阐述了同一范畴的不同成员之间并不存在一组共有的特征,它们之间的关系是通过家族相似性来维系的。之后,人类学家Berlin & Kay(1969)通过对颜色词的一系列研究,心理学家Rosch(1975,1978)对颜色词、鸟、水果、交通工具、蔬菜等范畴的研究,社会语言学家Labov(1973)对"杯"类(cup-like)容器的研究,均发现人类是依据特定的原型,而不是一组充分必要条件来构建范畴的。在上述研究的基础上,Lakoff(1987)对原型范畴理论做了全面的阐述,并以"生气"的表达、OVER以及THERE结构为例做了深入的分析。Taylor(1995)则将原型的概念引入对语言范畴的分析,发现多义语言单位的各个意义是通过围绕一个或多个原型义而构建的。

### 2)从空间关系研究到认知语义学

Talmy对空间关系的关注引发了他对与空间有关的语义语法问题的

兴趣：一是运动事件中的前景与背景，并将前景与背景的关系扩展到复杂句中的主句与从句（Talmy，1978a，1978b）；二是运动事件中的致使关系（Talmy，1976），并进一步提出了"力动态"（force dynamics）的概念，用来进一步解释语言和思维中的致使现象（Talmy，1988）；三是运动事件中不同要素的语言实现问题，并由此提出了著名的"宏事件"（macro event）的概念，并将这一概念拓展到了除运动事件以外的其他事件，包括因果事件（causation event）、循环事件（cyclic event）、参与者事件（participant event）以及相互关系事件（interrelationship event）。后来，Talmy（2000a，2000b）对他的这些理论和思想做了系统的梳理，并冠之以"认知语义学"。

### 3）从框架语义学到构式语法理论

从20世纪70年代中期开始到80年代中期，Fillmore先后发表了一系列论文，系统地提出了框架语义学的观点，认为框架是一种认知组织，是"特定而又统一的知识结构组织或经验的连贯性图式化"（Fillmore，1985：223）。Fillmore对框架语义的考察引发了他对动词论元与句子论元不匹配现象的关注，进而发现句子的意义并非其构成成分意义的简单组合（Fillmore et al.，1988），继而萌发了构式语法的思想。之后，Fillmore的学生Goldberg（1995）进一步将构式的理念发扬光大，她系统阐述了构式语法理论，并据此对英语中的四类构式，即双及物构式、致使移动构式、动结构式以及WAY构式做了深刻论述。

### 4）从空间语法到认知语法

Langacker对认知语言学的兴趣亦始于对空间问题的关注（Langacker，1982）。他两卷本的经典著作《认知语法基础》（Langacker，1987，1991）最初名称是"空间语法"。在这两部著作中，Langacker系统阐述了认知语法的思想，主要包括识解、语法结构式、图式—例示、概念参照点等，并利用这些概念重新诠释了词类、语法成分（包括主语、宾语等）以及小句等概念。随后Langacker（1990，1999）又出版了两部著作，以相关语言现象为例对认知语法的思想做了更详细的补充和说明。

### 5）隐喻/转喻：从传统修辞手法到思维方式

对语言和思维关系的探索最早可追溯到古希腊时期。近代的洪堡特注意到了语言对思维的介入，认为语言是构成思维的官能，二者相互等同。受洪堡特影响，美国人类学家 Boas、Sapir 及其学生 Whorf 在对美洲土著语言进行调查时，开始探寻语言、文化和思维的关系，并由后两者提出了著名的"萨丕尔—沃尔夫假说"（Sapir-Whorf Hypothesis），即在不同的文化中，不同语言在结构、意义以及使用等方面的差异，在很大程度上影响了使用者的思维方式，也即语言决定思维。尽管这一假说甫一提出便引起了很大的争议，且争议一直持续到今，但这一假说却也促使众多语言学人深入思索语言与思维之间的关系：语言在多大程度上影响着思维？思维又如何体现于语言？在这一思潮的影响下，Lakoff & Johnson（1980）重新定位了隐喻和转喻在人类语言中的作用。隐喻和转喻传统上被视为多用作文学语言的修辞方式，他们则认为隐喻和转喻是人类最为基本的一种思维方式，在语言中普遍存在，且对构建语义有重要作用。

### 6）实时语义构建：从心理空间到概念整合

与认知语言学的其他流派不同，心理空间和概念整合理论主要关注话语中的语义构建问题。心理空间即人们在会话中为理解话语而实时构建的各种语言和非语言知识的框架，这一框架被存储在工作记忆中，并随会话的进展而即时更新。这一概念由 Fauconnier（1985）首先提出，之后他又连续发文（1990a，1990b，1994）对这一概念做了深入阐释；随后 Fauconnier 又与 Turner（1995）合作，提出了升级版的心理空间理论——概念整合理论，并分别与 Turner（1996）和 Sweetser（1996）合作，进一步完善和修正了概念整合理论。翌年，Fauconnier（1997）又著书对概念整合理论做了系统而翔实的阐述。

## 1.2　认知语言学的基本原则

从 20 世纪 70 年代末 80 年代初到 90 年代末，认知语言学从萌芽到飞速发展，这期间不同的理论派别相继涌现，齐头并进。但认知语言学也被批评为缺乏一个成熟、系统的核心理论框架，给人以"山头林立，各自为政"之感。诚然，认知语言学的各个分支理论是多位学者几乎在同一时期提出的，各自的着眼点不同，无法像生成语法那样有一个严密的理论架构，难免显得零散，但不同理论并非"各自为政"，而是彼此之间互为补充、形成合力，共同对语言现象进行全面解释。此外，不同的理论派别亦共同遵循一系列的基本原则（Croft，2009），包括：

**1）心智中的语法结构和过程是基本认知能力的体现**

认知语言学作为一种研究范式，最根本的特点就是提出了大脑中的语法结构和过程是一般认知能力体现的假说。换句话说，语言不是一种自主的认知能力（Croft & Cruse，2004：1）。对生成语法基本哲学前提的否定，使认知语言学家能够借鉴认知心理学和格式塔心理学在范畴化、原型、记忆、注意等方面的重要研究成果来进一步研究和阐明语言现象。

Lakoff（1990）将这一原则表述为"认知承诺"，即赖以对人类语言现象进行解释的机制必须契合我们关于心智和大脑的知识，这种知识要么源自其他学科，要么源自认知语言学本身。认知语言学对认知承诺的践行可分为三个层次（Divjak et al.，2016）：第一层为认知可能性（cognitive plausibility），以认知科学的发现为指引，对内省数据进行细致的分析，即"不使语言学游离于脑研究之外，尽可能地从脑研究的结果中获益"（Lakoff，1990：46）；第二层为认知现实性（cognitive reality），即致力于证实我们借以描写和解释语言处理和知识的那些机制在认知层面是真实存在的或得到表征的；第三层为生物/神经现实性（biological/neurological reality），指探究语言使用和语言知识表征的神经机制，这也是语言学研究的终极目标。

**2）语法是一种象征结构，语义是语法的一个核心部分**

这一原则首先强调构式语法作为语法组织模式的基础（Fillmore et al.，1988；Goldberg，1995，2006；Croft，2001；Croft & Cruse，2004），然后阐明了认知语言学研究中对语义的重视。这两个方面是认知语言学对生成语法有关句法自治主张作出的再次回应。生成语法强调对句法的研究，而忽视了语义的研究。因此从狭义上来理解，生成语法是一种句法理论；从广义上来看，语法与词汇概念结构相联系，似乎超出了生成语法的范围。在这种情况下，生成语法研究的内部产生分裂，一些语义学家在形式语义传统下从生成的角度研究句法，而另一些语义学家如 Jackendoff，其研究则更接近于认知语言学而不是形式语义学。不可否认的是，生成语法学家在他们的语法模型中确实包含了语义成分，但生成语法和构式语法的真正区别在于，在构式语法中，句法和语义并没有像生成语法那样被分割成独立的成分，而是作为一个"常规象征单位的结构化清单"（structured inventory of conventional symbolic units）被统一起来（Langacker, 1987: 57）。这一原则的进一步推论是：语法结构也有其特定的意义。

### 3) 语义是百科知识式的（encyclopedic）

这一原则和其后第四条原则彰显了认知语言学的语义观，并将认知语义学与形式化、逻辑化、真值条件语义学区分开来。认知语言学认为，词语本身并不表征界限分明的一组意义，而是作为通过某一概念域的跳板，语言本身并不编码意义，词汇只是意义建构的"触发点"，语言的理解需要人的推理。说话者所知道的与某个词语或结构相关的真实世界经验的所有知识在其意义建构上发挥着重要作用。百科全书知识在词义中发挥作用的一个重要方式是认知模型、框架或脚本，它们都认为一个词的意思包含其背景预设或语义框架，不能脱离其框架来理解。认知语义学认为，真值条件语义是一种不完整的语言意义理论，词汇语义框架的许多方面都不是真值条件，因此我们无法用数学或者其他逻辑符号对意义作出穷尽的非此即彼的描述。

### 4) 语义涉及概念化（conceptualization）

认知语言学认为语义就是概念化，即语言的意义不仅取决所要表述的客观场景，还取决于人们对场景的观察方式，即识解（construal）。认知语言学的这一原则与形式语义学区分开来，认为形式语义学对语言表达的意义所进行的真值条件描述是不充分的，因为它在定义真值条件时只参考事件本身，而没有包括说话者对事件状态的概念化。概念化原则与其他三个原则是相互联系的。概念化既指人们头脑中已经约定俗成的概念，也包括即时形成的概念。也就是说，概念化既是结果又是过程，概念的形成过程又返回到了人体与外部世界互动的体验过程。同时，被生成语言学视为缺乏意义的语法结构和语法要素，在认知语言学家看来，均有其特定的功能和意义，即将某种特定的意义赋予某个事件。

上述四个原则为绝大多数认知语言学者所认同，这同时也表明语义是认知语言学研究的一个核心问题。一方面，认知语言学把语义的载体从传统的语素、词、短语、句子、篇章等具体语言单位扩展到了抽象的语言结构；另一方面，认知语言学突破了传统的客观主义语义观，重视人的主观能动性以及基本认知能力，如类推、范畴化、注意、选择等在语义建构中的作用。而且，认知语言学语义观的这两个方面是相互依存的，例如，正是由于识解语义观的提出，学者们才能清晰、通透地阐述可用于对同一场景进行描写的两个构式之间的语义差别（双宾构式和与格构式）。

## 1.3 认知语言学的主要流派

认知语言学提出的一些重要理论和研究方向包括 Lakoff 等人的范畴化理论、概念隐喻/转喻理论，Goldberg 等人的构式语法理论，Talmy 等人的认知语义学，Fauconnier 等人的心理空间和概念整合理论，Langacker 的认知语法等。下面我们分别予以简要的介绍。

### 1.3.1 范畴化理论

范畴化是认知语言学较早开始的一个课题。所谓范畴化，是指人类从千差万别的世界万物中找到相似性，并据此对其进行分类，或者说，将不同事物看作同一类事物的过程。Lakoff（1987：5）认为，对我们的思维、感知、行动和言语来说，再也没有什么比范畴划分更基本的了。范畴化是人类的一种高级认知活动（Dirven & Verspoor, 1998：108），是人类对实体进行分类的心智过程（mental process of classification），是建构范畴的基础（Ungerer & Schmid，1996：2）。

范畴化理论的发展可分为经典范畴理论和原型范畴理论这两个阶段。经典范畴理论可以追溯到古希腊哲学家 Aristotle 对于范畴的认识，认为范畴是有清晰边界的均质单位，所有成员都可以用数量有限的本质特征而得以描写。这些本质特征构成判断事物范畴属性的充分必要条件集合。经典范畴理论的主要观点可大致归纳为以下五个方面：

（1）同一范畴的所有成员地位相等；

（2）同一范畴的事物地位相等；

（3）每一个范畴都有一组固定的必要和充分条件来对其成员进行定义；

（4）所有用来定义某一范畴的必要和充分条件具有同等地位；

（5）范畴之间的界限是固定的。

Aristotle 的经典范畴化理论一直被众多学者奉为唯一正确的范畴理论，对 20 世纪的语言学研究产生了深刻的影响，"二战"后对于音位学、句法学和语义学的形式主义的研究更是建立在上述基本假设之上。然而，当经典范畴理论运用到具体语言现象的分析时，却表现出不可克服的缺陷，主要体现在以下三个方面。

（1）中心度分级问题

在某些范畴中，并不是所有的成员地位都相等。相反，通常情况下，有些成员被认为比另外一些成员更能代表某一范畴。

（2）某一范畴的充分和必要条件不易确定

有时候某范畴成员之间的共有特性很多，我们很难穷尽这些特性，也很难确定哪些是充分必要条件。比如，"鸟"这一范畴包括麻雀、燕子、大雁、鸡和企鹅等成员，它们中大多有羽毛、有翅膀、会飞、会下蛋、会鸣叫，诸如此类的特性我们还可以列出很多，那么究竟哪些特性可以帮助我们界定"鸟"，哪些不能，这之间的界限不易划分。

（3）并非所有的范畴都有清晰的界线

在现实生活中，许多事物的界限并不清楚，比如膝盖、薄雾、树干等，更不用说如何划分冷水、温水和热水的界限了。

针对经典范畴理论的诸多缺陷，自 20 世纪 60 年代以来，心理学和人类学研究对经典范畴理论的相关主张提出了大量的反证和挑战，对范畴有了新的认识，逐步建立了现代范畴理论。现代范畴理论的提出和发展经历了两个阶段：第一阶段是维特根斯坦提出的语义范畴的"家族相似性"原理；第二阶段则是 Rosch 和 Labov 在"家族相似性"原理的基础上，提出了"原型范畴"这一概念。

维特根斯坦以 GAME（游戏）这个范畴为例，详细阐述了语言范畴家族相似性的含义：在日常生活中，GAME 可用来指各种活动，如下棋是一项 GAME、打棒球是一种 GAME、人生是一场 GAME 等；但这些被称为 GAME 的活动，却不存在共有的特征；它们彼此之间通过家族相似性存在关联。

第二阶段早期比较经典的研究包括 Berlin & Kay（1969）对于颜色词的研究、William Labov（1973）对于家用物品的研究以及 Rosch 及其同事的研究。正是这些研究进一步发现了经典范畴理论的不足，为现代范畴理论，具体来说为原型理论和范畴层次理论的提出奠定了基础。

Berlin & Kay（1969）通过研究颜色词发现，人类是依靠所谓的核心颜色来对颜色进行范畴化。颜色范畴有中心和边缘之分，颜色的范畴化与核心颜色有关。此外，核心颜色词学起来要比非核心颜色词快，不同语言甚至同一种语言不同使用者之间，颜色范畴的边界会不同。总之，颜色范畴不是任意的，而是建立在核心颜色基础之上，核心颜色似乎拥有某种特别的感知和认知显著特征。而最早对原型效应进行实验研究的是 Rosch（1975）。她把鸟类、水果、交通工具、家具等数十种属于不同范畴的样本拿给受试，让他们对原型程度也就是样本质量（goodness of example，简称 GOE）进行评价。实验发现，人们对某些范畴的成员原型性确实有不同的评估，也就是说，范畴成员资格有程度之分。

原型范畴理论（Taylor，2003：99-117）的基本观点包括：

（1）范畴内的成员并非由一组充分必要条件关联在一起，而是通过家族相似性得以关联，它们构成一个相互交叉的相似性网络。

（2）范畴的边界是模糊的，不同的范畴之间存在相互重叠、相互渗透的现象。

（3）范畴原型与该范畴成员共有的特性最多，与相邻范畴的成员共有特征最少；范畴边缘成员与该范畴成员相似的特征较少，而与其他范畴的成员共性最多（Ungerer & Schmid，1996）。也就是说，不同范畴的原型之间特征差异最大。

（4）范畴成员依据具有该范畴所有特性的多寡，具有不同的典型性（prototypicality），因此范畴成员之间并不平等。原型是范畴内最典型的成员，其他成员有的典型性显著，有的则处于范畴的边缘位置。

（5）范畴呈放射状结构，原型位于范畴结构的中心位置；多数范畴呈现的不是单一中心结构（monocentric structure），而是多中心结构（polycentric structure），即某些范畴通常具有多个原型，原型之间通过家族相似性获得联系。

（6）范畴存在等级之分，其中最重要的是基本层次范畴（basic-level category）。基本层次范畴由某些具有显著特征的基本物体构成，通过基本层次范畴我们可以付出最小的认知努力而收获最大量的信息。在基本层次范畴之上，有更抽象的、更具概括性的高层次范畴（superordinate category）；在基本层次范畴之下，有较具体、概括性稍差的低层次范畴（subordinate category）（蓝纯，2001：F30）。如"鸟"是一个基本层次范畴，在它之上有高层次范畴"动物"，在它之下有低层次范畴"燕子""麻雀""鸽子"等。

原型范畴理论克服了经典范畴理论的某些缺陷，在语义、语言结构和解释范畴的习得方面影响深远，在语言学界被公认为是认知语言学最具典型代表性的重要理论之一。

## 1.3.2 概念隐喻理论与概念转喻理论

概念隐喻理论（Conceptual Metaphor Theory）由美国学者Lakoff & Johnson（1980）提出，他们指出，隐喻在我们的日常生活中无处不在，不仅存在于我们的语言表述中，也存在于我们的思想和行为方式中。概念隐喻理论认为，隐喻是一种认知手段，隐喻的本质是概念性的，隐喻是跨概念域的系统映射。例如：

ARGUMENT IS WAR.

(1) Your claims are indefensible.

(2) He attacked every weak point in my argument.
(3) The argument collapsed.
(4) I demolished his argument.
(5) His criticisms were right on target.
(6) You disagree? Okay, shoot!
(7) If you use that strategy, he'll wipe you out.
(8) He shot down all of my arguments.

在 ARGUMENT IS WAR 这一概念隐喻中，始源域是 WAR（战争），目标域是 ARGUMENT（辩论），即我们依凭"战争"这一概念域来理解和构建"辩论"这一概念域，而 indefensible、attack every weak point、collapse、demolish、right on target、shoot、strategy、wipe out 和 shoot down 这些通常情况下用于"战争"的词或短语就可以用来描述"辩论"。

根据 Lakoff（1993）的论述，隐喻映射遵守"不变原则"（Invariance Principle）：隐喻映射在与目标域内结构保持一致的前提下，保留始源域的认知布局（topology），即意象图式结构。例如，如果始源域具备路径图式结构，在映射时，始源域中的起点就被映射到目标域的起点上，始源域的目标被映射到目标域的目标上。从某种程度上说，不变原则实际上是对映射过程的一种制约，即目标域内在的意象图式结构不会受到破坏，目标域的结构限制了自动映射的可能性（束定芳，2002）。例如，在 LIFE IS A JOURNEY 这一概念隐喻中，JOURNEY（旅行）是始源域，LIFE（生活）是目标域。始源域具有的显著特征包括：（1）旅行者；（2）旅行有开始、旅途和结束等结构性；（3）旅行过程中会出现各种情况，如发生危险、遇到困难等。"旅行"这一认知域的各种显著特征被系统地映射到了"生活"这一认知域。因此，"生活"与"旅行"一样，有始也有终；人生旅途中，有时可能一帆风顺，有时可能充满艰辛。因此，英语就有如下有关"生活"的表达：

(1) He got a head start in life.
(2) I am where I want to be in life.
(3) I am at a crossroads in my life.

(4) He's never let anyone get in his way.
(5) He's gone through a lot in life.

在隐喻理解过程中，始源域的结构被大规模、系统地转移到了目标域，并成为目标域结构的一部分，因此前者决定了后者的意义。

那么，目标域是依据什么条件来选择始源域的呢？例如，说话人为什么想到利用源自"旅行"这一概念的要素来理解和构建"生活"这一概念呢？答案是始源域和目标域之间的相似性。所谓相似性，就是两个事物之间相似的地方，包括物理相似性和心理相似性：前者指在形状或外表上及功能上的一种相似，后者指由于文化、传说或其他心理因素使得说者或听话者认为某些事物在某些方面相似。以相似性为基础的隐喻，利用人们可感知到的事物之间的相似性，而创造相似性的隐喻则将原来并不被认为其间存在相似性的两个事物并置在一起，构成隐喻，从而使人们获得对其中某一事物新的观察角度或新的认识（束定芳，2002）。

需要强调的是，概念隐喻具有文化独特性，在不同的文化中，概念隐喻往往具有不同的表现形式。比如在中国古代，柳树又称杨柳，因"柳"与"留"谐音，可表挽留之意，所以亲朋好友离别时往往折柳相送，借以隐喻依依不舍、难分难离之情。这是中国古代所特有的文化，在英语国家，这种隐喻并不存在。

Lakoff & Johnson（1980）还同时提出了概念转喻理论（Conceptual Metonymy Theory）。但从20世纪80年代开始，学者对于隐喻研究较多，对概念转喻理论的研究有所忽视。随着概念隐喻研究的深入，许多学者发现，在实际的语言运用中，概念转喻的使用比概念隐喻更加频繁（Koch，1999：139），概念转喻比概念隐喻更为基本（Taylor，2002：342）。随着认知语言学的发展，人们逐渐意识到转喻的认知本质，即转喻不单单是一种修辞手段，更是一种人类基本的认知手段和思维方式。

与概念隐喻不同，概念转喻发生的基础是概念之间的"邻近性"（proximity），而邻近的概念通常都属于同一个认知模型，因此，Radden & Kövecses（1999：21）把转喻定义为"在同一理想化认知模型中，一个概念实体（始源域）为另一概念实体（目标域）提供心理通道的认知操作过程"，并为学界广泛接受。Lakoff & Johnson（1980）认为转喻的最主要功能是用来指称，最常见的转喻有：

（1）部分指代整体（THE PART FOR THE WHOLE）

"哪里有困难哪里就有红五角星。""我们不雇佣长头发。"红五角星是军人区别于民众的重要特征，而长头发是女人的重要外部特征；用它们分别指"军人"和"女人"不是随意的。

（2）生产者指代产品（PRODUCER FOR PRODUCT）

"我买了一台海尔。""我买了一幅毕加索。""海尔"代表其产品，说明该品牌的重要性；毕加索的作品由毕加索本人代替，说明创作者的个性已融入作品之中，我们不但重视作品，更重视作品的创造者。

（3）被使用的物体指代使用者（OBJECT USED FOR USER）

"我们国家足球存在很多问题。"这里实际上是指在足球运动中涉及的球员、管理者、体制等问题，我们用足球来代替，说明足球的突显功能，它是注意力的最终焦点。

（4）控制者指代被控制物（CONTROLLER FOR CONTROLLED）

"拿破仑在滑铁卢失败了。""他的车撞上了我的后面。""段祺瑞枪杀了无辜的青年。"拿破仑控制着军队，军队的失败也是他的失败；"我"控制着车，因而撞了车的后面也可以说成是撞了我的后面；段祺瑞虽然没有亲自持枪射击，但他负有主要责任，因此我们说他枪杀了青年。

（5）机构指代负责人（INSTITUTION FOR PEOPLE RESPONSIBLE）

"他被名牌大学录取。""妇联同意处理此事。"严格说来，这里的"录取"和"同意"只是相关机构中的个别人所为，但他（她）们的决定可视为整个机构的行为：具体谁决定并不重要，重要的是大学录取了他，是妇联组织同意，这里强调了组织的权威性。

（6）地点指代事件（THE PLACE FOR THE EVENT）

"卢沟桥是我们心中永远的痛。""我们不希望出现第二个广岛。""七七事变"发生在卢沟桥，该地点能够唤起人们的记忆；广岛地名指原子弹袭击事件。地点是事件发生的重要因素，往往成为事件的标志。

（7）地点指代机构（THE PLACE FOR THE INSTITUTION）

"华盛顿同意立即举行会谈。""纽约又一次发出恐怖袭击警报。"尽

## 第 1 章  认知语言学 20 世纪主要发展综述

管华盛顿是城市,但由于美国政府在此,而且该句暗含政府间的关系,从全球看是两地(国家)之间的关系,因而地名更为重要;第二句中发出警报的是纽约市政府或警察署,用纽约来代表,说明其地点比具体哪个机构发出更重要。

以上例句表明,转喻也是认知主体用一个事物去理解另一个事物的概念映射,也具有经验基础,并在一定的文化中显现。因此,转喻与隐喻本质上同为概念的、思维的问题而不仅仅是语言问题。

除了指称性转喻以外,Panther & Thornbuerg(1999)还区分了述谓转喻和言语行为转喻。述谓转喻是指用一种表达式来代替另一种表达式。由于述谓转喻往往涉及两种语法结构,沈家煊(1999)称其为语法转喻。例如,"She was able to finish her dissertation."的意思是"她已经完成了博士论文",但其中的 be able to 却是"有能力实施某一行为"的意思。那么,此句是如何得以表达事件完成的意思呢?答案就是概念转喻。由于"实施某一事件"的前提是主体"有能力实施某一行为",因此两者位于同一认知模型内,具有概念上的邻近性。通过概念转喻"潜势指代现实"(POTENTIALITY FOR REALITY),情态动词就能转指现实事件。

另一非指称转喻就是言语行为转喻,指利用一种言语行为转指另一种言语行为。如"I don't know where the bath soap is."表面上看是一个陈述,但事实上却可能是一个咨询——"Where is the bath soap?"两者的转换需要进行语用推理,但转喻发生的基础仍然是概念的邻近性,因为通常情况下,与否定性陈述紧紧相随的就是咨询。

纵观中外几千年的隐喻研究历史,隐喻研究视角经历了从语言装饰技巧(雄辩术/修辞)到语言使用现象(语义/语用)到思维工具(概念隐喻)的深刻变化。当代隐喻学研究发端于 20 世纪 70 年代后期,彼时的欧美学界出现了一种被 Mark Johnson 称为"隐喻狂热"(metaphormania)的现象,哲学、心理学、语言学等诸多学科对隐喻的强烈兴趣导致了对隐喻研究的集中爆发。"隐喻狂热"的出现,主要是因为研究者开始相信,不仅对语言的充分解释需要研究隐喻,而且回答传统哲学所遇到的一些基本认识论问题、形而上问题,也都需要研究隐喻。"人们将会发现,隐喻研究将会是研究基本逻辑问题、认识论问题、本体论问题最具有成效的研究途径之一,而这些都是对人类经验的哲学研究的核心问题"(Johnson,1981:ix)。

1980年,Lakoff & Johnson在《我们赖以生存的隐喻》一书中提出的概念隐喻理论是隐喻研究的一个里程碑,40年来在隐喻研究中一直处于主导地位,也是认知语言学派的奠基理论之一。概念隐喻理论认为,隐喻无所不在,思维的本质是隐喻性的,隐喻是以一个事物来理解和经历另一个事物,概念隐喻是始源域向目标域的方向性、系统性映射。概念隐喻理论是对思维的隐喻特性的描述,刻画了两个概念域之间的系统性关联,为隐喻的系统性(而不是孤立的)描述提供了框架。

概念隐喻理论不仅奠定了认知语言学作为一个独立语言学派的理论基础,而且深刻影响了心理学、哲学、认知科学以及围绕语言的其他分支学科(如语义、语法、语言习得、文学……)等众多领域的研究。基于概念隐喻理论的理论拓展研究、个案分析研究、心理实证研究、语料库研究、神经认知研究数不胜数,推动概念隐喻理论不断向前发展。

1997年提出的"基础隐喻"(primary metaphor)概念,进一步深化了概念隐喻理论。Grady(1997)发现,有些概念隐喻直接基于我们的涉身体验,基于我们的感知—运动经历并与主观判断直接相关联,如MORE IS UP是基于"数量增加和高度上升"的直接体验,AFFECTION IS WARMTH基于"表达爱意时拥抱产生的温暖"的体验,它们似乎比一般的概念隐喻更加基础。Grady将这类隐喻称为基础隐喻(也叫关联隐喻,correlation metaphor),因为身体的直接知觉—运动体验具有普遍性,因此基础隐喻也具有普遍性(universality),复杂的隐喻是在这些基础隐喻的基础上形成的。基础概念隐喻是认知体系中整个概念隐喻结构中的基石,为概念隐喻理论起到了锚定的作用。

1999年,Lakoff & Johnson出版了《肉体中的哲学:涉身心智及其对西方思维的挑战》一书,提出"涉身心智"(embodied mind)的概念,区分了第一代的非涉身心智认知科学(the cognitive science of disembodied mind)和第二代的涉身心智认知科学(the cognitive science of embodied mind),强化了以身体为核心的对外部世界的感知—运动体验在认知中的基础作用,"心智在根本上是涉身的、思维大多是无意识的、抽象思维大部分是隐喻性质的"，（Lakoff & Johnson，1999：3）这在哲学层面对概念隐喻理论的哲学基础作出了清晰的阐述，特别是隐喻映射的方向性和隐喻解释的方向性在涉身哲学框架下得到了充分的解释。

## 1.3.3 构式语法理论

作为认知语言学的一个重要分支，构式语法（Construction Grammar）研究受到了语言学界的普遍关注。构式语法理论认为，语法结构本身也是符号单位，动词所呈现的结构对决定论元结构和意义会产生影响。研究流派主要包括 Fillmore 和 Kay 的构式语法理论、Lakoff 和 Goldberg 的构式语法理论、Langacker 认知语法的构式思想、Croft 的激进构式语法模型以及后来出现的体验构式语法和流变构式语法。其中，影响最大的是 Goldberg 的构式语法理论，以下将主要对其进行介绍。

受 Kay 和 Fillmore 等人理论的影响，基于 Lakoff 对于英语中 there 构式的研究，Goldberg 提出了一种新的构式语法理论，认为语法是由构式组成的（Goldberg，2005），构式是业已习得的形式和意义或话语功能的匹配，包括词素、词、习语以及一般的语言结构形式（Goldberg，2006：6）。任何语言结构形式，只要其形式和功能的一些方面不能够从其组成部分或已存在的构式中完全推知，都可以看作是构式。

与 Kay 和 Fillmore 等人研究习语不同，Goldberg 开始研究普通的句式，从考察句子层面的题元结构入手，根据句子中不同的题元结构，将句型分为不同的构式，比如及物构式、双及物构式、结果构式等。这些构式都具有各自的形式和意义。当形成具体的句子时，动词的意义和构式的意义结合，构成句子的意义。Goldberg 的理论为句子的题元结构构式赋予意义，并且认为，构式的意义直接构成一个句子意义的一部分。Bencini & Goldberg（2000）将之称为构式中心论（construction-centered view），即构式是一个句子意义的中心部分，动词只贡献一部分意义。与之相对的是动词中心论，认为动词是一个句子的中心，动词投射出句子的题元结构信息。如：sneeze 本身是不及物动词，但在

"She sneezed the foam off the cappuccino."一句中却是及物动词。动词中心论的解释就是给 sneeze 一个新的意思。而构式中心论则认为,该句属于使役移动构式(caused motion construction),句子成分与构式结构对应如下:

She sneezed the foam off the cappuccino.
X    causes    Y         Z

其中,使役移动构式是这个句子的中心,贡献了句子的主要意义,动词 sneeze 的意义与之结合,构成整个句子的意义。

Goldberg(1995)认为,构式跟动词一样,有着自己的论元结构。动词在进入构式组句的时候,其论元结构所规定的参与者角色需与构式论元的角色进行融合。角色融合的可能性并不取决于某个角色填充项是否可以同时填充两个角色,而是取决于这些角色本身在类型上是否一致。动词参与者角色与构式论元角色的融合有两个决定因素:

(1)语义一致原则(The Semantic Coherence Principle)

只有语义一致的角色才可以融合。两个角色 r1 和 r2,如果 r1 可以被理解为是 r2 的一个实例,或者 r2 可以被理解为是 r1 的一个实例,我们就说它们在语义上一致。例如,kick(踢)框架中的 kicker(踢者)可以与双及物构式中的施事融合,因为 kicker 角色可以被理解为施事角色的一个实例。一个角色能否被理解为是另一个角色的实例由普遍的范畴化原则决定。

(2)对应原则(The Correspondence Principle)

每一个词上侧显并表达的参与者角色必须与构式中被侧显的一个论元角色融合。例如,英语双及物构式与动词 hand 的融合可以用下图(图 1-1)来表示:

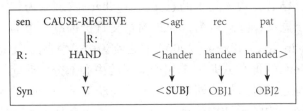

图 1-1  英语双及物构式与动词 hand 的融合

## 第 1 章　认知语言学 20 世纪主要发展综述

图中方框即代表一个构式，标签 Syn 代表该构式的形式端，Sen 代表该构式的功能端。在双及物构式中，功能端 CAUSE-RECEIVE 代表该构式表征的一个特定的与人类经验有关的情景（humanly relevant scene），即传递物品—致使某人获得某物的情景；尖括号内 <agt rec pat> 是构式所具有的论元结构。如动词 hand 进入构式中作谓词，其所带的参与者角色分别是 <hander handee handed>，语义上相容且得到侧重的动词角色与构式论元相互融合，最终在形式端分别实现为主语、第一宾语、第二宾语。

Goldberg 构式语法理论，从形式和意义的对应关系出发，将语法构式看作是形式和意义的匹配，把构式定义为形义结合的整体，凸显了构式的整体性；同时强调构式和构式之间的继承关系，提出构式是一个有组织、有理据的网络系统。每个构式在构式网络中都是一个节点，节点与节点之间通过承继关系相互联接。承继层级较高的构式向承继层级较低的构式传递信息。当较高节点的构式所传递的信息与较低节点的构式所规定的信息不矛盾时，该信息可以被较低节点的构式承继（Goldberg，1995：72-74）。

有学者把构式的研究范围拓展到了语言单位的所有层级，构式的定义不仅涵盖了语言中不规则的习语、熟语等，也包括抽象的句型，甚至语素（含词缀）和词。这些广义的构式仍然符合其"形式与语义及功能的结合体"的定义。语素和不可切分的词虽然不涉及结构的组合，但它们具有索绪尔所说的"任意性"，即能指与所指的联系不具有必然性，这就是说，这些符号的意义具有不可预测性。至于抽象的句型，虽然可以用一般的语法规则来解释，但它们的整体意义并不是其组成分子意义简单的相加，而且这些句型都有自己独特的功能，因此其整体的意义和功能也都是不可预测的（严辰松，2006）。

按照抽象程度的不同，各类构式形成一个连续统，两极分别是具体的实体构式和抽象的图式构式。及物构式、双及物构式、动结构式等在词汇上是完全开放的，属于最抽象的图式构式，而更多的图式构式在词汇上处于部分开放、半开放等各种状态，有些是框架结构，如 there 构式、What's X doing Y 构式等。

实体构式和图式构式具有很不相同的性质。实体构式只具有一个实例，而图式构式由于在词汇上是部分或全部开放的，于是它们就有不止一个实例。这些实例 instantiate（例示）某个图式构式，而这个图式构式则 licenses（允准）这些实例。最抽象的图式构式（句型）具有无限多的实例，而有些图式构式只有为数不多的实例，如汉语"有 + 光杆名词"构式。

构式概念的提出为解释动词结构语义与句子结构语义的不匹配现象提供了强有力的解决之道，因而受到了国内外学界的热烈欢迎。但也有学者敏锐地观察到其不足，如邓云华、石毓智（2007）概括了构式语法理论的七大局限，包括：（1）对"构式"概念定义的不合理扩大有不良后果；（2）繁琐而不反映语言使用者的理解过程；（3）尚未解决语法结构的多义性问题；（4）无法解释一个构式的跨语言差异；（5）适用的结构类型有限；（6）确立语法结构的标准不明确；（7）语言哲学观模糊不清。

当然，这些批评是否准确，取决于对构式理论具体概念和研究方法的理解和判断。

## 1.3.4 认知语义学理论

Talmy（2000a，2000b）构建的认知语义学主要起源于他对空间关系的考察，是一个宏大的理论体系，主要内容包括：语法与认知的关系、前景—背景、注意系统、宏事件以及力动态。

### 1. 语法与认知的关系

Talmy 把语言分为两个子系统：语法子系统和词汇子系统，从词汇形式上也可以分为开放语类和封闭语类。两个子系统的本质差别体现在两个方面：

1）**语法形式所能表达的语义有限，而词汇形式表达的语义基本上不受限制**

一方面，语法形式所能表达的语义范畴十分有限，主要体现为性、数、格、时、体、态等，没有哪种语言会用曲折形态系统来表达"颜色"的概念；另一方面，即便是那些利用语法形式来表达的范畴，其内部成员也有限，如"数"这个范畴的成员无外乎单数、双数、三数以及复数等。但词汇形式能表达的范畴则不受上述两方面的限制。

2）**语法形式的基本功能是构建概念框架，而词汇形式的基本功能是为概念框架提供概念内容**

例如，在"A rustler lassoed the steers."这个句子中，语法形式有 a、-er、-ed、-s、the、lasso 的主动语态、表明主谓宾关系的语序等；词汇形式有 rustle（偷牲畜）、lasso（套走）、steer（阉牛）。语法成分数量更大，其特征相对少且更简洁，功能上更偏重结构性，它们共同构建图景结构以及该句子所激发的认知表征的交际背景；词汇成分数量偏少，但包含有更多的总体信息，信息复杂度高，多样性更强。

后来，Talmy（1988）在框架语义学基本假设的基础上，提出了"事件框架"（event frame）理论，从而进一步促进了动词的意义研究。他首次提出了"事件框架"概念，用以描述一组可以同时被唤起或相应唤起的概念成分及关系。事件框架分为五种类型，分别是运动事件框架（motion event frame）、因果事件框架（causation event frame）、循环事件框架（cyclic event frame）、参与者事件框架（participant event frame）和相互关系事件框架（interrelationship event frame）。在事件框架分析模式中，存在两个认知过程：突出事件框架某部分的认知过程的注意窗（window of attention）和忽略事件框架中某些部分的认知过程，从而决定了动词对事件的观察视角，产生了千差万别的意义特点。

## 2. 前景—背景

Talmy 利用图式化的概念来统括语言对空间的基本划分。其中，前景—背景是图式化的一种基本方式。例如，在根据一个物体来描述另一个物体的空间构成时，一个物体作为前景，另一个物体作为背景。例如，在句子"The bike stood near the house."中，bike 是前景，house 是背景。语言的封闭类元素赋予前景和背景物体以特定的空间图式，这些图式可以用具体的几何图形来描述，二者的基本类型和区别可以看作是语言中的一幅空间差异地图。

Talmy 不仅用前景—背景来解释物体间的空间关系，还将其用来诠释主从复合句中主句与从句之间的关系。例如，在句子"When he came out of the house, his friend was already gone."中，主句 his friend was already gone 是前景事件，是语义表达的焦点，从句 when he came out of the house 是背景事件，用来衬托前景事件。

## 3. 注意系统

注意系统与语言使用中的注意力分配有关。该系统旨在阐释说话人如何将听话人的注意力非均等地分配给语言表达、其指称内容或上下文语境的不同部分。注意系统和构型系统（configurational system）、视角系统（perspectival system）以及力动态系统（force-dynamic system）一起构成 Talmy 所提出的概念建构系统（conceptual structuring system）的四大隶属图式系统（schematic system）。

注意力的分配主要受三个相互关联的要素支配。一是注意强度（strength of attention）。不同强度的注意形成一个从微弱到强烈的梯度，形成突显和非突显、前景和背景之间的对立。二是注意模式（pattern of attention），主要关涉不同强度的注意力是如何进行编排并形成特定模式的。模式之一就是焦点模式，即中心—边缘模式，就是中心区域的注意强度较高，而边缘部分的注意强度则较低，图形—背景配列即属于此模式。其他注意模式还包括聚焦模式和层级模式。三是注意映射（mapping of attention），指某一注意模式的特定部分会被映射到指称场景的特定区域。即便是同一注意模式、相同的指称场景，若映射方式不同，得到的语言表达也不同。如"The clerk sold the vase to the customer."和"The customer bought the vase from the clerk."这两个句子虽然描述的均是商品交易场景，且均属于中心—边缘模式，但注意映射的区域不同：前者的注意焦点聚集在 the clerk 上，而后者的注意焦点在 the customer 上。

注意力分配的一种模式就是注意力聚焦，Talmy 以此来阐释与注意力分配相关的语言现象。该机制能够使语言把连贯指称场景（coherent

## 第1章 认知语言学20世纪主要发展综述

referent situation）的某一部分置于注意力观察的前景，使其被聚焦（windowed），且有显性的语言表征；同一场景的其他部分则被作为注意力的背景而被遮蔽（gapped），且没有显性的语言表征。这就好比在墙上开一扇窗户，正对窗户的景致可以被欣赏到，其余的景色则被墙壁遮挡。

聚焦或遮蔽得以实施的基础是事件框架。事件框架由一组可被共同激活或相互激活的概念元素（conceptual element）以及它们之间的相互关联构成。构成事件框架的不同元素均是相关场景的必要成分，构成一个相对完整的整体，如物体的运动路径、物体所有权的交换等；而另外一些元素，如事件发生的时间、地点、气温等，虽然也与事件关联，但处于边缘地位，因此不是事件框架的构成要素。事件框架是人类普遍认知官能的产物（如视觉感知），因而具有跨语言的一致性，且抽象程度较高。

在现实场景中，事件的发生是连续的和流动的，因此事件框架的构建还须从连续的场景中切割、抽象出一个个相对独立和完整的部分。除依赖基本认知机制以外，事件本身的一些特性也为这一操作提供了便利。例如，在一个运动事件中，物体从静止状态变为运动状态以及从运动状态变为静止状态这两个点都涉及物体性状的突变，容易从连续的情景中被剥离出来，从而被识别为运动路径的起点和终点。但事物之间的边界都有一定的模糊性，因此任何的划界行为都有一定的任意性和主观性，事件框架边界的划定同样如此。但这并不妨碍人们利用基本的感知官能和认知能力，借助空间、时间以及致使等线索从现实场景中抽取出不同的事件框架，框架边界内的各部分内容彼此之间紧密关联，构成一个相对独立的整体，且与边界外的内容相对分离。

在特定的事件框架内，人类的注意力分配系统可选择聚焦该框架的某一或某几部分，使其成为前景并得到显性表达，而框架的其他部分则作为背景被遮蔽。例如，路径聚焦（path windowing）对应路径事件框架（path event frame），后者指运动的物体途经的路线，一般包含起点、中段和终点三个要素。在具体语言使用中，路径框架的三个要素或隐或现，彰显出多种不同的聚焦或遮蔽模式。例如：

The crate that was in the aircraft's cargo bay fell ____.
a. out of the plane through the air into the ocean.
b. out of the plane into the ocean.
c. through the air into the ocean.
d. out of the airplane through the air.
e. out of the airplane.
f. through the air.
g. into the ocean.

上例显示，就路径事件框架的聚焦而言，所有逻辑上的可能都得到了实现。a中，路径框架的所有要素，即起点、中段以及终点均被显性表达，可谓最大聚焦。b~d均有两个要素被聚焦，另外一个要素被遮蔽：b是中段被遮蔽，起点和终点被聚焦；c是起点被遮蔽，中段和终点被聚焦；d是终点被遮蔽，起点和中段被聚焦。而e~g均是两个要素被遮蔽，一个要素被聚焦：e是起点被聚焦，中段和终点被遮蔽；f是中段被聚焦，起点和终点被遮蔽；g是终点被聚焦，起点和中段被遮蔽。在起点和终点被聚焦，中段被遮蔽的注意力分配模式中，两个原本被隔开的要素，即起点和终点被无缝地连接在了一起，其中涉及的认知过程为概念切除（conceptual slicing）。

除路径聚焦外，Talmy还区分了致使链聚焦（causal-chain windowing）、相聚焦（phase windowing）、参与者—互动聚焦（participant-interaction windowing）以及相互关系聚焦（interrelationship windowing），它们均存在多种不同的注意力分配模式。

## 4. 力动态

力动态主要研究事物与力（force）之间的互动关系，包括力的施加（the exertion of force），对力的阻挡（resistance to such exertion），对这种阻挡的克服（the overcoming of such resistance），对力的阻碍（blockage of a force）以及这种阻碍的消除（the removal of such blockage）等。力动态涵盖传统语言学中的"致使"（causative）概念，是对实体与力之间关系的更加广泛的概括。它将"致使"分解成更小的意义基元（primitive）并将其融合在包括"允许"（letting）、"阻挡"（hindering）、"帮助"（helping）以及其他概念在内的框架中。力动态的语义范畴在语言的许多层面存在，它不仅适用于对物理域的力（如 leaning on 或 dragging）的表达的分析，而且在涉及心理域的力（如 wanting 或 being urged）的表达中起到重要作用。此外，力动态的概念还可以被延伸到语篇研究中。例如，当说话者 A 与 B 在争论而 A 最后输给了 B 时，就体现出了力动态的模式。Talmy（1988）在分析"力概念在语言的意义组织中的系统应用"时说明力动态思维无所不在，具有跨域普遍性。下表（表 1-1）总结了力动态适用的领域及其语言表征。

表 1-1　力动态适用领域及其语言表征

| 语义域 | 力动态表征 |
| --- | --- |
| 物理域 | The ball kept rolling along the green.（那只球沿着果岭在滚。） |
| 物理/心理域 | John can't go out of the house.（约翰不能走出屋子。） |
| 内部心理域 | He refrained from closing the door.（他克制着不去关门。） |
| 词汇化的内部心理域 | She's civil to him.（她对他很客气。） |
| 社会—心理域 | She gets to go to the park.（她能去公园了。） |

具体来说，力动态包括以下概念基元（conceptual primitive）：（1）两个实体；（2）两者互相向对方施力；（3）其中一个得到前景化或者成为关注的焦点（主角 agonist）；（4）另一个对主角施力（反角 antagonist）；（5）实体通过某种力的内在趋势而施力，趋势有两种——运动趋势（行动）和静止趋势（无行动）；（6）反作用力（opposed force）具有相对强度，如果某实体克服对方的反作用力而表达出其本身的力的内在趋势，那么这种实体的力量更强；（7）根据他们各自的相对强度，反作用力会产生某种结果：行动或无行动。这些基本元素用图式表现如下（图 1-2）：

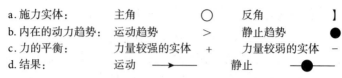

图 1-2　力动态概念基元

有的语言表达式可以体现出力动态，而有的则没有。我们以下面两句为例：

(1) The door is closed.（门关着。）
(2) The door cannot open.（门打不开。）

其中（1）句表达的场景中由于不存在互相作用的力而没有体现出力动态；而（2）句中门具有打开的趋势，但是有一些力阻挡它打开，因此该句属于力动态表达式。此处就施力实体来看，受到关注的施力实体是"门"，因此它是主角，而对其施加反作用力的实体，即阻止门打开的力是反角。就内在的动力趋势（intrinsic force tendency）而言，此句中主角有运动的趋势。第三个相关因素是两种力的平衡，较强的力通常被标记为+，而较弱的力被标记为-。在此句中，反角的力量更强，因为它成功地阻止了门的运动趋势。力动态场景的结果取决于力的内在趋势和两种力的平衡。句中门仍旧关着，因此其结果为静止。

## 5. 宏事件

Talmy（2000b）认为，现实世界中的众多事件有着类似的概念模型，他称之为宏事件（macro-event）。任何一类宏事件都是一个事件复合体，包含主事件（main event）和协事件（co-event）两部分。其中，主事件又称框架事件（framing event），是一种抽象的图式，负责建立宏事件的架构以及说明整个事件的性质，驾驭整个宏事件的时空范围和界限（如终点），说明事件的完成与否（表达时体意义）（Talmy, 2000b; 严辰松, 2008）。协事件则是作为宏事件的背景，为其提供支撑，对事件发生的原因、方式、先决条件、后续、构成等进行详述和细化。对于特定的宏事件，具体语言会采取特定的语言手段来加以表达，即所谓的词化模式（lexicalization pattern）。Talmy（2000b）主要详述了五类宏事件，包括运动事件（motion event）、状态变化事件（state change event）、实现事件（realization event）、行为相关事件（action correlation event）以及体相事件（temporal contouring event）。

框架事件都可以概念化为一个概念域，包含四个要素：（1）前景；（2）背景；（3）动作过程；（4）联系功能。在这四个要素中，前景一般由上下文决定，动作过程只表述动作的意义，而联系功能旨在表明前景与背景发生了怎样的关系，因此联系功能本身与背景一起构成框架事件最为关键的部分，即"核心图式"，表达事件的核心信息，在句法上亦至关重要。

Talmy（2000b）提出，按核心图式的表达方式，世界语言可分为两类，即动词框架语言和卫星框架语言。其中，卫星指除了名词性成分之外，所有与动词词根构成伴随关系的词—句法形式，包括自由的词以及附着性的词缀。动词框架语言用动词来表述核心图式，包括日耳曼语、闪语等；卫星框架语言用附加的语言形式来表达核心图式，如汉语。动词框架语和卫星框架语不仅区分了核心图式所在的位置，而且在表述协事件方面也体现了系统的差异：卫星框架语言常常由动词表述协事件，即动词在表述动作以外还附带表述协事件，如方式、原因等。动词框架语言则往往由卫星成分（如前置或后置短语或动名词成分）来表达协事件。如下图（图1-3）所示（严辰松，2008）：

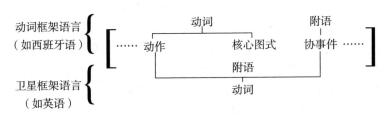

**图 1-3　动词框架语言和卫星框架语言的编码区别**

Talmy（2000b）以运动事件为例，比较了动词框架语言西班牙语和卫星框架语言英语在事件表征方面的差异，如图（图1-4）所示（严辰松，2008）：

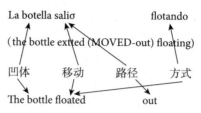

**图 1-4　西班牙语和英语对运动事件的编码方式差异**

英语中，核心图式"路径"通过动词 float 的卫星成分 out 来表达，而协事件"方式"则融于动词，因此，动词 float 身兼两职，既表达运动过程，又表达运动方式；相比之下，西班牙语句子中的核心图式"路径"由动词 salió 来表达，而协事件"方式"则由句末的动名词 flotando 来表达。

## 1.3.5　心理空间理论和概念整合理论

Fauconnier 的"心理空间理论"（Mental Space Theory）也是认知语言学的一个重要组成部分。心理空间理论是一种以虚拟的心理空间（mental space）来解释词际、句际语义关系的认知语言学理论。心理空间论最早是由 Fauconnier（1985）在其专著《心理空间》中提出的。该理论系统考察了人类语言结构在认知结构中的体现。心理空间论主要是研究在线的意义构建的理论，即人们在说话、思考时即时构建的，或者说是随着话语的展开不断建构的暂时的信息集合。心理空间之间相互联系，并且随着话语的展开不断得到修正。我们在构建心理空间时，常会从框架中提取与话语理解有关的抽象和具体的知识，因此心理空间部分地包括框架中的成分，并通常由框架提供一定的结构。

心理空间论以心理空间关系为手段，揭示语言结构中的相关信息，说明语言使用者如何分派和处理语言结构的指称关系。同时，为了规范实体与指称的语词之间的关系，Fauconnier（1985）提出了可及原则（Principle of Access）和识别原则（Identification Principle），认为只要空间 a 在认知上与空间 b 有联系，空间 a 里的事物 a' 就可能触发空间 b 里的事物 b'，那么表达 a'（触发语 trigger）的用语就能激活（因而可指代）b'（目标语 target）。如在例句"In Len's picture, the girl with blue eyes has green eyes."中，in Len's picture 是空间构造语词，它构建了一个与现实空间（R）相对应的心理空间（M）；在 R 中存在 the girl with blue eyes，在 M 中存在 the girl with green eyes。更具体地讲，the girl with blue eyes 是触发语（trigger），the girl with green eyes 是目标语（target），它们之间形成一种联接关系，因此，根据可及原则，现实中的蓝眼姑娘被画成了绿眼姑娘。由此可见，心理空间并非真实世界的反映，心理空间中的概念要素和成分没有固定的属性，也并不一定符合逻辑或能在现实中找到对应的实体。

总的来说，心理空间论通过对心理空间的建构和扩展来模仿人在暂存记忆中对语篇内容实时作出的语义建构（meaning construction），这种动态的语义解读不但对句法、语义和语用现象作一体化的通盘表达和解释，而且还同时对语言背后的非语言因素作有选择的表达。心理空间论的初衷在于研究语言中的间接指称和模糊指称现象（referential opacity，又译作指称晦暗），但对于许多其他复杂的语义现象和语用现象，也能提供具有说服力的解释（Fauconnier，1997）。

20世纪90年代中期，Fauconnier 发展了心理空间论，提出了概念整合理论（Conceptual Blending Theory）。

概念整合理论也被称为概念合成理论，是心理空间论的延续和发展。该理论结合了神经科学、认知科学、心理学和语言学的研究成果，对人类的思维、行为和语言尤其是语言的隐喻机制进行研究。其宗旨就是试图揭示隐喻及一般言语意义在线构建（on-line construction）背后的那座认知冰山。束定芳（2004：431）指出，概念合成理论弥补了映射论的不足，不但将始源域和目标域都看作是"合成空间"（实际上就是互动的结果）的"输入"（input），而且还提出了一个"类属空间"（generic space）（也称"类指空间"）的概念，认为这一空间也是"互动"的输入之一。Fauconnier 在 1995 年发表的论文"Conceptual Integration and Formal Expression"中提出了"概念整合"概念，完善了 1994 年提出的多空间模式；他于 1997 年出版的著作 *Mappings in Thought and Language*（《思维与语言中的映射》）被视为概念整合论的代表作。

这一理论把话语的意义构建看作是通过激活两个或多个心理空间并

对其进行整合以产生合成空间，并由此形成新概念的过程。该过程涉及跨空间映射（cross-space mapping）以及对来自两个或多个输入心理空间的成分及关系的整合。Fauconnier 在研究各心理空间的相互关系和作用时，提出了一个"四空间"交互作用的意义构建模型，分别为类属空间、输入空间Ⅰ（input space Ⅰ）、输入空间Ⅱ（input space Ⅱ）、合成空间（blended space）（Fauconnier, 1997: 149–155）。类属空间部分成分与输入空间Ⅰ、Ⅱ成分形成跨空间映射关系，这些成分与两个输入空间的其他成分又被选择性地投射到合成空间，通过"组合（composition）""完善（completion）"和"扩展（elaboration）"三个心理认知过程的相互作用，亦即对源域和目标域这两个输入空间中的概念进行整合操作，形成层创结构（emergent structure）（Fauconnier & Turner, 2002: 42–44）。层创结构出现在合成空间，是建立在类比（analogy）、递归（recursion）、心理模式化、概念包、知识框架等心理活动基础上的认知操作过程，也是经过意义加工的在线优化的结果。概念整合受建构原则（Constitutive Principle，又译作组构原则）和管制原则（Governing Principle，又译作指导原则）的制约。这些原则是对意义在线构建的机制性描述和规范，具体包括还原（unpacking）、优化（optimization）、联系（connection）、框架（frame）、递归等。其中心目标就是获取具有人类尺度（human scale）的概念合成；这种具有人类尺度的概念合成，就是指在人类易于理解的熟知框架中具有直接的感知和行为。

概念整合论揭示了自然语言意义的在线构建过程和连接各心理空间的映射过程。Fauconnier & Turner（2002）认为概念合成是一种基本的心理认知机制，其运作过程极其复杂，常常隐匿于语言应用的幕后，不易为人们所察觉。因为概念合成呈动态性和网络型，所以人们在认知过程中会不断建立新的空间域，构建新的合成空间，从而积极、动态地进行语言的意义构建。

总之，概念整合论的宗旨是意图揭示言语意义的在线构建。概念整合论对语言现象具有强大的解释力，是人们使用语言和进行思维活动的一种认知解读，已被用来解释隐喻、借代、虚拟句、指示代词、语用预设等语言现象。

## 1.3.6 认知语法理论

认知语法（Cognitive Grammar）是 Langacker 在 20 世纪 80 年代创建的一套语言学理论框架。该理论最初被称为"空间语法"（Space Grammar）（Langacker，1982），其基本理论建构以他出版的《认知语法基础》两卷本（理论前提和描写应用）（Langacker，1987，1991）为代表。后期的主要研究收录到两部重要文集《概念、意象与象征》（Langacker，1990）和《语法与概念化》（Langacker，1999）中；2008 年《认知语法：基础导论》的问世，既是对近 30 年研究成果的一次总结，也标志着该理论的发展与成熟。

认知语法是一个完整的语言理论系统，其基本理念与 Chomsky 的生成语法理论针锋相对。依据 Langacker（1987，1990），其主要假设为：语言不是一个自足的认知系统，而是人的基本认知能力的一部分；句法不是一个自足的形式系统，而是一个约定俗成的象征系统，句法结构具有内在的象征性；语义描写不能只参照基于真值条件的形式逻辑，还必须参照开放的知识系统，既反映所描写的概念内容，也要反映该内容的识解与建构方式。

其核心主张是，语法具有概念性、意象性和象征性三大特征。它并不是语法规则和词汇的简单合成，而是由象征单位组成的构式连续统，是规约化语言单位的结构化总和。因此，名词、主语、构式等语法范畴不只是语法构造，还是有意义的象征单位。例如，简单名词 night 是个象征单位，moonless night、a moonless night 是复杂程度递增的象征单位；名词（作为一个词类）是高度抽象的象征单位。所有象征单位都是规约化了的形式/意义对子，通过图式化、范畴化等方式联系起来，共同构成一个结构化网络。又如，从具体表达式"Bill gave Mary a book."等可以产生低层图式 [X give Y Z]，说明 give（给）可出现在双及物结构 [give NP1 NP2] 中；基于 send（送）等一系列双及物动词的使用，可以抽取出更为抽象的句法结构 [Verb NP1 NP2]，说明该构式是英语中一个约定俗成的象征单位。

Langacker（1987）认为意义就是概念化。所谓概念化，就是人们在对现实世界的体验过程中，利用基本认知能力对感官所接受的信息进行比较、抽象、归类等一系列认知处理，并形成概念的过程。因此，有两个因素会对概念化的过程和结果产生影响：其一是客观的外部世界，其二就是认知处理。人们可以对相同的场景做不同的认知处理，从而形成不同的概念，不同的概念在心智中体现为心理意象（mental image）。语言成分，不管是词汇的还是语法的，都将某一特定的心理意象附加在它们所唤起的语义内容之中。因此，语言的意义是语义内容和心理意象之和。

对于心理意象，Langacker（1987：7）有如下说明：

> 我使用"意象"这个词表示我们大脑中用不同方式来识解某一感知到的情景（因此该词并不特别或专指感觉上的或视觉上的意象）。认知语法的一个重要主张就是语言词语和语法结构体现规约的意象，它构成了它们语义值的重要一部分。在选择某一具体的词语或结构时，说话者以某种方式来识解被感知的情景，也就是说，他（从一系列的选项中）选择某一特定的意象组织其概念内容来用于表达。尽管 This is a triangle./This is a three-sided polygon.（这是个三角形/这是个三边的多边形）两个句子客观上相等，但两个句子在语义上有所区别，因为它们对被感知的情景选择了不同的意象。

识解对应人们对所感知的情景所采取的不同认知处理方式，识解方式的不同导致心理意象的不同，即语言表达意义的不同。Langacker 认为语义内容与识解的关系就好比我们观察某一具体的场景。所谓"横看成岭侧成峰，远近高低各不同"，在观察某一具体场景时，我们所得到的印象取决于观察的远近、观察对象的选择、突显的选择以及观察的视角这四个要素。它们也构成了 Langakcer 识解模式的四个维度，即详细程度（specificity）、注意力（focusing）、突显（prominence）以及视角（perspective）。

1）详细程度

我们在对某一事物或场景进行描述时可以非常笼统，只描述大致的框架，也可以非常详细，细致阐述每一个细节。例如：

(1) thing→object→tool→hammer→claw hammer
(2) hot→in the 90s→about 95 degrees→exactly 95.2 degrees
(3) something happened→somebody did something→the person touched the animal→the body stroked the dog→the mean and ugly boy stroked the frightened cocker spaniel.

以上例子详细程度不断加深，前者称为图式（schema），后者称为该图式的例示（instantiation）。图式是对实例进行范畴化的结果，且存在于具体的实例之中。

详细程度不仅体现在意义层面，还体现在语法层面。如：

(1) V+N+N→He bought me a present yesterday.
(2) "把"字句→他把蛋糕都吃完了。

## 2）注意力

在观察某一具体场景时我们可以把注意力放在特定的部分，并用语言进行表达。注意力维度包括前景/背景以及辖域。

利用已知的经验或知识来理解或解释未知的经验或知识是人类认知的一般规律，这在概念系统中体现为前景和背景。前景/背景体现在人类生活的方方面面：安静发出的声音才能被听见，此时声音是前景，安静则是背景；我们可以很快找到在屏幕上移动的鼠标，鼠标是前景，而移动的鼠标则是背景。一般而言，前景和背景的确定并不是任意的，而与事物本身的属性有关，如表 1-2 所示：

表 1-2　前景和背景的特征对比

| 前景 | 背景 |
| --- | --- |
| 处所不大熟悉 | 处所更为熟悉 |
| 较小 | 较大 |
| 更具移动性 | 更为静止 |
| 结构上较简单 | 结构上较复杂 |
| 较为显著 | 不很显著 |
| 在意识中更接近 | 在场景或记忆中更久远 |

事物本身的属性对于前景和背景的确立有一定的倾向性,这也可以用来解释一些语言现象。如:

(1) a. The TV antenna was above the house.
    b. *The house was below the TV antenna.
(2) a. My sister resembles Madonna.
    b. *Madonna resembles my sister.

前景和背景在复句中也有体现。前景句一般是不为人所知的,是意义表达的重心,而背景句则一般是为人所知的,不是表达的重心,只起衬托前景句的作用。

(1) He exploded after he touched the button.
(2) He had two affairs while he was married.

一个词语的"辖域"(scope)就是它所激活的语义内容的覆盖范围。一个词语的辖域可以有直接辖域(immediate scope)和最大辖域(maximal scope)。直接辖域是与语义内容直接相关的辖域,而最大辖域则是语义内容所能覆盖的最大范围。如:

(1) body>arm>hand>finger>knuckle
(2) body>head>face>eye>pupil

很多语言表达的最大辖域是一致的。

### 3)突显

语言表达所描述的语义内容,其受关注程度是不一样的,有的是主要关注对象,有的则是次要关注对象。有的语言表达虽然涉及的语义内容是一致的,但其关注重点不一样,从而导致勾画的对象也不一样。Langacker 指出名词勾画的是事物,而动词和介词勾画的则是事物间的关系。Langacker 用侧面(profile)/基体(base)以及射体(trajector)/界标(landmark)来描述突显。

侧面是所指称的事物,而基准则是对事物进行说明所必需的部分。一个词语的基体就是其直接辖域,而侧重则是直接辖域中被提升到特殊显著度的部分。一个词语的语义价值既不独立存在于基体部分,也不独立存在于侧面部分，而是存在于两者的关系中。

词语间意义的差别往往体现为对侧面的不同选择。例如：

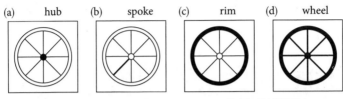

图 1-5　hub、spoke、rim、wheel 的侧面选择差异

hub（轮轴）、spoke（辐条）、rim（轮圈）、wheel（车轮）都以"车轮"为基体，它们意义的不同就在于对侧面的选择不同。

当一个语言表达勾画的是事物间的关系时，关系的参与者被赋予了不同的显著程度。最突显的那个被称为射体，是运动的物体、移动的对象或描述的对象等，是所勾画的关系中的主要角色或主要焦点。而不那么突显的参与者被称为界标，是所勾画的关系中的次要角色或次要焦点。如："He moved out of the room."，he 是运动的主体，成为射体，而 room 则是运动参照，成为界标。

**4）视角**

视角即观察的角度，主要体现为视点（perspective point），即在心理上观察某一事物或场景的位置，涉及诸如位置、距离和方式等因素。

视角地点：

(1) The lunchroom door slowly opened and two men walked in.（外部）

(2) Two men slowly opened the lunch room door and walked in.（内部）

视角距离：

(1) There are some houses in the valley.（远距离）

(2) There is a house every now and then through the valley.（近距离）

扫描方式：顺序扫描（sequential scanning），指对一个事件的一系列状态依次感知，随着扫描的进展，每个阶段得到的信息依次递增；总体扫描（summary scanning），指对一个事件的各个成分状态分别扫描后,最后累积起来形成一个整体概念。

(1) I took an aspirin time after time during the last hour.(顺序扫描)
(2) I have taken a number of aspirins in the last hour.(总体扫描)

## 1.4 结语

语义是认知语言学关注的一个核心问题,几乎所有的流派都是围绕语义来进行理论构建的。不仅如此,有些流派还把语义纳入对语法问题的探讨,如构式语法、认知语法,这就使得认知语言学具有跨语言的普适性。认知语言学认为"语义 = 客观场景 + 识解",其中,识解依赖人的基本认知能力,世界上所有的人都相差不大,再加上世界各地客观场景的高度相似性,其结果就是不同语言需要表达的语义大同小异,所不同的只是用以表达语义的语言手段。这是认知语言学理论快速发展,且在国内外得到普遍认可的重要原因。

# 第 2 章
# 新时代认知语言学的发展与创新

21世纪初以来，认知语言学研究发展迅速，学科交叉特征明显，不仅原有领域和经典课题得到了进一步拓展和深化，而且在语言的计算模型、语言加工的神经认知机制、语言多模态性和社会认知特点、批评话语分析等多个研究领域产出了大量的前沿性成果。近年来认知语言学呈现出以下几个明显的发展趋势：

（1）原有研究领域和课题的进一步拓展与深化。认知语言学最初的研究主要围绕范畴化、原型理论、概念化、构式、隐喻、转喻、概念合成等问题展开。近年来，这些方面仍然是认知语言学的重要话题，但是，其涉及的范围有了较大的拓展，研究的主题得到了深化。近10年来，在认知语言学的一些经典研究领域，特别是隐喻和转喻的研究、构式研究方面等都取得了一些重要的进展。隐喻研究的进展表现在拓展概念隐喻理论和蓄意隐喻理论的提出，概念隐喻理论的心理机制和神经机制的探索，其他认知领域如音乐、绘画的隐喻思维的研究，计算隐喻模型的构建等方面。构式语法研究在语言演变、自然语言处理、语言习得、多模态构式等多个领域也产出了丰硕的研究成果。

（2）跨学科和应用研究得到进一步拓展。近年来，认知语言学的一些重要理论主张、研究思路和研究成果，逐渐引起了相关学科学者的兴趣。他们或是直接将认知语言学的研究方法应用到自己的学科，或是从各自的学科背景出发，对认知语言学研究的一些话题或形成的一些假设或结论进行证实或证伪。因此，认知语言学家和相关学科的研究者们进行跨学科交流和合作，形成了诸如认知二语习得研究、认知诗学、认知社会语言学、认知批评语言学、认知文化学等具有跨学科和多学科性质的新兴研究领域。

（3）研究方法多元化，有逐渐向实证方向发展的趋势。国际认知语言学研究另一个重要发展趋势就是研究方法的不断更新，以及对研究方法本身的反思。一系列有关认知语言学研究方法的研讨会相继召开。如康奈尔大学2003年5月举行了"认知语言学实证方法"研讨会，7月举行了"语料库在认知语言学中的应用"研讨会，2004年1月举行了"语义学研究中实验方法的必要性"研讨会；2005年5月首尔"第9届国际认知语言学大会"期间举办了有关"基于语料库认知语言学研究"专题讨论；同时，一系列有关认知语言学研究方法的文章（如Gibbs，2006；Geerarts，2008；Geeraerts & Cuyckens，2007等）、专著和教材（如Gonzalez-Marquez et al.，2006等）相继发表和出版。

本章着眼于认知语言学研究的全球视野，对近20年相关分支学科的发展过程和相关成果做出梳理，评述对认知语言学发展产生的影响，并展望未来趋势。

## 2.1 隐喻与转喻研究

### 2.1.1 隐喻与转喻研究进展概述

21世纪的隐喻研究中，概念隐喻理论仍然占据着主导地位，同时隐喻研究视角开始呈现出多样化的趋势，其中很重要的驱动因素就是对概念隐喻理论纯粹的认知和心灵视角的反思。转喻研究方面的新发展包括Panther & Thornburg（2004）提出的言语行为转喻。该类转喻利用脚本内的某一成分指代整个言语行为的过程。Panther & Thornburg（2004）指出，从语用角度讨论推理规则不能解释如何推出话语意义，概念转喻是推理原则的中间层次。从概念转喻的角度讨论语用推理的研究表明，概念转喻不仅和规约化的意义建构有关，而且和话语意义的建构有关，这和以往在语义和语用之间划分明确界限的观点不同。认知隐喻和转喻研究的重要期刊有 *Metaphor and Symbol* 和 *Metaphor and the Social World*。

相对而言，隐喻研究的发展进展迅速，最新进展主要包括以下几个方面：（1）概念隐喻理论的心理机制、神经机制研究，这是概念隐喻理论沿着其本身的认知心理视角的自然延伸；（2）将概念隐喻理论置于篇章、社会等语境因素之中，产生了拓展概念隐喻理论；（3）相对于概念隐喻自动、无意识的底层加工，对另一类隐喻——交际中有意而为之的隐喻——的研究，产生了蓄意隐喻理论；（4）相对于认知概念系统中概念隐喻的系统性、一致性，在实际篇章中临近隐喻表现出的不一致性研究，产生了对混合隐喻的深入研究；（5）对除了语言领域之外的隐喻思维的关注（如数学、音乐、绘画等），特别是语言隐喻与其他模态隐喻的结合，产生了多模态隐喻研究；（6）在人工智能领域，随着自然语言处理的兴起，隐喻计算也逐渐发展成一个重要课题，促使计算机学科加入了隐喻研究的行列，隐喻计算也迅速发展。下文总结了这几个方面研究的最新成果。

## *2.1.2* 隐喻与转喻最新研究中的热点问题

### 1. 拓展概念隐喻理论

标准概念隐喻理论——Lakoff & Johnson（1980）在《我们赖以生存的隐喻》一书中的阐述——自问世以来，取得了巨大的成就，对语言、心理、哲学等研究领域产生了深远的影响。但对概念隐喻理论价值的肯定与批评一直以来相伴相生，这些批评很大程度上来自概念隐喻理论的支持者自身，包括：（1）概念隐喻理论存在循环推理之嫌，概念隐喻研究者使用语言隐喻来识别区分概念隐喻，再运用概念隐喻来解释语言隐喻；（2）概念隐喻理论研究几乎完全忽略了真实语篇中隐喻的篇章和社会—语用功能研究，这种"去语境"（decontexted）、"去社会"（asocial）的研究视角很大程度上限制了其解释力。

对于第一条批评，随着认知心理学实验的增加，以及多模态隐喻研究的开展，概念隐喻的心理现实性得到论证，循环论证的批评就失去了存在依据。对于第二条批评，匈牙利罗兰大学语言学系教授Zoltán Kövecses（2020）认为，对真实数据中的隐喻进行句法、篇章、社会、语用、修辞、美学功能描述,是概念隐喻理论新的使命,因此他提出了拓展概念隐喻理论。拓展概念隐喻理论是 Kövecses(2020:xi)在"过去近 40 年里通过分析成千上万条各种体裁、情态、方法和情景中的隐喻、对隐喻如何工作和隐喻巨大的复杂性有着独特的体会的基础上"提出来的,是标准概念隐喻理论研究在理论框架方面的最新拓展和重要更新。

拓展概念隐喻理论也被称为层级概念隐喻理论,基本主张包括以下几点(Kövecses,2020):

**1)完全本义的语言可能根本不存在**

概念(即意义)包含两个部分,一是本体部分,指什么样的本体材料构成了概念本身;二是认知部分,指概念认知识解的方式(与 Langacker(1987)区分概念的内容和识解类似)。很多一般意义的本义只是本体上的本义,即它们构成了我们的基本具体经验,但从认知地位来说,仍然是以隐喻方式构建的经验。

第一,很多抽象概念的语义应该归为隐喻义范畴,如 anger 和 knowledge,对它们的理解须借助相关的概念隐喻,对 anger 的理解需要借助 ANGER IS FIRE,对 knowledge 的理解需要借助 KNOWLEDGE IS VISION,因此从识解的方式来看,它们的意义更适合归为隐喻性意义。

第二,有些词汇的语义起源与概念隐喻(或概念转喻)相关,因此也不能完全归为本义的范畴。如 rage, fury, theory, idea 等:rage 和 fury 等在拉丁语中最初都与 madness 相关,theory 和 idea 等在古希腊语中都与视觉相关。

第三,起源于转喻或隐喻(主要是转喻)的具体词汇,也带有隐喻的性质。如英语中的 book 一词起源于日耳曼原始语 bokiz(山毛榉,古代北欧文字最初是刻于山毛榉木片上),这涉及转喻。再如匈牙利语中的 farkas(狼),本义为"有尾巴的"(the one with a tail),也是转喻。

对于一个具体概念,当本体(内容)部分占主导地位时,表达的是本义;当认知识解部分起主导作用时,表达的是抽象含义。人们不仅在理解抽象领域的概念时采取隐喻方式,在理解具体领域的概念时也会如此。抽象领域的概念和具体领域的概念都主要以隐喻或转喻方式理解。本义只是具体世界中以隐喻方式理解的某些方面，完全本义理解的词语要比我们想象的少得多。

**2）（基础）转喻可能比基础隐喻更加基础**

"关联隐喻"（也被称作基础隐喻）是20世纪90年代中后期提出的一个重要概念，指的是直接产生于我们最基本的涉身体验的概念隐喻，复杂隐喻是在基础隐喻的基础上形成的（如Grady，1997；Lakoff & Johnson，1999等）。关联隐喻到底是隐喻还是转喻是争论的一个焦点问题。有学者（如Grady，1997；Lakoff & Johnson，1999等）认为，关联隐喻独立于转喻机制而存在，与转喻机制不存在关联；而有些学者（如Barcelona，2000；Radden，2002；Kövecses，2002等）认为，二者密切关联，甚至转喻机制比隐喻机制更为关键。

拓展概念隐喻理论倾向于后者，即转喻发挥了更加基础性的作用。其基本逻辑是，关联隐喻产生于框架型的心理表征（frame-like mental representation），形成过程中经历了一个转喻阶段：当一个框架型心理表征中的某一个元素被概括、抽象为概念系统中的另一部分，从而变成处于原概念框架之外的一个概念时，转喻就变成了隐喻。这种转喻变隐喻有两种情形：

一种情形是框架中的一个元素经过抽象，变成了隐喻的始源。比如基础概念隐喻SADNESS IS DOWN，人在悲伤时整个身体姿态都会放低，"身体向下"和"情绪上的悲伤"是整个"悲伤"场景的两个元素，"身体向下代表悲伤"（THE DOWNWARD ORIENTATION OF THE BODY FOR SADNESS）是概念转喻。"身体向下"也可以进一步抽象为"向下"，这就变成了一个空间概念，空间概念的"向下"与情感域的"悲伤"在分类学上有较大的距离，为将SADNESS IS DOWN视为隐喻提供了支撑。换言之，原本的框架（"悲伤"框架）变成了概念隐喻中的目标（悲伤，情感域），同时它也是隐喻始源（向下，空间域）出现的原因。

第二种情形就是框架中的某一元素变成目标。如KNOWING/UNDERSTANDING IS SEEING，在典型的"获取事物知识"框架内，

"看见"和"获取知识"是两个元素,看见某物就让我们获取了关于它的知识,了解某一事物往往需要观察它,二者关联密切,有因果关系,构成了 SEEING SOMETHING PHYSICAL FOR KNOWING THE THING 的概念转喻;当知识的范围拓展包含非物理世界(如思想、情感、记忆等)时,它就脱离了我们的知觉系统,成了一个独立的概念,抽象的 KNOWING 就演变成了概念隐喻中的目标,原框架中的 SEEING 就变成了隐喻中的始源。

因此拓展概念隐喻理论认为,很多隐喻(主要是关联隐喻)产生于转喻,不能独立于转喻之外。这也是为什么很多隐喻可以用转喻来解释,而很多转喻也可以被视为隐喻。

### 3)概念隐喻可能是抽象程度不同的、以层级方式链接起来的概念结构

意象图式、域、框架、心理空间是认知语言学文献中最常用的几个概念,但这些术语在实际使用中所描述的范围在不同文献中不尽相同,比较模糊。拓展概念隐喻理论梳理了它们之间的关系,明确了这四个概念结构单位之间的层级关系。拓展概念隐喻理论认为,意象图式、域、框架、心理空间之间的区别在于抽象程度不同。虽然它们之间没有很严格的界限,但从意象图式到心理空间,抽象程度逐次降低,从而在整个概念层面形成了一个逐次包含的层级关系。

对这四个层级的界定,拓展概念隐喻理论基本与它们的常见定义相同:意象图式指有意义的前概念结构,有内部结构(但组成部分不多),是高度抽象的模拟性质的完型[如 CONTAINER、VERTICALITY、(STRUCTURED)OBJECT 等];域是一个连贯的概念化区域,往往包含多个意象图式来描述其不同方面的特征,它们综合起来形成域的矩阵,信息要比意象图式丰富[如 BUILDING 是一个域,包含了 CONTAINER、VERTICALITY、(STRUCTURED)OBJECT 等意象图式];"框架"是对域矩阵中某一个方面更详细、更具体的阐述[如 PERCEPTION(知觉)、INGESTION(消化)、EXERCISING(锻炼)等框架,是对 BODY(身体)域在这些方面的具体阐释],框架包含角色和角色之间的关系;当框架中的角色在具体语境中获得明确的值,就到了心理空间

层面,"心理空间是我们在思考和交谈时构建的、为了当前理解和行为而构建的局部组合"(Fauconnier,2007:351)。心理空间、框架、域、意象图式内容的丰富程度存在逐级蕴含关系(见下一节的详细介绍)。

概念隐喻可以在这四个层面中的任何一个上产生:如MORE IS UP, STATES ARE CONTAINERS属于始源是意象图式层面的概念隐喻;THE MIND IS THE BODY, EMOTIONS ARE NATURAL FORCES属于域层面的概念隐喻;KNOWING IS SEEING, ANGER IS A HOT FLUID IN A CONTAINER属于框架层面的概念隐喻;心理空间层面因为要结合具体语境,因此概念隐喻在以往文献中不太常见,Kövecses (2020:66)在分析BUILDING的概念隐喻时举了两个例子,如MARY BUILDING A CAREER IS MARY BUILDING A HOUSE, JOHN'S LIFE WITHOUT A FOUNDATION IS JOHN'S HOUSE WITHOUT A FOUNDATION。

**4)概念隐喻可能不仅是概念的,而且必然是语境的**

拓展概念隐喻理论认为,意义的产生总体上要依赖"相关语境",隐喻也不例外。隐喻在篇章中的使用是一个联合行动,需要说话者和听话者具有大量共同知识,即共同语境。语境分为以下四类:情景语境、篇章语境、概念—认知语境、身体语境。

情景语境:包括物理环境、社会情景和文化情景;

篇章语境:包括语言上下文、与篇章主要元素相关的知识(如说话者、听话者、话题等),还可能包括之前掌握的相关话题的篇章等;

概念—认知语境:包括隐喻概念系统、意识形态、以往事件知识以及个人兴趣和关心的事物等;

身体语境:指的是身体的某一状态在某些情况下(如作家或诗人)可能会产生某些特别的隐喻,如Dickinson的隐喻就跟她眼睛的疾病有关(Kövecses,2010)。

拓展概念隐喻理论还区分了全局语境和局部语境。前者指的是概念者对所在社区的环境的总体知识,后者指的是概念者对当前交际情景某些方面的具体知识。一般来说,隐喻的产生一般经过以下过程:决定选择(隐喻)认知方式、考虑各局部/全局语境因素、被其中一个(些)语境因素启动、构建概念通道。其中语境因素的启动作用和概念通道的构建是讨论的重点。隐喻的概念通道指的是若干概念隐喻或转喻构成的抽象层级结构，只有概念者在目标—始源之间建立起概念通道，启动效应才会起作用。

**5）概念隐喻理论同时是离线的和在线的现象**

标准概念隐喻理论（或者说大多数的概念隐喻理论追随者或明或暗地倾向于）认为，概念隐喻存在于离线的长期记忆中，只是在具体语句的加工中被激活。在离线—在线问题上，拓展概念隐喻理论的分析视角有所不同，认为概念隐喻既是离线的又是在线的，意象图式、域、框架属于长期记忆中的结构，是离线的，心理空间属于工作记忆，是在线的。语境的启动效应、概念整合、隐喻的语用篇章功能、修辞效果都发生在心理空间层面。

在线加工涉及概念整合。概念整合是概念隐喻结构映射的补充，所有的概念隐喻实际都是概念整合。不管是深层的"整合"，还是浅层的"隐喻"，都受制于语境。语境对隐喻的影响可以发生在多个层面，如语音（Tennessee Tramples Kentucky，田纳西队碾压肯塔基队，选择动词 trample 而不是 defeat 或者 overpower，是因为押头韵的缘故）、概念语义（如 Coke Flows Past Forecasts: Soft Drink Company Posts Gains，选择动词 flow 是因为 Coke 是液体）、当前环境（如 If Clinton Were the Titanic, the Iceberg Would Sink，选择 Titanic 是因为电影 *Titanic* 在当年上映而且影响大）等。Kövecses（2020）最后从兼容性、基础性、复杂性对概念整合和概念隐喻进行了比较并指出，概念隐喻理论主要研究概念之间兼容的部分，而概念整合主要研究不兼容的部分；概念隐喻比概念整合更加基础；概念整合网络比两两对应的概念隐喻复杂。

Kövecses（2020）对拓展概念隐喻理论的核心内容进行了总结，厘清作为一个新的理论，拓展概念隐喻理论的构成，重点围绕语境的作用、涉身隐喻与篇章隐喻的兼容性、隐喻意义的种类、隐喻的种类等进行了讨论。Kövecses 认为，说话者创造（听话者理解）隐喻的特有意义可以借助三种概念通道（conceptual pathway）：抽象等级通道、临时（ad hoc）通道、共享的意象图式通道，三类通道导致不同类型的概念隐喻的产生，即系统隐喻、非系统（孤立）隐喻、系统性相似（模拟）隐喻。隐喻意义也可以分为三类：意象图式层面的意义性（meaningfulness）、域和框架层面的去语境意义（decontextualized meaning）、和心理空间层面的语境化意义（contextualized meaning）。最后在多层次概念隐喻理论（即拓展概念隐喻理论）框架下，对意义、概念结构、认知记忆、本体层面之间的对应关系进行了阐述。

## 2. 蓄意隐喻理论

对隐喻在语言层面、概念层面进行了细致分析之后，隐喻在交际中的角色又再次回到了研究者的日程（Cameron，2003；Semino，2008；Charteris-Black & Musolff，2003；Gola & Ervas，2016 等），具有代表性的就是 Steen（2008，2011，2015）提出的蓄意隐喻（deliberate metaphor），也就是 Reijnierse et al.（2018a：17）所说的"语言使用者之间的隐喻"。如果说拓展概念隐喻理论还只是在认知层面的分析中更多地融入了"语境"因素的话，那么蓄意隐喻理论则是在整个分析框架中加了一个层次——交际层次。

Steen（2011）认为，语言不仅仅是一个语言和思维的问题，还是一个交际的问题，"认知—语言"的框架太有局限，无法处理隐喻相关的很多核心问题，因此需要一个跨学科的进路，特别是社会视角的研究。基于这种思路，蓄意隐喻理论在原本语言和思维层面的"认知—语言"模型基础上，增加了一个交际维度。这种三维度的模型区分了蓄意隐喻和非蓄意隐喻。Steen（2011）认为，有些隐喻通过将注意力吸引至隐喻始源域指称，为话语的目标域提供了一个外在的视角，隐喻在交际中被前景化了（foregrounded），是"视角改变者"。

Steen（2016）认为，蓄意隐喻就是将隐喻作为隐喻来使用。从结构功能角度来说，只有隐喻使用者在语言中留下该意图的痕迹的时候才能观察到。这在跨句隐喻或者伴随隐喻信号中最为明显。其他的一些情形还包括文本语域显著偏离，如文学意义插入历史文本中，或者具体意象被安置在抽象句子的末尾，或者包含大量始源域所指的修辞性习语所处的文本内容，否则就是非修辞性的和口语性的。

### 1) 蓄意隐喻与非蓄意隐喻

Steen（2011）认为，语言中的隐喻（比喻）表现出三种重要的对立：隐喻和明喻在语言层面的对立、规约隐喻和新奇隐喻在思维层面的对立、蓄意隐喻和非蓄意隐喻在交际层面的对立。"蓄意隐喻是说话者的一个公开邀请，邀请听话者步出当前处于主导地位的目标域、从另一个不同视角（始源域）来看待当前话题。"（Steen，2011：37）如：

(1) Science is like a glacier.

理解上面话语的意思，听话者要步出当前篇章话题"科学"（目标域），转而从"冰山"（始源域）视角来重新看待这个话题，比喻词 like 是说话者发出的信号，表明说话者想要听话者进行两个范畴之间的跨域映射。

非蓄意隐喻则没有这种"改变听话者当前话题的观察视角"的交际目的，而是让听话者仍然保留在当前的话题，听话者也无须有意识地注意另一个不同的概念域结构。如：

(2) Lakoff attacked Glucksberg.

在理解上例中，attack 虽然是比喻性用法（按照概念隐喻理论），但听话者无须激活 attack 本义所在的战争域，而是只会将其理解为学术争论。

蓄意隐喻和非蓄意隐喻之间的对立，只涉及当前话题（目标域）的观察视角是否发生改变。在蓄意隐喻中，说话者通过始源域的选择（操控），让听话者从始源域的视角来审视实际话题，从而使得一系列复杂的概念内容以压缩的形式得到传递，实现某些特别的目标或者语篇功能。蓄意隐喻的这些特征主要是"基于发送者"的视角，即发送者可能选择某一特别的蓄意隐喻，从而实现某一特定目的（Beger，2019）。

虽然蓄意隐喻和非蓄意隐喻在语言形式和结构方面可能千差万别，使用蓄意隐喻或者非蓄意隐喻的交际原因也各不相同，但蓄意隐喻的加工是一个比较的过程，而不是范畴化的过程（因为蓄意隐喻需要有意识的跨域映射）。

蓄意隐喻理论的核心是"注意力"。因为要付出额外的注意，Beger

（2019）将蓄意隐喻比喻为交际中的"绊脚石"，需要听话者跨过始源域，达到对目标域话题的理解。因为在交际过程中，人们不可能一直不断地变换视角（这需要消耗认知能量），蓄意隐喻使用并不频繁，如在金融报纸介绍欧元的新闻文章中，蓄意隐喻只占 0.3%（Charteris-Black & Musolff, 2003）；在小学课文中，蓄意隐喻占隐喻总数的 10%（Cameron, 2003）；在对 VUAMC（VU Amsterdam Metaphor Corpus）开展的一项大型语料库研究中（涉及 4 个语域，6 个不同词类，共识别 24,762 个隐喻词汇），蓄意隐喻也只占 4.36%。这一结果与隐喻传统修辞的立场比较接近。

实词构成蓄意隐喻的可能性要比虚词构成蓄意隐喻的可能性高得多（Cameron, 2003; Goatly, 1997），因为虚词（功能词）作为一个封闭的词类，交际过程中的加工（不管是说话者还是听话者）极少会引起交际双方的注意。如：

Insights into [human] evolution from the gorilla genome sequence

上例中的 into 和 from 在语言层面和概念层面都可以被视为隐喻（按照 Pragglejaz Group 2007 的隐喻识别标准）。但在交际层面，语言使用者在使用这两个词时，并未意识到它们的隐喻性，换言之，并不是将它们作为隐喻来使用。

Cameron（2003: 101）的研究还发现，蓄意隐喻通常为名词隐喻，而非蓄意隐喻则多为动词隐喻。Steen et al.（2010）的研究表明，蓄意隐喻在小说和新闻文本中的出现频率较高，而在学术文本和面对面交际中则不太频繁。这种偏向也很容易解释：学术交流需要用学术圈内的规范语言来交流，而面对面的交流，思考时间有限，也不可能频繁使用。

**2）蓄意隐喻与新奇隐喻**

Cameron（2003: 100）将蓄意隐喻定义为规约隐喻的反面，似乎将蓄意隐喻视为约等于新奇隐喻。Steen（2010）则做了更细致的分析，将隐喻的规约性或者新奇性置于思维的层面，而不是语言。如这样一句歌词"Time is a jet plane, it moves too fast."，涉及 TIME IS SPACE 的规约隐喻，但其实现形式 jet plane 却是新奇隐喻表达。因此 Steen 认为，蓄意隐喻与非蓄意隐喻，规约隐喻与新奇隐喻，是在不同层面上对隐喻的划分，蓄意与否是在交际层面，规约与否是在概念层面，蓄意隐喻并非等同于新奇隐喻，非蓄意隐喻并非等同于规约隐喻。他（Steen，2011：39）用下表（表2-1）展示了三维理论框架下，不同层面的隐喻类别之间的关系：

表2-1 隐喻特征的三维分类

| Communicative values | Conceptual values | Linguistic values | Examples |
| --- | --- | --- | --- |
| Non-deliberate | Conventional | Metaphor | Lakoff attacked Glucksberg. |
| | | Simile | He's as stubborn as a mule. |
| | Novel | Metaphor | ? |
| | | Simile | ? |
| Deliberate | Conventional | Metaphor | Wasps, the wrong weather, and why this summer's got a very nasty sting in the tail (newspaper headline) |
| | | Simile | More like the shadow of his thoughts or something (BNC JSU 136) |
| | Novel | Metaphor | Juliet is the sun. |
| | | Simile | Every junkie's like a setting sun. |

## 3）DMIP：蓄意隐喻识别程序

如何区分蓄意隐喻与非蓄意隐喻，不管是在可用于操作的定义方面还是在识别标准方面，都是一个难题（如 Beger，2011；Nacey，2013 等）。Reijnierse et al.（2018c）尝试性地提出了识别潜在蓄意隐喻的方法——DMIP（Deliberate Metaphor Identification Procedure）。

对始源域的注意力，或者说注意力从当前话题的目标域向始源域的转移，是蓄意隐喻的核心特征，而注意力可以从符号学和行为心理学两个角度对此进行分析研究（Krennmayr，2011；Steen，2007；Cameron，1999）。符号学从结构—功能角度描述隐喻言语的意义，行为心理学则更多地关注隐喻表达语言个体使用者的加工过程，如隐喻是如何产生的，如何理解的，对推理有什么影响等。

## 第 2 章　新时代认知语言学的发展与创新

Reijnierse et al.（2018c）提出的 DMIP 采取的是符号学路径，即对交际中的隐喻性话语进行多维度的意义分析。按照隐喻的三维度模型，一个隐喻要被视为潜在的蓄意隐喻，其话语意义不仅要在语言层面有始源域词汇，从而在概念层面有始源域概念，而且必须在话语所指的事件状态中建立起始源域的所指（Steen，2017），前两点是所有隐喻（包括非蓄意隐喻）必须具备的条件，因此它们对识别蓄意隐喻的操作标准就简化为：

"当隐喻的始源域是其所处的话语中的指称意义的一部分时，该隐喻是（潜在）蓄意的。"（Reijnierse et al.，2018c：136）

因为蓄意隐喻的发生是在交际层面（即需要语言使用者的参与），而实际每个研究者拿到的只有文本，无法准确获知交际中说话者的"意图"，因此在实际操作中，Reijnierse et al. 借助了词典（*Macmillan English Dictionary* 和 *Longman Dictionary of Contemporary*），假设了一个理想的语言使用者（词典里的所有词汇构成了其全部心理词汇），词典中出现的语义项均为规约化意义，否则就是新奇使用。整个识别过程操作如下：

第 1 步：阅读全文，了解全文大意；

第 2 步：运用 MIPVU（Metaphor Identification Procedure Vrije Universiteit），找出所有隐喻相关词汇单位 MRW（metaphor-related word）；

第 3 步：看第一条 MRW；

第 4 步：确定 MRW 的始源域是否是其所在的话语中指称意义的一部分；

如果"是"，标记为潜在蓄意隐喻，前往第 5 步；

如果"否"，标记为非蓄意隐喻，前往第 6 步；

若不确定，标记为潜在蓄意隐喻，添加"WIDLII"符号（When In Doubt Leave It In），前往第 5 步；

第 5 步：如果 MRW 在第 4 步中标记为潜在蓄意隐喻，描述 MRW 的始源域如何是话语指称意义的一部分；

第 6 步：继续下一条 MRW。

试看下例：

[From] the top of the dome of St. Paul's Cathedral the view is no longer dominated[MRW] by City church steeples but by an instrusive cacophony[MRW] of drab, characterless Sixties boxes.

整句话描述的是圣保罗教堂，属于"建筑"领域，其中 dominated 和 cacophony 都被标记为隐喻相关词汇。词典中，cacophony 的释义只有一条: an unpleasant mixture of loud sounds（*Macmillan*），全部意义涉及"声音"域，这与"建筑"域不同，所以是蓄意隐喻。而 dominate 在词典中有一条释义是: if an object dominates a place, it is so big or high that it is easy to notice（*Macmillan* sense description 4），词典中出现了"建筑"域的义项，因此是非蓄意隐喻。

蓄意隐喻的三维度模型虽然较为新颖，但与长期以来的话语语义研究模型（如语言的结构—功能理论、功能篇章语法、语用学等）是兼容的。它将意图（intentionality）和意识（consciousness）重新拉回到了研究者的视野，为篇章中的隐喻的社会属性、心理属性、语言属性如何与功能互动提供了一个新的视角，是对二维隐喻模式的激进再审视（Steen, 2011）。蓄意隐喻研究者来自不同的研究领域，包括语用学（如 Carston, 2010；Goddard, 2004）、认知符号学（如 Brandt & Brandt, 2005）、隐喻作为国际通用语研究（如 Nacey, 2013）、隐喻的动态研究（如 Cameron, 2003）、语料库语言学（如 Goatly, 1997）、以及篇章分析（如 Steen, 2008, 2015）等。目前研究较多的是"形容词 + 名词"的隐喻域构式（metaphorical domain construction），如 economic crash, budgetary anorexia 等。Goatly（1997）和 Reijinierse et al.（2018b）等对这类构式中的形容词的功能进行了系统性的、自下而上的探讨。

## 3. 混合隐喻研究

混合隐喻是近年来逐渐引起研究者兴趣的现象之一。当前混合隐喻主要是指这样一种现象："多个基本义不太兼容的隐喻喻体并置，会产生语义角度的不协调，但却不会影响语境意义层面的加工，甚至很少呈现出所谓的语义的不和谐或者风格上的不适"（Cameron, 2016: 19），或者"两个隐喻词语的非隐喻性语义在关联语法框架或者松散的框架内存在一定的冲突"（Steen, 2016: 115），或者"混合隐喻驾驭两个不同的隐喻喻体来指称或者描述一个单一的隐喻本体目标"（Charteris-Black，2016：158）。其重要特征就是：它们经常涉及一个隐喻性习语的非常规性使用，或者后续一个与其语义不完全一致的习语。如下面Richard Nordquist 收集的一位英国议员的讲话（www.about.com）（转引自 Steen，2016：115）：

Mr. Speaker, I smell a rat. I see him floating in the air. But mark me, sir, I will nip him in the bud. It's time to step up to the plate and lay your cards on the table.

其中的 smell a rat（感到不妙）、nip sb. in the bud（扼杀在萌芽状态）、step up to the plate（开始行动）、lay one's cards on the table（和盘托出、彻底公开）都是隐喻性习语，其中隐喻本体部分涉及的概念域各不相同，构成了典型的混合隐喻。

混合隐喻作为一个"民间"概念由来已久。Leech（1969：161）对混合隐喻的定义是：当若干已经失去想象力的死隐喻，不太协调地聚集在一起，结果它们的本义（通常情况下不会引起注意）间的冲突引起了我们的关注。Griffin（2012）则认为，混合隐喻在两个或者多个事物之间作不合逻辑的比较，当说话者使用混合隐喻时，他们以一个隐喻开头，却中途转向另一个隐喻，容易引起概念的冲突或困惑，因此在说话或者写作中应该避免（Semino，2016）。

概念隐喻理论（Lakoff & Johnson，1980）也提到了混合隐喻。他们认为，在一段狭窄的篇章内，运用来自不同始源域的隐喻表达来谈论某一特定目标域时，混合隐喻就有了出现的可能。将隐喻描述为"混合"含蓄或明确地意味着，语言使用者激活了隐喻表达的本义，并且察觉到了它们之间的冲突，并可能导致潜在的困惑或者负面的评价。

近年来混合隐喻引起了更多的关注，主要是混合隐喻与概念隐喻理论似乎不太兼容。一般来说，如果某一个概念隐喻在篇章中被激活，那么应该会导致和支持更多同一概念隐喻的语言表达的产生，但事实并非如此，大多数的隐喻使用是混合的，因此有研究者认为，概念隐喻理论无法解释混合隐喻现象，甚至有人（如 Shen & Balaban，1999）认为，如果概念隐喻理论是真的，那么混合隐喻根本就不应该出现。

对混合隐喻的最新研究，主要围绕为什么会出现混合隐喻、混合隐喻为何不会出现加工困难、混合隐喻的类型等问题展开[1]。

**1）为什么会出现混合隐喻**

隐喻一致性的篇章，不仅具有组织和表达的功能，使得篇章更加连贯，还具有说教的功能（如寓言）（Kövecses，2016）。从各个角度来说，在篇章中一致隐喻的频率似乎应该更高。那么为什么现实中混合隐喻的频率更高呢？从宏观角度来说，混合隐喻体现了人们在思考抽象话题时展现出的认知灵活性，而这是人类智能和创造性的标记（Gibbs，2016）；从概念结构层面来说，每一个概念都包含很多不同方面，每一个方面都可以借助不同的隐喻始源域来描述，当多个不同方面的隐喻并列到一起，就产生了混合隐喻（Kövecses，2016）；从交际层面来说，多重混合隐喻不仅仅是交谈过程中增添风格的技巧，而且是意义构建的要素，多重的、发散的始源域推动着交谈过程中意义的流动（Cameron，2016）。

Cameron（2016）指出，在边聊边想的自然对话中，即便说话者一开始对自己要表达什么有清晰的想法，但随着谈话的进行，在转化为语言的过程中，听到某些表达、看到谈话对方产生的反应等，都会促使说话者进行现场的调整和适应。他引用了一个侦探小说中的对话作为例子，一个小报编辑与一位年轻的记者关于如何发现一个好故事的对话：

"...deaths nicely suspicious, and suspicious is our bread and butter. Metaphor, by the way, in case you are thinking otherwise. Our purpose is to fan the fire—another metaphor, I think I'm on a roll here and see what comes crawling out of the woodwork."

"Mixed," Zed muttered.

"What?"

"Never mind..."

(*Believing the Lie* by E. George，2012，p. 67，London：Hodder & Stoughton，转引自 Cameron，2016：18)

---

[1] Gibbs（2016）编辑出版了一本以 *Mixing Metaphor* 为题的论文集，本部分内容中的大部分来自此书。

## 第 2 章　新时代认知语言学的发展与创新

上例中，连续的三个隐喻：bread and butter，fan the fire，crawling out of the woodwork，并不分别来自不同概念域，说话者甚至直接指出他在使用隐喻，以对这种跳跃性作出注脚，并且听话人（Zed）也很清晰地意识到了这一点。

现实交际中，随着话题的进行，隐喻性使用的词和短语，如其他普通词汇一样，会被重复、被重新编词、被发展，或者被各种类型的反义词相对照，都会产生连续的隐喻，即混合隐喻。多重隐喻是篇章话题转换、前指照应（anaphoric reference）和词汇概念约定（lexico-conceptual pacts）在连贯隐喻场景中的组合以及规约化的、系统性的隐喻层次化的结果，并从中获得篇章的连贯性（Cameron，2016）。

**2）混合隐喻的加工**

Cameron（2016）指出，混合隐喻会产生语义角度的不协调，但却不会影响语境意义层面的加工，甚至很少出现语义的不和谐或者风格上的不适。现实世界中，大多隐喻使用都是混合式的。这是一个非常有趣的现象，为什么语言层面的不协调不会导致加工困难呢？

Gibbs（1999）认为隐喻加工可以概括为两种途径：（1）篇章中的隐喻表达激活了表征始源域的概念域或者概念框架，并与目标域建立起了联系；（2）篇章中的隐喻表达大多时候并没有激活始源域，而是与目标域中的规约化了的隐喻义项联系起来了，激活的只是这种隐喻义。前一种是属于概念隐喻理论的观点，而后一种则是非概念隐喻的观点。前一种观点认为，我们是在加工过程中消除了这种不兼容，而后一种观点则认为，我们是直接理解目标语义，采取的是浅层加工。对于混合隐喻的加工很多时候属于后者，因为始源域的激活程度较低，人们并未意识到这种混合，使得他们对某一话题多方面的、隐喻式的理解能够轻松地、大多时候是无意识地在不同始源域之间转换。

Kövecses 也赞同这种观点。他（2016）认为，在混合隐喻中，多个始源域以及隐喻语言表达本身的规约化程度不同，这也对应着不同的神经激活程度。在混合隐喻理解中（自然语篇中大部分的隐喻都是混合隐喻），邻近的多个始源域激活程度往往较低，不会彼此影响，因此不会造成概念上的冲突（但这种低度激活也必须要足够保证始源域与目标域之间的映射，这是目标语义产生的基础）。低度激活使得文章的语法结构在概念层面整合混合隐喻时几乎不会有任何压力，只需要简单地将它们指向不同的本体层面进行理解就可以了。

因此，Kövecses 认为，混合隐喻在概念隐喻理论框架内也可以得到合理的解释。在其提出的拓展概念隐喻理论（参见 2.2.1）中，隐喻的选择经常受到局部和宏观语境的影响。局部语境包括篇章直接涉及的文化、社会、物理世界、语言等因素。不同的语境因素可能会在无意识中或者本能地对某些始源域的使用具有启动作用。隐喻始源域的使用涉及两步：（1）无意识的或者直觉的作用导致始源域的产生；（2）多少有些有意为之地联系目标域，对始源域进行概念和语言方面的阐释。如下例中的 throw right out of the window 与篇章中的 open door 的启动不无关系。

If they do that, they might as well take the open door policy and throw it right out of the window!（Kövecses，2016：12）

当然，更多时候，低度激活未能导致同一概念隐喻一致的更多的语言隐喻，这也导致篇章中同源的隐喻数量不是太多。同源隐喻通常只有在两种条件下才会出现：（1）始源域概念复杂度高，在很多方面都可以映射到目标域；（2）出于某些交际或者风格方面的考虑，说话者借助同一个始源域进行概念表达具有一定的益处。（ibid.）

Müller（2016）认为人们能够理解混合隐喻，主要是因为人们对语义的理解是动态的、弹性的，是对正在进行的交际活动时刻变化的外部情景作出的反应。混合隐喻是注意力转向隐喻义不常见的方面的结果，通过将规约隐喻中在一般情况下的背景内容前景化（换言之，混合隐喻突显的是意义不太常见的一面），混合隐喻改变了语义的突显结构，从而产生不同的隐喻理解或者不同的隐喻激活程度。

Müller（2016）认为，隐喻产生的认知过程就是隐喻的激活过程，随着篇章中注意力的流动，隐喻义的不同方面会具有选择性地前景或者后景化，这使得需要从一个动态的角度研究隐喻，即在激活程度方面将规约隐喻看作是一个从"沉睡"到"清醒"的渐变体，视交际双方在交谈过程中某一时刻的认知激活度而不同。混合隐喻的产生，是因为隐喻表达的本义在语言表达过程中没有被激活，说话者在使用隐喻表达的时候，没有想到本义这一层意思，或者说，在描述目标的不同方面时，想起的是不同的始源域。如下例中，butter mountain（黄油堆成的山）的比喻和 in the pipeline（在管道中，指在准备中之意）在意象上显然存在冲突，这是说话者在描述黄油量大时想起用"mountain"这个词，构建"在准备中"的语义表达时想起的是 in the pipeline 这样一个习语。

The butter mountain has been in the pipeline for some time.

Lonergan & Gibbs（2016）则认为，人们能够将混合隐喻理解为有意义而且是连贯的，主要是因为人类具有对文本中明确表述的始源域进行详尽推理的能力，这被称为"始源域推理"观点。该观点认为，人们对始源域和目标域之间的隐喻推理超越了概念隐喻理论中简单的规约性的平行映射，与概念隐喻同时发生的还有其他一些非平行的系统在运作，比如情感和社会文化因素等，它们在制约隐喻的创造和理解中也起着关键的作用。很多篇章中的隐喻更多地是来自始源域内部的补偿性推理，来自系统性映射的意义反倒不多（Lee & Barnden，2001）。人们的回答表明，他们对不同短语的理解受各种次级隐喻的驱动。混合隐喻比人们想象的还要富于变化，它们对于研究隐喻语义的再加工提供了重要的洞察。

3）混合隐喻的类型

Barnden（2016）从始源域与目标域之间的语义关系出发，将混合隐喻划分为平行混合、链式（或者序列）混合，以及链式+平行混合。平行混合指的是同一个目标域在篇章中同时被看作是 B 和 C，而 B 和 C 属于完全不同的两个始源域。链式混合指的是 A 被看作是 B，而 B 被进一步看作是 C。链式+平行混合则是二者兼而有之。如下两例（Barnden，2016：76）：

(1) We do not have a chocolate army that fades away at the first sign of trouble.（平行混合隐喻，army 分别指向"巧克力"和"如色彩一般消退"。）

(2) The thought of her step-mother's arrival...hung over her mind like a

dark angry cloud.（链式混合隐喻，思想被看作是"云"，而"云"又被看作是"人"，人的概念由 angry 激发。）

Semino（2016）按照冲突的范围区分了三种混合隐喻模式：跨始源域冲突、始源域内部冲突、始源域与当前话题冲突。跨始源域冲突指的是不同隐喻的始源域之间，从概念隐喻的角度来说，可以归为不同始源域；始源域域内冲突指的是不同的隐喻，从概念隐喻的角度来看，可以归为同一个始源域；始源域与当前话题冲突指的是隐喻的本义和当前话题的某些方面冲突。如下几例：

(1) A half full glass in a toenail of a day.（glass 和 toenial 分属两个概念域。）
(2) There is big bumps in the road ahead; it's not all going to be a smooth sailing.（JOURNEY 域内）
(3) This is frustrating for me, because I rely on the words always being at my fingertips and on the tip of my tongue.（fingertips 与当前话题无关，但 tip of my tongue 与当前话题相关。）

两个不同的隐喻要多近才可以被称为"混合隐喻"？文献中的例句涉及的隐喻往往在同一个小句或者句子。Kimmel（2010）区分了三种：（1）邻近句子中的隐喻；（2）同一句中邻近小句中的隐喻；（3）同一小句中隐喻。他认为，包含不同隐喻的语言单位之间的语法联系的紧密程度影响我们是否会以整合的方式加工隐喻，并建议只有小句内的隐喻簇可以被描述为混合隐喻。

## 4. 篇章隐喻研究

Zinken & Musolff（2009）指出，篇章研究对隐喻研究有实证性贡献，这类研究一方面促进我们对政治、经济、科学、法律等领域中的社会现实的理解，另一方面又可以被看作是一种应用研究，是对揭示"隐喻理解"这一基本研究目标的补充。

隐喻与篇章体裁的结合产生了篇章隐喻。这里的篇章隐喻并不是简单地从词汇隐喻、句子隐喻到篇章隐喻的结构化分析的延伸，而是具有独特的内涵。这里的篇章指的是一组关于某一话题的文本，这些隐喻属于某一具体文本次类。作为该语域的特征，篇章隐喻是"相对稳定的隐喻投射，作用就是在一段时间内为某一特定篇章提供关键框架策略"（Zinken et al., 2008：363）。因此篇章隐喻也被看作是文本类型或体裁隐喻。这些隐喻会在一段时间内或者永久规约化（如财经类文本中的"欧元的诞生 the birth of Euro"，"欧洲堡垒 fortress Europe"等），具有文化特异性。

在篇章构造中，隐喻要么促成了篇章结构，要么是篇章结构的结果。如下面 Sandburg 的小诗：

The fog comes
On little cat feet
It sits looking
Over harbor and city
On silent haunches
And then move on.

这里用"雾踩着小猫咪的脚来了"来比喻雾的无声无息，假想的猫的比喻，一直延伸到后面的 sit、huanches、silent。（Garrido, 2011）

### 1）隐喻与连贯性

连贯性是篇章研究的重要课题。随着隐喻与篇章研究的结合，隐喻在篇章连贯中的作用也引起了研究者的注意，因为"隐喻与篇章都强调思维的关联，在思维层面上都具有连贯性"（Garrido, 2011：119）。

首先，隐喻是两个不同概念域之间的映射，这种隐喻观也暗含了篇章构造中的连贯性思想。在隐喻研究中，概念位于更广泛的知识网络中的某一"域"或"块"，通过不同强度的连接联系。在隐喻构建过程中，当某一概念与其他域的概念联系到一起时，一致性的连接属性就能够建立起来。隐喻的这种构成观与篇章构造类似，换言之，隐喻也是句法结构和语义表征借助低层单位之间的联系来构成高层单位，与篇章构造类似。

Lakoff & Turner（1989：70）提出的"隐喻构图"（metaphor composition）这一概念中也体现了隐喻的连贯性思想。他们指出，当说话者创造一个隐喻簇时，从篇章的角度来看，其中的各个隐喻都具有连贯性。Kimmel（2009：96）则将其称为"隐喻混合"（metaphor pastiche）。

隐喻的连贯性还体现在加工过程与交际意义协商过程的相似性。Michaelis（2004：7）认为，在实际交际中，听话者必须协调形态句法构式意义和词汇意义，因此会产生强制效应（coercion effect）。隐喻理解也是如此，隐喻通过强制来自始源域的词汇适应目标域表达，从而重新组织或提供不同的、更加丰富的信息。如"Man is a wolf."就是将wolf的信息通过 A is B 的构式强加给了 man，Boroditsky（2000）将其称为"隐喻式构造"（metaphoric structuring），Steen（2008）将其称为"视角变换"（perspective changing）。

因此，Kövecses（2009：12）在探讨隐喻变化起因时提出了"连贯的压力"（the pressure of coherence）这一概念，认为这是在自然语篇中隐喻变化的一个维度。

系统隐喻（Cameron，2010：91）不是一个单一隐喻，而是自然产生的关联密切的隐喻群组。在篇章动态框架下，一个系统隐喻是相关语言隐喻的聚集，是在篇章的推进过程中演化和适应的结果，作为自然形成的构造，系统隐喻可以约束和影响篇章参与者思考和谈论话题（Charteris-Black，2016）。

### 2）隐喻与批评话语分析

Koller（2004）指出，随着认知语言学研究的社会研究转向，隐喻研究与批评话语分析视角的结合具有广阔的研究前景，两个领域的结合将有益于各自的研究：隐喻研究将更加关注隐喻的社会文化和意识形态功能，而批评话语分析也能在认知视角研究方面变得更为丰富。

意识形态在隐喻使用中也是一个构成因素，因为一个人与主要社会政治问题相关的意识形态会支配隐喻选择（Goatly，2007）。事实上，概念隐喻理论从一开始就埋下了批评话语分析的伏笔，虽然这一点一直以来都被认知语言学研究者忽略了。Lakoff & Johnson（1980：159）指出，隐喻"在社会和政治现实的构建中起着核心的作用"，隐喻具有"可能被赋予意识形态因素的语言和篇章"的特征。后来，他们（Lakoff & Turner，1989）进一步指出，即便是最直接的身体经历，也是发生在巨大的文化预设背景之内的，选择性表征是隐喻的主要特征，而选择性表征则受人的意图驱动，如果我们承认话语和隐喻都是社会文化关系组成的一部分，那么权力最直接的显现就是控制话语和隐喻，这可以通过借助一系列连贯的隐喻蕴含网络凸显部分现实特征、隐藏另一些特征来实现。

Kress（1989：70）从批评语言学的角度，将隐喻定义为"意识形态论点的一个潜在因素，是将某一领域引入某一意识形态域而不是其他意识形态域的手段"。他（1989：71）指出："每当试图将某一事件融入某一意识形态体系而不是其他意识形态体系的时候，在存在差异、权势争夺的地方隐喻活动就产生了。"

在具体分析中，话语的参与者可以通过文本分析汲取大量复杂隐喻来协商社会身份和关系，这是隐喻话语分析的切入点之一。文本根植于篇章实践和隐喻认知模型，隐喻的使用取决于关联语境和社会认知中的隐喻使用情况。体裁类别是决定文本、包括隐喻使用在内的语言特征的重要因素之一，比如，虽然战争隐喻的使用是商业篇章很重要的一个特征，但在广告类篇章中却不多见。

互文性和话语间性是进行隐喻批评话语分析的另一个切入点。Koller（2004）指出，隐喻词汇通过语义整合进入新的语境，这与篇章互文性的再语境化类似，即在隐藏一些意义潜势的同时凸显另一些意义潜势。互文性的概念还可以扩展至话语间性（interdiscursivity），在复杂隐喻中，不同的输入空间与不同的篇章连接，因此也暗含了这样的话语间性。这些都为开展隐喻的批评话语分析提供了很好的切入点。

虽然隐喻与批评话语分析的结合仍然较为边缘化，但在医学、政治、经济等领域隐喻的实证性分析也在前进，如 Boers（2000）、Chilton & Lakoff（1995）、Nelson（1995）等，都将隐喻认知理论用于揭示意识形态的隐含意义。

仿照批评话语分析，Charteris-Black（2004）直接运用了批评隐喻分析（Critical Metaphor Analysis），从综合批评话语分析、语料库分析、语用学、认知语言学等多个视角，具体分析了政治语篇、新闻报道和宗教等文体语料中的隐喻。批评隐喻分析是揭示潜在的意识形态、态度和信仰的方法。

## 3）隐喻与文化：文化语言学

文化语言学研究语言和文化认知的关系，特别是语言与文化概念化的关系，是近年来发展起来的一个跨学科研究领域。文化语言学的提出者是 Palmer（1996），其目的是促进认知语言学与语言人类学、人种语义学和言语民族志等传统学科的融合，因此，其理论和分析主要借鉴了认知语言学和认知人类学等。文化语言学的主要假设是：语言的很多特征是对文化概念结构（如文化意象、文化范畴、文化隐喻等）的编码，构成语言使用基础的语言意义和语用意义主要存在于文化的概念化之中。文化语言学的应用在多个领域如世界英语（World Englishes）、跨文化交际、政治语篇分析取得了丰富的成果。Palmer（1996）的文化语义学示意图如图 2-1 所示（Sharifian，2015：474）

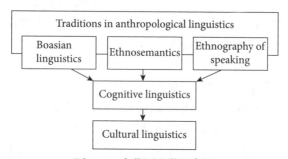

**图 2-1　文化语义学示意图**

Kövecses（2005）将文化语言学分析运用于隐喻分析，特别是概念隐喻的分析。他认为，自然发生的隐喻变化主要沿着两个维度：文化间维度（intercultural，或 cross-cultural）和文化内维度（intracultural，或 within-culture）。隐喻有 11 个构成成分，其中最后一个成分就是文化模型（cultural model）。文化模型与概念隐喻具有共生关系，文化模型既是概念隐喻的结果，又导致了概念隐喻的产生，概念隐喻既反映了文化模型，又构成了文化模型的一部分。

Kövecses（2017）引用了若干例子来说明概念隐喻与文化的关系。如汉语中的"怒"与"气"的概念紧密联系在一起，"气"指的是流遍全身的能量，"气"不仅内嵌于心理（情感）语境，而且在中国文化和文明中也内嵌于哲学和中医篇章（King，1989；Yu，1995）。因此，当

"气"在身体里"升腾",就产生了"怒"。然而,在西方文化中,如英语中的 anger 或匈牙利语中的 duh 的概念隐喻,更多地与欧洲中世纪人体内有四种胆汁(黏液质、黑胆汁、黄胆汁、血液)的文化概念相关。在某一文化中具有文化特异性的某些关键概念能够解释很多与"怒"相关的具体层面的差异以及"压力容器"的概念隐喻。再如 HAT(帽子)和 SHIP(船)在英语中的隐喻能产性要比法语高,与之相反,SLEEVE(袖子)和 FOOD(食物)在法语中的隐喻能产性要高于英语(Boers & Demecheleer,1997),这说明,在不同文化或者亚文化中人们的习惯性隐喻思维有所不同。

Kövecses(2017)在阐释文化语言学的三个主旨问题时指出,我们应该探讨如何以可操作的方式来定义意义表达和各类语境之间的关系,并解释语境对在线篇章中的隐喻意义构建的影响。文化语言学与文化的概念化相关,文化语言学和认知语言学是同一个问题的两面,在描述解释语言实践时,若采取认知角度就是认知语言学,若关注焦点在文化方面,则是文化语言学。认知和文化不可分开,每一个语言实践行为都同时具有认知和文化两个方面。

对于概念隐喻和文化模型在互动中的第一性问题,即是概念隐喻产生了文化模型,还是文化模型产生了概念隐喻,Kövecses(2017)倾向于平衡的观点,即文化模型既可以从隐喻中产生,同时也能够决定(或者选择)篇章使用中的隐喻。

## 5. 多模态隐喻研究

作为重要思维方式的隐喻,不仅会出现在以语言为载体的信息交流过程中,而且还会出现在以图画、声音、手势、气味等其他非语言模态为载体的信息交流过程中(Forceville,2002;Forceville & Urios-Aparisi,2009)。近年来言语篇章和视觉、听觉隐喻的结合,推动了隐喻的多模态研究的兴起。

Forceville & Urios-Aparisi(2009:4)将多模态隐喻定义为"目标域和始源域排他性地或者主要在两个不同模态中呈现出来的隐喻"。隐喻的多模态研究大致包括两类,一类是手势研究,包括隐喻性言伴手势研究（如 Cienki & Müller，2008；Mittelberg，2008；Müller et al.，2013 等）；另一类则主要研究政治漫画、广告和电影等作品中以多个模态呈现出来的隐喻，也有研究者研究新闻报道事件中的多模态隐喻的应用。如 Downing & Mujic（2011）分析了 ICT（Information and Communications Technology）的广告，Hart（2017）分析了 1984—1985 年期间英国矿工罢工事件系列新闻报道中图片和文字的隐喻框架及其互文性。Sweetser（2017）分析了在广告中，隐喻和提喻如何通过多模态和多空间融合来构建观点。她认为，视频广告不单单是双模态（语言和图像），而是真正的多模态（图像、人物说的话、画外音、配图文字、配音等），要完成视频广告复杂意义的构建，需要超越经典隐喻理论关于始源域和目标域的映射，考察广告在多个框架和多个空间内构建负载的语义关系网络。

Forceville（2008）将视觉多模态隐喻的实现形式分为四类：

图片隐喻 1：语境型——某一被描述的实体通过其所处的图片环境被隐喻化；

图片隐喻 2：混合型——两个不同的物体被融合到一起，成为一个"完型"；

图片明喻——两个物体仍然以独立的形式被表征，但在某些方面表现出相似；

多模态隐喻——提示始源域和目标域框架来自不同的模态。

Kappelhoff & Müller（2011）认为，多模态英语的构建基于动态的情感体验（affective experience）。多模态隐喻引起了越来越多研究者的关注，如应用隐喻研究、认知语言学研究、手势研究，以及影视研究等。隐喻的多模态研究，拓宽了 20 世纪 80 年代初以来，近 30 年的主要依赖言语形式的隐喻，揭示和突显了隐喻此前忽略的方面，如对单模态隐喻和多模态隐喻的区分、批判性地考察始源域和目标域的关系、强调表达模态对隐喻构建的重要性等。一般认为，多模态隐喻与认知过程相关，是意义构建的具体形式。隐喻研究者对手势研究特别感兴趣，因为手势能让研究者洞悉人们在说话时思维和概念化的在线加工过程，是"思维的窗口"。

El Refaie（2013）研究了多模态与隐喻的创造性。她认为，将隐喻的创造性限定在概念间的映射是站不住脚的,隐喻的特殊"形式"——呈现的模态——对隐喻的构思和理解有深远的影响。她分析了创造性多模态隐喻中模态之间的"共振"关系,认为多模态通过不同符号模态独有的"动允"关系,将它们以新颖的方式组合起来,从而为隐喻的创造性提供了不一般的机会,也促使了新的思维方式的产生。"跨模态共振"这一概念强调的是无意识的、前语言的、直觉的理解和在创造性多模态隐喻的产生和理解过程中情感所起的重要作用。对非言语的、多模态体裁材料的分析中,经常会遇到高度原创性的隐喻,借助固有的具体—抽象间的概念映射很难对它们进行充分解释。她融合隐喻理论和社会符号学关于不同模态独有的属性和不同模态如何可以组合形成新义的思想,指出,即便是最具规约性的隐喻,当以一种新的、原创性的形式呈现出来时,也会焕发新机、变成全新的形式。在西方文化中,文字—图像之间的差异带有很强烈的价值判断,文字多与高级文化和学识关联起来,而图像则更多地与大众文化和文盲联系在一起。因此一种模态表征的意义不能完全翻译为另一种模态,符号模态的这种"不可通约性"使得不同模态的组合能够产生真正的新的意义,Lemke(1998)也指出,当几种符号模态放在一起时,可能的结果是语义的复合,而不是简单的相加。Giora et al.(2004)发现,不管是言语隐喻还是视觉隐喻,我们从中获得的愉悦感取决于它们是否是"恰当地创新"。恰当地创新,指的是当我们自动提取一个熟悉的、突显的常规语义时,同时也能够激起一些非突显的、从质的角度来说不一样的解释。创造性多模态隐喻的理解往往是靠直觉,具有想象性,通过始源域和目标域之间、表征隐喻的不同符号模态之间的共鸣来实现。

## 6. 隐喻的计算模型

近年来,对隐喻计算模型的研究也引起了越来越多计算机领域、特别是人工智能领域研究者的兴趣。隐喻计算属于计算机自然语言处理的一个课题。国外关于隐喻的计算机处理的研究从20世纪70年代开始,早期研究方法基于文本线索、语义知识和语言规则,以手工知识库为主要依托;从90年代前后开始,基于统计的方法逐渐成为主流,较大规模的隐喻库开始出现，监督、半监督、无监督的机器学习在隐喻研究中得以应用；从 2010 年前后至今，以多层神经网络的深度学习和知识图谱的兴起为标志，特点是多学科交叉，人类认知结构（语义知识）又重新回到研究者的视野，并得到了很好的应用，人类的"湿认知"和计算机的"干认知"在隐喻研究中相互借鉴、印证，推动彼此的发展。

目前的隐喻计算研究主要集中在两个层面，一是语言层面，二是概念层面。语言层面的隐喻，也即语言表达，至今仍然是隐喻计算的中心课题。由于隐喻涉及面极广，在具体设计过程中，研究者也会根据具体研究目标引入一些具体的语义或句法、篇章等方面的要素，如隐喻的规约化程度（规约隐喻还是新异隐喻，大部分模型研究的都是规约隐喻，如 Turney et al.，2011 等）、句法特征（动词隐喻、形容词隐喻居多，也有研究名词或 A is B 的系动结构或多词隐喻等）。概念层面的模型主要以概念隐喻理论为基础，以隐喻的抽象程度、始源域和目标域的标记等为主要参照点（如 Mason，2004 等）。

隐喻计算可以细分为三个大的次类主题：隐喻识别、隐喻理解、隐喻知识库（语料库）建设。隐喻识别是研究者关注的焦点，采用的方法包括基于知识库的语义选择优先算法（如 Krishnakumaran & Zhu，2007）、聚类（如 Birke & Sarkar，2006）、监督分类（如 Gedigian et al.，2006）、语义相似度计算（如 Li & Sporleder，2009）、主题计算（如 Heintz et al.，2013）、词语抽象度计算（如 Turney et al.，2011）等。在隐喻理解方面，具有代表性的有 Narayanan（1997）的 KARMA 系统、Kintch（2000）的高维语义空间向量模型、Terai（2007）的神经网络模型、Rai et al.（2019）的情感驱动理解模型等。隐喻是一种"知识饥饿现象"，因此也有一些研究者着手构建隐喻知识库（包括语料库）。Lakoff et al.（1991）提出的 Master Metaphor List 是最早的基于域映射的隐喻知识库，影响广泛。影响力较大的隐喻库还包括 MetaBank（Martin，1994）、Hamburg Metaphor Database（Lönneker，2004）、VU Amsterdam Metaphor Corpus（Steen et al.，2010）等。除了语料库本身，研究者还对隐喻标注、隐喻知识的提取进行了探讨，如 Pragglejaz Group（2007）、Wallington et al.（2003）、Shutova & Teufel（2010）等。

## 2.1.3　隐喻与转喻在国内的研究与创新

最近20年来国内认知语言学对隐喻的研究主要集中于对语法隐喻、概念隐喻、空间隐喻、时间隐喻、视觉隐喻、情感隐喻、多模态隐喻、诗体隐喻、构式隐喻、管道隐喻等的研究。同时，有不少学者探讨了不同文化之间隐喻现象的差异性，也有学者开始关注基于语料库的隐喻研究以及隐喻的翻译策略。早期的隐喻和转喻的认知研究基本限于词汇层次。近年来，越来越多的研究扩展到了语法、语用、语篇、非语言等多个层次的隐喻和转喻。

在理论研究方面，王文斌（2007a，2007b）探讨了隐喻构建中的主体作用以及隐喻解读中的主体间性和隐喻间性问题。龚鹏程、王文斌（2014）以体验哲学为视域探讨了隐喻和转喻的界面问题，考察二者的区别性特征、其界面的实质及其连续体关系。廖巧云、徐盛桓（2012）从心智视角出发论述了隐喻的计算和表征问题。徐盛桓（2015）指出用心物随附理念研究隐喻，就是要说明隐喻的运用与心物随附性的关系：一方面"心"依赖于"物"，另一方面"心"又表现出自由意志，最终达到以假乱真。隐喻本体与喻体的"相似性和相异性"这个论题，其实质是相异的本体喻体如何在相似的条件下实现辩证的同一的问题。张炜炜（2019）对隐喻、转喻多维度上的变异，隐喻、转喻的标注和识别，隐喻、转喻理解的在线加工，以及多模态隐喻、转喻等热点问题与研究方法进行了梳理。

在应用研究方面，江晓红（2019）通过实验考察汉语儿童的转喻能力发展，发现儿童的转喻理解能力随年龄的增长而增长，对转喻选择做出的相关解释也随之增加。在产出实验中，儿童呈现出不同的语言表达倾向。在指称游戏中，儿童使用转喻随年龄增长呈递减趋势；而在命名任务中，儿童使用转喻随年龄增长呈递增趋势。

就隐喻计算来讲，国内起步相对较晚，直到20世纪初才开始有研究者系统地开展此类研究。汉语隐喻计算的探索性研究最早似乎是王治敏（2008）和杨芸（2008）。此后，国内的相关研究逐步与国际接轨，特别是在机器学习兴起之后，各类算法也开始丰富起来，如基于词典（贾玉祥、俞士汶，2011）、语义知识（赵红艳等，2011）、词汇范畴和语义相似度（林鸿飞等，2012）、百科资源（冯帅等，2013）、词语抽象度（黄孝喜等，2015）、主题模型（白振凯等，2016）、卷积神经网络（黄孝喜等，2018）的汉语动词或名词的隐喻识别使得汉语的隐喻计算逐步发展了起来。尤其值得一提的是，近年来的研究，如苏畅等（2017）和苏畅等（2019）等，在理论基础、算法等方面都可与国外同行并肩，具有较高的价值。

## 2.2 构式语法研究

### 2.2.1 构式语法研究进展概述

20世纪80至90年代，以Fillmore、Lakoff、Goldberg和Kay等人为代表的语言学家在认知语言学的框架中，对转换生成语法进行了反思，提出了新的语法理论体系——构式理论，并被不断拓深和扩展。

2006年Goldberg的专著——*Constructions at Work: The Nature of Generalization in Language*（《工作中的构式：语言概括的本质》），赢得了专家学者的高度评价。Ray Jackendoff教授认为此书的出版标志着"构式语法已经走向成熟"。

2019年Goldberg出版了她的第三部专著*Explain Me This: Creativity, Competition and the Partial Productivity of Constructions*（《解释给我听：构式的创新性、竞争性及部分能产性》）。作者基于使用的语言观，提出CENCE ME原则（取自于Expressive Efficient Memory Construction New Compete和Error的首字母缩略词），并就构式的创新性——覆盖范围，构式的竞争性——统计优先，以及构式的能产性——可及效应和迁移问题，从微观到宏观层面做出了详述。该书案例非常详实，在研究视角的跨学科性、研究方法的多样性等方面均反映了构式语法研究的最新动态。

构式语法研究的另一分支是激进构式语法。2001年William Croft出版的*Radical Construction Grammar*（《激进构式语法》）提出了这种研究句法表征的理论。激进构式语法里唯一的句法关系就是整个构式和其组成部分之间的整体—部分关系，不存在主语—谓语等语法关系。一个构式通过象征关系把形式和意义联系在一起。象征关系存在于构式的整个形式结构和整体意义之间，也存在于一个构式的句法成分和语义部分之间。与现行的句法理论相比，激进构式语法之所以被称为"激进"有三个理由：一是因为该理论不仅希望对一种语言的句法差异作出解释，而且希望对世界上许多语言的句法差异都作出解释；二是因为该理论对以前的句法理论研究有重大的突破，提出"一种语言的语法结构表征的各个方面都有其各自的特征"（Croft，2001：4）；三是因为要展示一个新的开端，该理论回到了句法的基础部分，主张"构式是句法表征的基本单元，范畴是从其所在的构式中抽取出来的"（Croft，2001：4）。

国外构式语法相关著作层出不穷。Hans C. Boas（2010）主编的 *Contrastive Studies in Construction Grammar* 一书收集了多个国家对不同语言的构式语法研究的论文。

2011 年 *Design Patterns in Fluid Construction Grammar*（Steels，2011）一书创立了认知语法研究的又一分支——流变构式语法。

2013 年牛津大学出版社出版的 *The Oxford Handbook of Construction Grammar*（《牛津构式语法手册》），对之前的构式语法研究做了系统回顾。

2015 年出版的 *Argument Structure in Usage-based Construction Grammar*（Perek，2015）系统地探讨了构式语法中的论元结构问题。同年，Elena Smirnova 等主编了 *Diachronic Construction Grammar* 一书，从历时的角度对构式语法进行探索。

2016 年出版的论文集 *Corpus-based Approaches to Construction Grammar*（Yoon & Gries，2016）是对将语料库法运用于构式语法研究的前沿论文的汇总。

同年出版的论文集 *Applied Construction Grammar*（Knop & Gilquin，2016）则把目光从理论建构转移到构式语法的应用前景上，其中收集了构式语法应用方面的论著，尤其是与第二语言习得和教学相关的论文。

此外，构式语法研究的国际会议一直持续至今。2001 年，第 1 届国际构式语法会议（International Conference on Construction Grammar，ICCG）在加州大学伯克利分校举行。会议涉及以下两个方面：一是以 Goldberg 为代表的题元结构的研究，二是以 Fillmore 和 Kay 为代表的词汇语义及标记性构式的研究。此后每间隔 2—3 年就有一届 ICCG 在不同国家和地区召开，如 2006 年在日本东京举行的第 4 届会议和 2016 年在巴西举行的第 9 届会议等。国际认知语法会议迄今为止已经成功举办了 10 届。原定于 2020 年 8 月份在比利时 Antwerp 大学举办的第 11 届大会，由于特殊原因推迟至 2021 年同期举行。这一期的会议主题为：思维、社会和计算机领域中的构式语法研究（Construction Grammars in and between Minds, Communities and Computers）。

## 2.2.2 构式语法最新研究中的热点问题

### 1. 自然语言处理研究

随着 21 世纪人工智能的飞速发展，自然语言处理研究在各个领域都受到了普遍关注。自 20 世纪 40 年代开始，自然语言处理的层面已从词语、句子走向语篇，主要以大规模的真实文本为研究对象。也正因如此，语言的特殊性、多样性和复杂性使 Chomsky 的"普遍语法"受到质疑，而重视上述语言特性的构式语法理论逐渐受到青睐。进入 21 世纪以来，面向自然语言处理的构式语法研究成为研究热点，出现了"基于符号的构式语法"（Sign-based Construction Grammar）、"流变构式语法"（Fluid Construction Grammar）、"体验构式语法"（Embodied Construction Grammar）、"模板构式语法"（Template Construction Grammar）等形式学派。2014 年召开的第八届国际构式语法大会开设"计算构式语法"专题，研究自然语言处理涉及的技术和工具（Steels，2004；Bryant，2004；Bod，2009；Boas & Sag，2012；van Trijp，2013）。Fillmore 等人以实现构式机读为目标发起了大型英语构式库（constructicon）项目。计算语言学界对此给予了高度评价。Schneider & Tsarfaty（2013：451）指出，"构式语法观为自然语言处理提供的解释会比计算语言学更加全面"，"构式语法有潜力重新建立语言学理论和自然语言处理之间的纽带"。

牛津大学出版社 2013 年出版的《牛津构式语法手册》（The Oxford

*Handbook of Construction Grammar*）介绍了构式语法在语言加工方面的作用。构式语法的形式学派，如流变构式语法（Beule & Steels，2005）、基于符号的构式语法（Boas & Sag，2012）、体验构式语法（Bergen & Chang，2005）基于计算语言学研究，对复杂象征结构的表征进行加工，为构式语法学家提供了形式分析的工具，在语言标注、人机互动以及计算机辅助教学中均有广泛应用。例如，上述研究在一定程度上解决了指代歧义消解、运动相关的语言控制等问题，为人机互动奠定了基础；在语言学习方面构建了智能语言辅导系统，为学习者提供准确的错误诊断、模拟学生的行为并根据学生的水平推送与其水平相适应的练习。

在构式语法理论的影响下，自然语言计算模型得到了优化，从而提高了计算机的语义解析能力（Allen & Teng，2017）和人工智能问答系统的答案准确率。有学者（Spranger，2017）提出了基于构式的学习模型，帮助机器人在情景互动中习得词汇构式、功能构式和短语构式，从而理解和产出语言表达。

## 2. 多模态构式语法研究

人类交际不仅需要语言，还要依靠许多其他的模态资源，如言伴手势、眼神、表情、身体朝向以及交际场景信息等。近年来随着科技的发展，人类交际活动越来越多地涉及非语言语境因素，因此语言使用者如何使用各种模态资源来实现意义的表达日益受到关注。在此背景下多模态构式近年来得到了很大的发展。通过非言语模态表达的意义是否是构式意义的一部分成为争论的焦点所在，言伴手势（co-speech gesture）与构式意义的互动模式也成为研究重点之一。构式的多模态研究关注言伴手势、表情、眼神等身体特征与语言在意义表达中的协作情况，为构式意义的解读提供了新的视角。2017年国际多模态研究期刊 *Linguistic Vanguard*（《语言学先锋》）第3期推出了特刊 *Towards a Multimodal Construction Grammar*（《迈向一种多模态构式语法》），重点讨论了多模态理论与构式语法理论交叉研究的相关问题。2019年由Mouton de Gruyter出版的论文集 *Multimodality in Chinese Interaction*（《汉语互动中的多模态研究》）集中体现了国内在这方面研究的前沿成果。

多模态构式研究关注的问题包括：言语外的其他模态信息是否属于构式意义？在多大程度上表达构式意义？研究者们对于这两个问题有不同的看法。有的学者（如 Ningelgen & Auer，2017）倾向于不将其他模态信息视为构式意义，认为只有当某个构式（例如指示词）在缺乏言伴手势等其他模态信息而不能得到理解时，才能将这些多模态信息视为构式意义的一部分。也有学者（如 Cienki，2017）认为构式具有抽象的图式性，而在具体场景中使用时会调用多模态资源，因此每个结构都有多模态的潜力，而这种潜力会在特定的使用事件中被激活。

多模态构式研究是符合人类认知发展特点的。儿童在学习语言的过程中接收了丰富的多模态信息，因此当构式在大脑中存储时相应的多模态信息也得到了记录。近年来有学者（如 Hoffmann，2017）就指出非语言模态的信息与构式的共现会影响构式在大脑中的存储，可以通过测定特定构式和非语言模态信息的关联强度来证明言伴手势等是不是构式的一部分。RedHen 多模态数据库等大型的视频记录存储库的出现，有利于这方面量化工作的开展，近来有学者（如 Canovas et al.，2020）基于该语料库量化了美国英语中语音—手势的共现频率。

总体来说，关于非语言模态信息是否属于构式的一部分这一问题还需要两者共现情况的系统性数据，而现阶段这类实证性研究还不多，只提供了小范围的共现数据，今后该方面的研究将会使用多语种大范围的数据来深入研究多模态信息与构式之间的关系。

## 3. 构式的语言习得研究

Goldberg（2006）提出构式是如何习得的问题，并开展了一系列有关构式习得的实证研究，她在 2019 年的专著《解释给我听：构式的创新性、竞争性及部分能产性》（*Explain Me This: Creativity, Competition and the Partial Productivity of Constructions*）中采用基于使用的语言习得观，对构式的部分能产性进行了深入分析，认为构式的能产性主要受到两种因素的制约：统计优先假设（statistical preemption）和认知可及性（cognitive accessibility）。

母语迁移对构式习得的影响也是研究的重点之一，研究发现构式频率、动词—论元结构互动关系、原型性等输入因素会影响二语习得：二语习得者会最先习得在构式中出现频率比较高,以及与构式语义关联紧密的原型动词(如 Ellis et al.,2016)。研究还发现母语迁移研究应考虑类型学因素,因为学习者的母语和目标语的类型越接近,学习者产出的构式就与目标语构式越接近(如 Ellis et al.,2014),因此母语迁移效应其实是不同类型语言之间的构式迁移。

在语言教学中使用具体构式涉及的构式网络,有助于学习者注意到构式的系统性,提高语言学习的效率。例如学习者可以先习得双及物构式网络中的原型构式(如"John gives Mary a cake."),在获得构式的核心意义后,再类推到其他的非原型构式(如"John draws Mary a picture.")。学习者遇到的构式实例越多,对构式的判断就越精确。基于构式网络建立的构式数据库,可以提供课堂上所教授的构式信息,帮助学习者建立关于特定语言系统的构式知识。通过构式数据库,学习者可以了解到构式槽位和填充词之间的关系,并对具体构式实例之间的系统关系有更深刻的理解。例如,Boas et al.(2016)开发的基于框架的在线德语词典,旨在为母语为英语的德语学习者提供有用的词汇和语法信息、德语构式和它们的"构式要素"。词典使用语料库中的句子进行举例,与英语构式进行比较。

## 2.2.3 构式语法在国内的研究与创新

在构式语法理论介绍到中国之前,中国语法学者已经有了类似构式主义的思想,不过还没有上升到系统的理论。

张伯江(1999)运用构式语法对现代汉语的双及物结构式进行了探讨,这是国内较早运用构式语法思想对汉语进行研究的文献。之后有一批学者对构式语法进行了比较系统、深入的评介。

进入21世纪以来,中国的构式语法研究在理论内涵、研究范围、研究方法方面有了突飞猛进的发展。但构式语法的运用和应用研究,仍需要做更多实践性研究。

在理论研究方面,探讨构式语法的原典理论,对该理论的基本概念、理论内涵进行了较多的讨论。张懂(2019)详述了语料库量化方法在构式语法研究中的应用；陆俭明、吴海波（2018）肯定了构式语法理论引导人们关注构式的整体性，关注语句结构背后的认知机制，但仍存在不足；龙磊、卢卫中（2019）介绍了 Ruiz de Mendoza 及其合作者提出的一个新的构式语法理论——汇构式模型，旨在系统地解释构式与人的认知模型之间的内在联系，并揭示不同类型的概念形式如何互动，从而产生复杂的语义表征。

在结合汉语事实方面，运用构式语法理论对语言事实特别是汉语事实进行观察、分析和解释。以陆俭明和张伯江等学者为代表的汉语届的研究，挖掘汉语里具有特色的具体构式，并作出相对合理的解释，这在对研究方法的探讨方面也做了很好的尝试。

国内在构式语法应用方面的研究较少。田臻（2012）通过汉语存在构式与动词关联度的实证研究对动词的语义类型及其与存在构式的关联度进行综合分析，概括出该构式的中心语义，并指出动词与构式的语义一致程度及动词事件语义中外力、处所与客体角色的认知显著度是造成各类动词与构式关联度差异的主要原因。

近几年，我国有关构式语法方面的专著和论文集相对较多，如朱军《汉语构式语法研究》（2010）、牛保义《构式语法理论研究》（2011）、王寅《构式语法理论》（2011）、刘正光《构式语法研究》（2011）、郭霞《现代汉语动趋构式的句法语义研究——认知构式语法视野》（2013）、田臻《英汉存在构式与动词语义互动的实证研究》（2014）、顾鸣镝《认知构式语法的理论演绎与应用研究》（2013）、吴为善《构式语法与汉语构式》（2016）、付岩《构式语法视域下的汉语中动结构》（2020）等。

## 2.3　批评认知语言学研究

### 2.3.1　批评认知语言学概述

本节介绍批评话语研究（Critical Discourse Study，下文简称 CDS）与认知语言学的交叉研究领域——批评认知语言学（Critical Cognitive

Linguistics，下文简称 CCL）的研究。批评认知语言学是批评话语研究的一个分支，同时也是认知语言学的一个分支。本节将探讨其理论源流、认知基础与研究方法。话语作为批评认知语言学的研究对象，是指在特定语境下的语言使用，即特定语境下的语篇（施旭，2017：2）。话语研究指对特定语境下语言使用的研究。基于不同的理论思潮、研究目的和研究对象，话语研究有不同的研究方法。施旭（2017：63）在 Jaworski & Coupland（1999：135-136）研究的基础上总结道："西方话语研究中，各种方法论根据不同的哲学传统（实证主义、阐释主义、现实主义）大致可以分为三大类：描写型方法论（如会话分析）、解释型方法论（如交际民族志）和批判型方法论（如批评话语分析）。"

CDS 是 20 世纪 90 年代在欧洲首先出现的一种话语研究的路向。其研究的主线是身份、权力和意识形态，力图揭示话语使用背后隐藏的不平等、不公平与歧视等隐性内容和问题。批评话语研究的核心要素是互文性、互语性（interdiscursivity）和语境重构。互文性主要基于文本的词汇语法特征，而互语性指话语之间的联系。互语性中又包括语境重构与解构过程（Johnson，2013：159）。

CDS 对语言和社会采取以话语为基础的跨学科的研究视角，其研究不只局限于某一方法、理论或分析领域，而是一个多方面和多视角的研究项目，可以处理不同类型的语料，其理论和方法来自人文科学、社会科学与认知科学（Hart & Cap，2014：6）。就像其他话语分析的理论一样，学者们把 CDS 中的各种方法和理论结合起来，考察真实世界中语言使用的社会问题，他们把语言看作是一种社会实践的形式，其研究的焦点在于语言使用的语境，包括局部的语言语境和更广泛的社会语境（Flowerdew & Richardson，2017）。

CDS 常常表现为由问题驱动和由理论驱动两个方面，通常以某一问题为研究内容，运用某一语言学理论分析与解构语言，以揭示语言背后的意识形态、立场、观点、偏见和歧视等。同时，它又参照相应的社会语境进行分析，发现语言使用的隐含特征。因此，通过这一方式，CDS 试图把语言理论与社会理论相互关联起来。CDS 的专家通过话语研究社会，又通过分析话语的历史、社会政治和文化基础使话语置于一定的语境中，从而理解话语的本质。

## *2.3.2* 批评认知语言学在批评话语研究中的地位

从 2.3.1 的介绍可以看到，CDS 涉及许多研究的理论与方法。那么 CCL 在其中处于什么位置？最近几年有些学者已经开始讨论这一问题。Wodak & Meyer（2009）指出了几种主要的 CDS 研究方法，包括 Reisigl & Wodak（2001）的话语—历史方法、van Dijk（2008，2014）的社会认知方法、Fairclough（1995，2001）的辩证—关系方法以及 van Leeuwen（1996）的社会实践方法等，但没有提及认知语言学的批评话语研究，即批评认知语言学。Hart（2015，2017）和 Cap（2017）分别综述了 CCL 的研究现状和主要理论框架，CCL 由此开始显露头角。

为了更好地理解 CCL 在 CDS 中的位置，我们首先来梳理其理论渊源。CDS 的理论来源大概分为两类：一类是微观的，批评话语分析需要一种语言学理论来解构语言，以便揭示语言背后所隐藏的立场、观点、歧视与偏见等，发现权势关系在语言使用中的作用；另一类是宏观的，运用某一批评理论（如法兰克福学派的批评理论或新马克思批评理论等）关注引起某一话语事件的宏观社会结构与环境。微观与宏观间并无明显界限，也并非相互排斥，只是侧重点不同。CCL 更侧重微观层面的话语研究，运用认知语言学的不同理论，如隐喻、转喻、心理空间与概念整合以及话语空间等，对所收集的语料进行较为详细的微观层面的分析。

Hart & Cap（2014：3-5）梳理了纷繁复杂、看似杂乱无章的 CDS。他们首先肯定了 Wodak & Meyer（2009：20）的分类，同时也指出了这一分类的缺陷。他们认为，Wodak & Meyer（2009）的分类没有认识到各种不同方法间的相互联系，例如话语—历史和社会认知方法在关注论证上是相互关联的，但前者则更加注重论证，并对论证进行更详细的分析，主要依靠社会行动者模式（social actor model）分析话语的"指称策略"。另外，在 CDS 中，不同的方法由不同的社会批评理论与不同的语言学理论组成，形成了不同的微观与宏观层面相结合的方法。

Hart & Cap（2014：5-6）指出，Wodak & Meyer（2009）描写的

## 第 2 章　新时代认知语言学的发展与创新

CDS 的全景无法涵盖其全貌，甚至没有涉及最近 10 年的新发展。他们指出，至少有四个最新发展的 CDS 方法没有被提到，它们是批评隐喻分析、话语空间理论、趋近化理论和批评认知语用学。在本文中，我们把 Hart 等学者提到的这些 CDS 新方法归纳为一个统一的名称——批评认知语言学。

各种研究方法之间都不是泾渭分明的，其中几个方法的结合能够形成一个综合和跨学科的研究项目，而每个研究项目都为 CDS 在揭示话语的意识形态或说服性潜能方面提供了新的工具。例如批评隐喻研究表明，隐喻在理解社会政治话语上起到了至关重要的作用。语言中的隐喻表达不是孤立的，而是说话人或写作者通过有意或无意地操纵语言，聚焦或隐藏相关的知识网络，从而操纵人们的思维，语言表达在一定程度上揭示了意识形态的痕迹（Goatly，2007：287；Hart & Cap，2014：6；Koller，2004：32）。以 Chilton 和 Hart 为首的一批学者推动了认知语言学的各种理论在 CDS 上的应用，指出语言中词汇—语法结构通过其引起的认知过程来表达意识形态、立场、观点、偏见和歧视（Chilton，2004：291；Hart，2014a：42）。他们提出了基于认知语言学的话语空间理论和认知语言学的批评话语研究。Cap 在话语空间理论的基础上提出趋近化理论，进一步完善了话语空间理论，提高了其解释力（张辉、杨艳琴，2019）。

这些理论共同认为，语言是可以人为操纵的，通过语言操纵影响人的思维和决策，因为人们都是几乎不可救药的认知乐观主义者（Sperber，1995：11），把语言引起的认知过程当成想当然、可信的东西，极少怀疑其可靠性和真实性。另外，这些新近提出的 CDS 的研究方法都未把话语的说服性或操纵性作为语言本身的特征，而是把话语看作能够组织和调动话语消费者的认知过程。

Hart & Cap（2014：9）还指出，CDS 是一个"流动的"研究范式。所谓"流动的"，是指不同的方法可以结合在一起，形成新的、有效的协同。在 CDS 的研究中，没有一种方法单独应用于话语的认知研究。例如在 Musolff（2016）的研究中，作者把话语—历史方法、语料库语言学与认知语言学结合起来，共同探讨隐喻在表达意识形态中的作用。

### 2.3.3 认知语言学与批评认知语言学的关联

进入 21 世纪以来,认知语言学为我们呈现出一个综合和全面的语言学理论(张辉、杨艳琴,2019)。认知语言学认为语言是以使用和体验经验为基础的。认知语言学研究的主要目标仍然是语言系统本身,关注语言系统中的词汇和语法现象,而不是语言系统在话语和语篇中的实现(Hart,2019:1)。CCL 的提出拓展了认知语言学的研究目标。

语言是以使用为基础的,这就意味着构成说话人语言知识的结构和组织原则是通过语言使用涌现出来的,语言结构是以完成说话人的交际目的而发展起来的,因此反映了他们的交际目的(Evans & Green,2006:108)。

语言是以体验经验为基础的,同时又与社会文化相关联(Hart,2019:1)。与语言形式相关联的许多意义在形成概念前从我们的经验中发展出来,与我们的身体相互作用。我们观察物理环境并与其相互作用得出的经验是最基本的经验,并在后来由语言所吸纳(Johnson,1987:206)。其他的与语言形式相关的意义是百科全书式的,来自我们作为一个文化团体的成员所拥有的经验(Fillmore,1982;Lakoff,1987:113)。

从这两个认识论的承诺出发,我们可以得出一些重要的观点。一是语言并非由专门的语言模式所表征,而是分布于并利用多种现存的认知系统;二是语言理解与产出中的认知过程并非语言所独有,而是语言使用者利用了一些内在的认知过程,如记忆、感知和思维,这些过程在其他领域也起作用。这些过程中的许多在本质上是概念的。语言的结构和过程在形式上并非纯粹是命题的和计算的,而是概念的和想象的(Hart,2019:2)。

认知语言学的研究发现了许多与语言相关的概念过程,包括范畴化、隐喻、转喻、概念整合、图式化、选择性注意、图形—背景分离、视角与指示(deixis)等。这些概念过程建构与语言表达相关的意义,当在话语中选择了不同的语言表达时,我们就以某一方式识解了这一指定的情景。这些概念过程一旦用于语言描写,我们就称之为"识解操作"(Croft & Cruse,2004:59;Hart,2014a:20,2019:2;

Langacker, 2008: 4)。

  识解是认知语言学研究的基石,这使得认知语言学特别适用于 CDS,阐明篇章选择对读者或听者的影响。不管是形态曲折变化还是词汇与句法结构,句子的每个方面都包含了识解,当说出一个句子时,我们潜意识地组织要表达经验的每个方面。从这一角度看,我们把语言看作一组用于意义建构的提示。通过不同识解的塑造,我们在交际中共同关注和处理意义建构。语言使用引起的概念化是在语义丰富、动态和主体间共享的表征中向读者或听者传达写作者或说话人想要表达的目标情景(Hart, 2019: 3)。

  尽管认知语言学家承诺其研究都是以使用为基础的,但多数研究均使用作者自己编写的例句,这些例句都是句子层面的,脱离具体的使用语境。这些语料无法反映真实的语言,真实的语言在话语中,作为语篇的一部分出现。话语与语篇处于空间—时间中,但同时也处于社会—文化中,话语发生的语境超出"这里"与"现在"即时的情景坐标(situational coordinate),吸纳更广泛的体制场景,包含话语背后的知识、信念、价值、规范、常规和期待(Hart, 2019: 4)。话语与语篇反映了人们真实的语言活动,话语中产生的语篇例示了不同的语体或体裁。语篇由社会语境和其产生的交际体裁构成,同时后者又构成了前者。认知语言学应该使用以上提到的真实和自然话语与语篇作为语料,从而使认知语言学真正做到"基于语言使用"。CCL 一旦使用真实和自然的语料,就可以证明认知语言学中某一理论框架的适用性,通过实证研究,进一步细化理论和创新方法(Hart, 2019: 5)。

  认知语言学中的许多理论框架不断拓展到不同社会语境和交际体裁的话语与语篇分析中(罗一丽、张辉,2018;颜冰、张辉,2018;张辉、江龙,2013b,2008;张辉、杨艳琴,2019;张辉、颜冰,2019;张天伟,2016;Dancygier, 2015, 2017; Hart, 2013a, 2013b, 2014a, 2014b; Musolff, 2016; Zhang & Di, 2016),有一些理论框架专门探究思维中的语篇分析,这些理论大多运用在语体学(Harrison, 2017; Stockwell, 2002, 2007)与批评话语研究(Chilton, 2004; Koller, 2004; Hart, 2014a; Musolff, 2016)之中,业已成为认知语言学应用研究的主要方面之一。

## 2.3.4 批评认知语言学的研究方法

CDS 以问题研究为导向,主要有定性和定量两种研究方法。定性方法的目的是认识事物的性质、人物的感受、社会的特征,并对其做出解释性或评价性的描述。定性研究关注整个研究过程,如研究者、研究伦理、研究设计、材料编码、材料解析、现象评判和结论表述等(施旭,2017:64)。如前所述,批评话语分析的定性研究方法包括辩证—关系分析法、社会认知方法、话语—历史分析法等。辩证—关系分析法认为话语分析分为文本、话语实践和社会文化实践三个层次,分别对应话语的生成过程,阐释过程,和情景、机构及社会等不同维度的话语过程。辩证—关系分析法认为话语是符号形态中的一种,也是社会过程中的一个意义制造要素,这个要素跟其他社会要素之间存在着辩证关系,其核心分析类别包括符号、话语、文本、互文性(intertextuality)、语境重构和实施(Fairclough,1995:212,2001:19)。社会认知方法注重话语生成和理解过程中语言使用者的心理活动,强调话语、认知与社会的三角关系。认为语境具有认知和主观建构属性;认知是话语和社会的媒介,并且社会知识是一切认知的基础,一个社会群体只有拥有整个社会共享的一般社会文化知识,才能发展出具体的态度、观念和意识形态(van Dijk,2008:xi,2014:95)。话语—历史分析法主要包括三个层次:一是确定话语的具体内容和标题;二是研究话语策略;三是分析实现话语策略的语言具体表现形式。话语策略是话语—历史研究方法的重点,具体包括名词化、述谓、论证、视角化或缓和等(Reisigl & Wodak,2001:45)。我们认为,认知机制与话语策略既涉及语篇制造者,也事关语篇消费者,而话语策略也因应用目的的不同,可以分为不同类别。

然而,CDS 的定性研究受到了学者们的批评和质疑(Widdowson,2004),集中在语料选取和解释的主观性问题上,包括有偏见的解释以及过度解释或解释不足等。因此,CCL 把三角测量作为其主要的方法论原则。三角测量指的是在分析中使用多种手段,以便通过证据汇聚线索来多方验证结果,其中涉及多种语料、多位研究者、多个理论和研究方法(Hart,2016:2)。为了维护三角测量的承诺,CCL 经常采用多种方法相结合的研究视角，把细致的语篇分析与历史、哲学、政治理论、社会学、语料库语言学和认知科学结合起来。

CCL 与其他 CDS 分支一样，也是人文性的研究，其分析必须依靠研究者本人与语料的接触及其对语料背后语境知识的理解，其分析所处理的效应通常是主观的、难以描述的，只有通过内省才能通达。因此批评语言学通常都把客观的实证研究（如语料库或实验）与主观的内省法结合起来（Stockwell，2015：441），开始利用实证的方法，探寻语言理解和产出中的语言接受和语言实施。从方法论上讲，CCL 的特点是把显性、严格、详细的语言分析和对语言理解和产出所引起的认知结构与过程的系统考察结合在一起。CCL 的科学性在于，其系统探究了可量化和可测量的文本性对读者或听者认知的影响。它遵守一般的科学方法原则，包括：（1）研究的目标（如语篇特点或效应）必须存在或可能存在；（2）分析必须是有理据的，也就是说，依据某一理论背景；（3）分析必须系统、严格，并需忠实、一贯地利用理论框架；（4）分析必须得到证据的支持；（5）分析必须是透明的，以便可以重复或反驳（Hart，2019：8）。

因此，在三角测量原则和跨学科研究的指引下，批评认知话语分析不再局限于单一、孤立的语篇，而是通过语料库、民族志和心理实验等方法探讨语篇中语言选择所引发的意识形态和社会符号学功能。语料库方法通常探究语言产出规律，洞察语言使用模式；实验和民族志方法通常收集"实验室内"读者的反应，或从讨论小组或因特网小组中获得更自然的反应，突破过度主观的阈限，以增加话语研究的客观性和科学性。下面我们将从这三种实证研究方法出发，梳理目前 CCL 领域的研究现状，以期析出该领域在方法论上的发展空间。

首先来看 CCL 中的语料库研究。语料库语言学家和批评认知语言学家一致认为，驱动语料库语言学研究的假设是，研究大型语料库中的词频和搭配能揭示通过其他方法难以意识到的语言的真相（Channell，2000；Charteris-Black，2004；Hunston & Thompson，2000；Stubbs，1996：82，2001：62）。较早引入语料库的 CCL 研究领域是批评隐喻分析（Charteris-Black，2004，2011；Musoff，2006，2016）。Charteris-Black（2004）详细分析了政治话语、新闻话语和宗教话语三个语类下的多种隐喻。Musolff（2006，2016）基于20年间建成的100多万词的语料库进行批评隐喻研究，运用隐喻识别程序识别出隐喻条目，提出隐喻的"情景分析"。他在研究中识别出了政治话语的四种主要源域：战争、家庭、身体和人，阐明隐喻如何成为政治语境下从语言到行动的媒介。这对于在不同的社会文化语境下辨识、解读某些常用的隐喻发挥了重要作用。

趋近化理论是通过将语料库计量方法引入话语空间理论而发展起来的一种社会—语用—认知批评范式。趋近化被定义为一种抽象的识解操作，是说话人把话语空间中的外围实体侵犯话语空间中的中心实体进行概念化的过程（Cap，2013：3）。该理论基于具体词汇—语法统计提出了空间—时间—价值趋近模型，分析这种概念化如何实现。尽管Cap（2013）对语料库分析工具的实际操作缺少相应的论述，但不可否认的是，通过语料库定量方法解构话语空间，使其不失成为一个前所未有、非常精细的模型（Macdonald，2014）。该理论已经被印证对战争话语（Cap，2006，2013；张辉、颜冰，2019）、移民话语（Hart，2010）、国安话语（Dunmire，2011）、医疗话语（Cap，2017）、网络话语（Cap，2017）、贸易战话语（颜冰、张辉，2018）等话语类型具有阐释力。

也有学者尝试把语料库与语义学和批评话语分析融合起来，多角度聚焦某个话语现象。比如Stefanowitsch（2019）聚焦德国"难民危机"语境下的语言问题之一——德语Flüchtling（难民）一词的语义，通过大型语料库分析，将该词的三层含义及关于难民的隐喻进行对比，探讨少数公众人物感知的和凝固化了的语义之间的差异。这样的多方验证为深入考察公共话语中某个词的社会认知进行了有益的尝试。

其次来看CCL中的民族志研究。民族志方法源于人类学，旨在对非西方、小规模社会进行长期、深入的研究，到20世纪中期被社会学家发展成为一种对西方社会少数族裔亚文化和地方社区生活进行大规模研究的方法（Atkinson et al.，2011）。该方法采用参与者观察、访谈和档案收集等程序，并对结果进行三角验证，被认为具有较高的可信度和可靠性（Lincoln & Guba，1985）。随着CDS寻求更真实的研究语料和更广泛的研究领域，民族志的方法在CDS方法创新中的作用越来越

## 第 2 章　新时代认知语言学的发展与创新

凸显;同时,在愈发复杂的社会、政治和经济语境下进行的话语分析研究也更凸显二者的互补和融合(Krzyianowski,2011;吴宗杰、余华,2013;杨熊端、丁建新,2016)。

然后,让我们来看 CCL 领域的新方法——心理实验法。Hart(2016,2018)认为,虽然 CDS 在细致的文本分析中已经整合了其他学科方法,包括历史学、社会学、语料库语言学等,但是还缺少通过实验方法进行"三角测量"。因此他将心理实验引入 CCL,进行了三项开创性的研究,即激活事件框架的语法构式对责任归咎与攻击性感知的影响(Hart,2016)、火的隐喻的框架效应(Hart,2018)和信任建立策略对企业形象感知的影响(Fuoli & Hart,2018)。第一项实验发现,对同一暴力冲突事件采用不同的语法构式表达,即转移构式(transactive)和交互构式(reciprocal),激活不同的事件框架,会导致读者对同一事件的解读产生显著差异。第二项实验表明,骚乱话语中的文本和/或图片中包含火的隐喻,读者均支持警察使用高压水枪,说明媒体通过语言和图片表征均能影响公众舆论。第三项实验表明,建立信任的话语策略对企业慈善和诚信感知,进而对企业否认其污点行为的可信度均会产生显著的影响。此外,Hart(2021)在实验批评性话语分析的范式下,探讨了反移民话语中非人性化与军事化隐喻的框架效应,发现具有明显煽动性的"极端隐喻"促使读者对移民采取更同情的态度,减少了反移民情绪和对敌视移民政策的支持。

最后,CCL 也日益认识到不同模态在话语建构社会身份的过程中所扮演的角色。Hart & Winter(2021)将手势这种重要的具身模态引入了批评话语分析研究,在特定的话语语境(反移民话语)中对手势进行了详细的定性分析。研究表明,手势是政治话语的重要组成部分,应在未来的批评性话语分析中得到进一步研究。Hart & Marmol(2021)则研究了语言与图像的关系,关注符号间的融合。分析表明,使用认知语言学有利于识别新的潜在的符号融合点,以及提供基于语言认知的语言–图像关系的解释。

基于本节对 CCL 研究方法的梳理和综合分析,我们发现,CCL 在一定程度上反映出了目前认知语言学研究中的实证趋势(Gonzalez-Marquez et al.,2007:XXII;张辉、杨艳琴,2018,2019),且显示出"流动的"研究范式势头,正在不断形成新的、有效的协同。具体说来,语料库与CCL结合的研究方兴未艾,国内外采用大型和自建语料库的CCL研究呈现出繁荣的态势;民族志方法的研究在国外已经如火如荼,而在国内却屈指可数;采用心理实验的方法探索CDS的文献最少,据我们了解,到目前为止国内外发表的文献一共只有三篇。总体说来,综合多学科、多种方法进行的三角测量研究是CCL必须亟待加强的(Hart,2016,2019;Fuoli & Hart,2018)。

批评认知语言学研究可以被称为应用认知语言学研究的萌芽形式之一(Hart,2019:9),其发展也不过10多年的时间,理论和应用分析有待进一步的发展。不过,综观已有的讨论和研究,不难看出,CCL不仅可以丰富认知语言学的理论,对认知语言学做出重要的贡献,而且也为批评话语研究的蓬勃发展提供了新的强劲动力。

通过对CCL的理论源流、认知基础与研究方法的综合分析,我们认为,新兴的CCL因其交叉学科的开放性和兼容性而颇具生命力,但在理论和研究方法的拓展方面还存在较大的发展空间:(1)语料库与批评认知语言学领域融合的效度需要不断提升。尽管二者的融合已协助创立了数个理论方向,如批评隐喻理论、趋近化理论等,但仍需扩大研究对象的范围;同时,需提升对语料库分析工具的精确了解或详细描述,以增加量化研究的可重复性,并增加历时维度的研究。(2)民族志视角的批评认知语言学分析亟需国内学者的关注和投入。目前,国内外在民族志方法论上的研究呈现巨大的不对称性,我们应该开展多语种的批评认知语言学研究,开创批评认知语言学人类学视角的研究。(3)我们还应该重视以我国汉语社区为研究对象的批评认知语言学研究,进一步推动关于汉语话语空间与话语体系构建规律的研究以及中国在世界上的话语权建设。(4)批评认知语言学的心理实验范式研究目前才刚刚起步,且主要由英国学者Christopher Hart开创,被试全部是西方/欧美的英语母语者,其研究结果需要在未来的研究中加以验证,且该研究方法还亟待进一步细化和深入。

## 2.4 认知社会语言学研究

### 2.4.1 认知社会语言学概述

21世纪初期，认知语言学研究逐渐出现了社会转向，促进了认知社会语言学（cognitive sociolinguistics）这一新的交叉学科的产生与发展。"认知社会语言学"这一术语是Dirk Geeraerts在2003年的第八届国际认知语言学大会（ICLC 8）的主旨发言"Usage-Based Implies Variational: On the Inevitability of Cognitive Sociolinguistics"中提出来的，开启了社会文化认知视角应用于语言学研究的序幕。该学科是认知语言学与社会语言学相互融合、交叉研究的产物。认知语言学的基础是认知心理学，而社会语言学也可溯源于人类学、社会学等，这些学科都有相互融通之处。认知社会语言学研究的核心问题是语言变异问题，研究维度偏重认知、语境、文化和社会。换言之，认知社会语言学的研究重点是社会语言学的研究问题，即在一定的文化和社会语境中探讨语言变异问题，但是研究角度和部分方法源自认知语言学。通过两者的融合，一方面认知语言学会更多地考虑年龄、性别、社会阶层等外部因素对语言的影响，另一方面社会语言学也会关注语言与社会的互动关系是如何作用于个体说话人的认知能力和认知过程的（Hollmann，2017：537）。

认知社会语言学从狭义上而言，是在社会因素和认知因素融合的视角下关注语言变异的一种研究范式；从广义而言，认知社会语言学不仅研究语言结构本身（如语音、词汇、句法、语篇），还涉及语言的应用（如语言与意识形态、语言政策、文化语言学、世界英语等）（Hollmann，2013）。认知社会语言学的潜力和可行性已经通过多位学者（Frank et al.，2008；Geeraerts et al.，2010；Kristiansen & Dirven，2008）的关键著作得到了证明。这些研究表明，采用社会认知的研究方法为语言研究提供了许多可能性，扩展了语义变化的研究范围和方式。

认知语言学的社会转向发端于Tomasello的两部专著 *The Cultural Origins of Human Cognition*（1999）和 *Origins of Human Communication*

(2008)中的研究,他强调人类语言起源的关键前提应该是"共同注意和行动"。人类之间的交往是三分的,除自身与外部世界外,还有彼此之间的理解。就语言概念而言,语义的属性也应该是"共同属性",因为只有人们相互理解而不是纯粹的个人认知处理,词语才能为一个言语社团获得共享意义。这意味着,个人心智中的认知是不足以解释人类心理理解的。因此,要研究社会域中的认知,经典认知语言学的方法必须包括这一基本的社会维度。

认知社会语言学诞生的标志性事件是 2007 年在波兰召开的第 10 届国际认知语言学大会,会议的主题就是认知社会语言学。在 2008 年由英国社会科学院和英国认知语言学研究会联合主办、布莱顿大学承办的"语言、交际与认知"大会上,Harder(2010)提出了认知语言学的社会转向,主张在基于使用的语言描述和语言变化研究中重新强调宏观层面,即除了个人的作用之外,还需要考虑社会团体的作用,并认为语言的变化发生在规范力量的操作范围内。

在 Kristiansen & Dirven(2008)汇编的论文集 *Cognitive Sociolinguistics: Language Variation, Cultural Models, Social Systems*(《认知社会语言学:语言变化、文化模型、社会系统》)中,作者阐述了该论文集"认知社会语言学"选文的四个标准:(1)该论文集汇聚了新兴的但研究仍显离散的领域的不同方法,而这些方法都支持社会认知的观点;(2)该论文集有助于确立社会语言学家和认知语言学家之间的跨学科联系;(3)认知语言学研究本身不可避免地受益于关注变化与互动的语言学,也不可脱离社会因素和实证分析;(4)认知语言学以语言使用为基础,也重视"情境"因素。2010 年,Geeraerts et al. 出版了 *Advances in Cognitive Sociolinguistics*(《认知社会语言学进展》)一书,意味着认知社会语言学研究开始受到更多关注。

根据 Wardhaugh & Fuller 在 *An Introduction to Sociolinguistics*(2015)一书中的梳理,社会语言学的研究包括微观和宏观两个方面:微观研究主要是传统的变异社会语言学(variationist sociolinguistics)研究,包括语言与社区的关系、变异研究等。语言与社区的关系包括语言与方言的关系、方言的分类、言语社区、社区实践和社会网络等;变异研究主要包括语言变异的分类、变异研究的三次浪潮、语言变异与语言变化的关系等。宏观研究主要包括民族志、语用学、话语分析等视角下的社会语言学相关研究内容，以及更宏观的语言与性别、语言与教育、语言政策与规划等。我们这里论述的认知社会语言学主要是关注其微观的方面。近年来，认知社会语言学得到了迅猛的发展，陆续出版了系列研究成果（如 Geeraerts et al., 2010；Kristiansen & Dirven, 2008；Moreno-Fernández, 2017；Pütz et al., 2014；Reif et al., 2013；Wolf & Polzenhagen, 2009 等）。学者们分别从世界语言、语言变异、语言使用以及社会文化变异等视角对认知社会语言学进行了多视角解读。

## 2.4.2 认知社会语言学的最新进展和研究特点

### 1. 认知社会语言学的最新进展

#### 1）认知语言学理论得到进一步应用

认知语言学在体验的基础上，依据人类的基本认知能力来研究语言结构，如注意、范畴化等，且越来越关注语言的社会性（Grondelaers et al., 2007）。近年来，认知语言学理论在语言变异研究中得到了进一步的应用和验证，如从范畴化、原型、隐喻、转喻、图形背景、意象图式、构式语法等角度对不同维度语言变异现象的分析。

Hollmann（2017：537-541）在《剑桥认知语言学手册》中曾对此进行过述评。例如对传统的认知语义学理论的应用，Kristiansen（2003，2006，2008）、Soukup（2013）等相继探讨了原型和识解，特别是转喻与社会语言学中变体、文体（style）和社会价值之间相互联系的关系，Kristiansen 认为社会语言学的这些概念都是以原型为基础的范畴。语言特征可以激活文体，反之文体会通过概念转喻的认知操作去激活说话人的认知文化模型及其相关的社会价值。又如对认知语法理论的应用，Grondelaers et al.（2007，2008）探讨了比利时语和荷兰语中抽象代词 er 的分布不仅与方言区别有关，还与认知参照点有关。Hollmann & Siewierska（2007）探讨了频率效应（frequency effect），特别是与减缩（reduction）有关的频率效应，以及图式两个认知语言学概念与语言变异相关，他们发现不是所有减缩中的变异都可以解释例证频率（token frequency）。Clark & Trousdale（2009）、Clark & Watson（2011）在其研究的基础上，又将频率效应研究由语言变异延伸到语言变化中，进一步拓展了认知语言学概念的应用范围。频率是从认知视角解释语言习得的重要维度之一，第14届国际认知语言学大会专门有"频率之外：儿童形态句法习得中的认知因素"的主题会场（张辉、杨艳琴，2018），目前这一领域已经应用到认知社会语言学的研究中。再如对构式理论的应用，Hollmann（2013）探讨了认知社会语言学中的构式，在区分社会的认知语言学（social cognitive linguistics）和认知社会语言学的基础上，从认知语言学角度探讨了构式变异，强调构式语法与社会语言学理论应该相互融通，心理和社会维度的整合能够更好地解释语言变异现象。

### 2）注重语境和基于使用的研究

基于使用的语言研究一直是认知语言学和社会语言学的共性之一。Pütz et al.（2014）区分了基于使用和基于规则（rule-based）的语言概念，认为社会语言学和认知语言学都关注语言体系的实际使用和说话人使用体系的知识（speaker's knowledge），基于使用的研究路径意味着每个使用事件（usage event）都能为语言的认知和社会表征提供结论。认知社会语言学进一步拓展了这一理念，认为理解语言使用的本质，除了认知因素外，还要考虑社会和文化因素对使用事件的影响。基于此，认知社会语言学强调说话人在社会参与中的不同社区角色，聚焦于说话人对语言变异现象的显性、隐性态度和感知（Pütz et al., 2014：6）。

近年来，认知社会语言学越来越关注语言研究中的语境和语用因素。Croft（2009）认为认知语言学研究过度关注认知，而忽略互动，语用学研究可以促进认知社会语言学的发展，如对社会认知能力的研究。认知社会语言学侧重从结构、概念和文化维度探讨语言变异问题，试图将认知语言学与语言研究的语境传统结合起来（Kristiansen & Geeraerts, 2013：2）。认知语言学关注的重点是意义研究，特别是关于意义研究的四个假设：意义是灵活和动态的、具有体验基础、百科全书似的和非自主的、带偏见的（Geeraerts，2006）。而这些假设都蕴含对意义进行语境和语用研究的重要性，比如，意义的灵活性意味着动态调变（dynamic modulation），即意义是在特定语境中形成的；意义的体验性意味着意义需要在文化和社会背景下进行研究；意义的百科全书性意味着意义需要被赋予更广阔的概念，当意义被赋予形式和结构上的心理模型时，传统上的语义学和语用学不能充分解释对意义的区分研究（Kristiansen & Geeraerts，2013：1）。此外，以语言使用为基础的语言研究的基本理念是语言使用和语言体系关系的辩证性，语法在语言使用中不仅构成知识库，而且语法本身也是语言使用的产物，因此认知语言学研究也出现了一种语用转向（Kristiansen & Geeraerts，2013：2）。在上述背景下，近年来，认知社会语言学与语用学研究也逐渐相关融通，认知社会语言学越来越关注语境和语言使用问题，特别是 2013 年 *Journal of Pragmatics* 出版了题为《认知社会语言学中的语境和使用》的专刊，聚焦于语言研究的认知和基于使用的路径与语言内部变异的变体和语境特性的融合。该专刊的文章主要分为两类，第一类文献是在基于使用的语法研究路径下，语法描写要考虑变体和语境因素。例如，Schnefeld（2013）依据 BNC 语料库，从构式语法角度对英语 go un-V-en 构式进行了分析，聚焦于学术、新闻、小说和会话四个语域的量化分析，发现语域影响着真实交际中的构式，构式语法研究需要考虑语言外的因素，如基于使用的研究路径。Levshina et al.（2013）认为认识社会语言学语言使用与变异研究的三大维度是：形式的、社会的和概念的，据此分析了荷兰语同义使役构式 doen 和 laten 在使用中，语言内部因素与外部因素的互动，指出构式变异中变体和概念因素的互动应该在构式图式性的不同级别（varying degrees of constructional schematicity）中研究。

  第二类文献注重从认知、不同层次意识（awareness）层面研究语言实际使用中的多维度变异。Guy（2013）探讨了社会变体的认知连贯问题。因说话人不同，社会变体会有不同的社会评价，是社会属性和社会认同的表现。该研究通过访谈的方法，对 20 个说巴西葡萄牙语的说话人使用的两个语音和句法变体进行了调查，研究发现不同语言变体间的社会连贯虽然存在，但会弱化，这种社会影响给说话人产生和感知语言的认知模型带来了挑战，也为后续研究带来了挑战。Gries（2013）基于三个构式变异的案例分析，展现了语境、语言内部的认知和心理语言学因素和语言外部的社会语言学因素是如何互动的，认知、心理和语料库语言学的研究方法都对社会语言学研究有启示作用。Soukup（2013）探讨了说话人设计（speaker design）现象，即利用语言变体达到交际效果的一种策略，分析了使用奥地利方言变体是一种语境化的转喻过程。Preston（2013）构建了语言态度和元语言信念（metalinguistic belief）的语言认知地图，探讨了其对语言变异与变化的影响。

### 3）注重语言类型学视角研究

van der Auwera & Nuyts（2010）曾探讨过认知语言学与语言类型学的关系问题，认为语言类型学具有跨语言、描写和解释的特性，在语言形式与语言意义、功能之间建立联系，能够为解释语言的统一性和多样性做出贡献，其在研究方法和理论层面与认知语言学是相融的。有鉴于此，认知社会语言学作为认知语言学交叉研究的一个领域，其社会转向也可以与语言类型学相互融通。而社会语言学也可以与语言类型学相互融合，出现了社会语言类型学（sociolinguistic typology），聚焦于研究语言复杂性的社会决定因素，从社会语言学角度研究语言类型学，如Trudgill（2004，2011）的研究。有鉴于上述背景，认知社会语言学与语言类型学自然会相互交叉和融通。Hollmann（2017：544）认为语言类型学对认知社会语言学的未来发展有重要的指导意义。类型变异（typological variation）和普遍性已经得到认知语言学家的关注，但尚未得到认知社会语言学研究的足够重视。语言类型学对认知社会语言学的启示表现在两个方面（Hollmann，2017）：首先，语言类型学能够拓宽变异研究的广度，语言类型学的研究语料能够更好地解释语言变异现象；其次，语言类型学的研究问题也能为认知社会语言学研究带来启示。比如，Hollmann & Siewierska（2007）分析了兰开夏郡第一人称所有格的缩减问题，语言类型学的比较研究方法和跨语言语料验证并支持了其假设。

# 第 2 章　新时代认知语言学的发展与创新

## 2. 当前认知社会语言学研究的特点

### 1）研究核心是语言变异问题

2000 年以来，认知语言学进入理论融合阶段，出现了认知语言学的"社会转向"研究路向，把塑造语言的社会动力纳入到对语言结构的解释之中（Geeraerts，2016；张辉、杨艳琴，2018），历经 10 多年的发展，认知社会语言学研究的核心问题还是语言变异问题，即社会语言学研究的核心问题，研究的内容包括语音、形态、句法和语义等不同维度的变异现象，以及影响语言变异的相关因素，如文化、认知、语言态度、语言意识形态、语言认同、权力关系等。Moreno-Fernández（2017）以社会语义与认知、社会语法与认知、社会音系与认知三个维度探讨了语言变异问题。在音系层面，其认为音系变体是复杂实体通过范畴化过程形成的，认知社会语言学能够从图式、原型和实际发出的语音（the sounds that are actually pronounced）三个层面对语言变异现象的概念化过程进行区分，并以西班牙语词尾语音 /s/ 为例进行了阐释（Moreno-Fernández，2017）。在语义层面，意义是认知社会语言学研究的基本问题之一，传统的语言变异研究要求变体要对应其相应的意义；原型意义典型地被某一群说话人所控制，即词汇语义知识不平衡地分布在一个社区内；词汇语义特征受变异过程和意义协商（meaning negotiation）的影响，并与特定的社会群体和文体变体相联系（Moreno-Fernández，2017）。在语法层面，认知社会语言学强调社会、情景和语境因素对语法形式的影响，社会互动、交际动力和说话人感知对理解语法是非常重要的（Moreno-Fernández，2017）。总之，语言变异研究的认知维度和社会维度是密不可分的，认知语言学的社会转向是必然趋势。下面以构式变异的认知视角研究为例，Gries（1999，2001）对英语及物短语动词构式中英语小品词的移位问题进行了系列研究，Hollmann（2013）也对此进行过述评，如例（1）、例（2）所示：

（1）Fred picked up the book.（Gries，1999：109）

（2）Fred picked the book up.

Gries（1999）起初只从认知角度分析了这种变异，认为这种构式变异与及物宾语的可及性、长度和复杂性、所指对象是具体的还是抽象的有关,并提出加工假设(Processing Hypothesis),即说话人根据听话人的交际需求进行解释,试图付出最小的加工努力(Siewierska, 1988: 84–85; Gries, 1999: 133)。如果直接宾语被赋予更大的加工努力,比如是一个新的语篇参与者(new discourse participant),动词和小品词通常会一起出现,如例(1)所示。如果语篇相对容易加工,已经存在一个参与者的话,说话人倾向于将动词和小品词分开,如例(2)所示。宾语提前出现会帮助听话人加快对事件表征的构建,相反,对说话人而言,如果宾语被放在最后的位置,听话人需要更多的认知努力,即意识(consciousness),去解码宾语(Siewierska, 1988; Gries, 1999)。后来 Gries(2001)依据 BNC 语料库对动词和小品词的构式进行再分析,发现例(1)和例(2)构式变异的出现也与口语和书面语篇有关,例(1)通常出现在书面语篇中,而例(2)通常出现在口语语篇中。说明文体、语域等外部因素也会制约构式变异。Gries 的系列研究说明认知语言学的社会研究转向可以弥补认知语言学研究的不足,社会语言学,特别是语言变异和变化研究的语料收集和分析方法,可以弥补认知语言学内省研究的不足。又如 Claes(2017)从认知社会语言学视角分析了概率语法(Probabilistic Grammar)。此外,*Review of Cognitive Linguistics* 2012 年第 2 期,专刊刊出了"认知和语言使用中的差异"方面的七篇论文,从认知与语音变异、结构变异、语用差异等角度进行了分析,详见房娜、张炜炜(2015)的评述,这里不再赘述。

**2)注重语言接触研究**

认知社会语言学研究兼顾微观与宏观研究,除了语言变异研究这一核心主题外,越来越重视语言接触等宏观方面的研究。语言接触研究是社会语言学研究的重要内容,包括多语社会和多语语篇对语言接触的影响,具体研究内容包括语言意识形态、语言景观、语言态度、双语、双言、语码转换、多语认同等;社会因素对语言接触的结构影响,具体研究内容包括通用语、皮钦语、克里奥尔语、混合语的形成和相互关系等(Wardhaugh & Fuller, 2015)。语言接触研究的理论基础离不开 Hymes(1974)和 Gumperz & Hymes(1972)的交际民族志理论,该

## 第2章 新时代认知语言学的发展与创新

理论的交际能力、会话分析的 SPEAKING 要素是如何满足社会规范和互动的等，都为认知社会语言学与语言接触研究建立了联系。Moreno-Fernández（2017）出版的《认知社会语言学框架》一书专辟一章探讨语言接触问题，语言接触的结果会出现语言间相互融合或一种语言代替另一种语言，反映出逐渐适应（gradual accommodation）、语言交叉（linguistic intersection）和语言混合（language mixture）等，而从认知社会语言学的原型理论解释，这些变体可以是边缘的，对其识别的好坏与否，取决于与核心变体的距离和相似性（Moreno-Fernández，2017：220）。

语言接触的结果必然涉及不同族群、文化和意识形态的碰撞，与语言政策与规划等社会语言学和语言社会学的交叉领域研究密切相关，认知社会语言学试图解释影响语言接触的文化、认知因素。Pütz et al.（2014：10）认为文化知识经常以认知模型或图式的形式存在，这种文化认知模型为语言、文化与语言意识形态、权力关系建立了联系。Geeraerts（2003）区分了语言变异和语言标准化的两种基本的文化模型，理性主义模型（rationalist model）和浪漫主义模型（romantic model）。近年来，在语言接触研究中，上述模型的分类得到进一步的应用。Pütz（2014）从认知社会语言学视角探讨了纳米比亚的语言、认知和意识形态问题，试图从认知视角解释纳米比亚语言政策中的社会不平等、语言意识形态和语言态度。研究具体从两种主导的意识形态模型（Geeraerts，2003）解释纳米比亚的语言政策，一种是理性主义模型，聚焦于语言用于广泛交际的工具性模型；另一种是浪漫主义模型，认为在多民族和多语社会中，后殖民时期英语通常被看作是对民族语言的一种威胁。在 Kristiansen & Dirven（2008）编写的论文集中，第三部分的四篇文章专题探讨了语言文化模型和语言政策的关系问题，研究主题包括全球化背景下的理性主义模型和浪漫主义模型、语言政策中的隐喻民俗模型（metaphorical folk model）、土著儿童英语的文化模型、世界英语等。此外，Wolf & Polzenhagen（2009）也从认知社会语言学视角探讨了世界英语问题，即认知社会语言学的汇流问题（convergence），具体从概念隐喻、图式和社区文化模型、跨文化交际等角度进行了分析。

### 3) 注重跨语言的类型学视角研究

认知社会语言学是认知语言学与社会语言学交叉研究的产物。而认知语言学、社会语言学都与语言类型学不断交叉和融合。语言类型学研究主要有以下特点：跨语言研究、描写和解释、语言的统一性和多样性、语言形式、语言形式与意义或功能的关系（van der Auwera & Nuyts, 2010）。这些研究特点对认知语言学和社会语言学有重要的启示意义。van der Auwera & Nuyts（2010）探讨了认知语言学与语言类型学的整合问题，如，一方面，认知语言学可以应用语言类型学的语料，另一方面，两者在理论上也可以相互借鉴。再者，两者在方法论上也有互助之处。van der Auwera & Nuyts（2010）以 must 为例，分析了英语与通古斯语（Tungusic）的不同，进而从情景需要（situational necessity）和认识需要（epistemic necessity）角度解释了 must 在两种语言中出现差异的原因。Trudgill（2004，2011）对社会语言学与语言类型学的整合问题进行了系列研究，探究语言结构的社会决定因素，认为社会因素会影响语言的复杂性和简单性，社区规模、社会网络、社会稳定性、社区接触和共享信息都会影响语言结构的不同。有鉴于此，认知社会语言学与语言类型学的融合是交叉学科中的交叉学科。语言类型学一方面可以为认知社会语言学研究提供跨语言的语料事实，有助于分析语言的蕴含共性，找出其普遍规律；另一方面，跨语言的比较方法也能为认知社会语言学研究带来启示。此外，语言类型学对语言研究的取样范式、无预设范畴下的语言描写都能为认知社会语言学研究带来新的思考。这些都为深入研究语言的普遍性与变异性问题，总结语言的普遍原则和参数体系奠定基础。

## 2.4.3 国内认知社会语言学的研究与创新

近年来国内对认知社会语言学的探讨和研究较多，出现了大批的综述和书评，涉及对国外认知社会语言学研究背景、方法和应用等方面。例如王天翼、王寅（2012）从八个维度对比了社会语言学（SL）、认知语言学（CL）和认知社会语言学（CSL），探讨了 CL 与 SL 的互补性，并将认知社会语言学定义为以"社会现实"为出发点,以"语言意义"为中心,以"实际用法"为取向,从语言的社会性和认知性角度深入研究语言变异、社团方言、文化模型、意识形态、双语对比、语言政策等方面的问题。认知社会语言学的出现和发展对国内研究有如下启示。

## 1. 结合中国语境、研究中国问题

受国外研究的影响,认知社会语言学研究在国内早已开展起来,最早始于张辉、周红英(2010)的引介。若在中国知网以"篇名"为检索类别,以"认知社会语言学"为检索内容,共有58篇文献;如以"主题"为检索类别,以"认知社会语言学"为检索内容,共有114篇文献。这些文献中,介绍和综述类文章比较多,而实证性研究文章很少。我们认为除了关注国外前沿研究外,国内研究还要以问题研究为导向,应用社会语言学和语言类型学的研究方法,结合认知维度,在中国语境下,多做一些微观的、扎实的个案研究。现阶段,国内的社会语言学研究还有很多空白之处,如以语言接触研究为例,我国的语言接触研究中,做得比较多的是对洋泾浜英语的研究,即对上海地区语言接触的研究,而我国近代开放的口岸有100余个,其中典型的通商口岸有上海、宁波、厦门、福州和广州等五个,这些地方都存在汉语方言与外语的接触现象,但目前这方面的研究鲜见,如从认知社会语言学的角度对其进行历时和共时分析,都将是新的亮点。

## 2. 注重跨语言和跨方言研究

通过本节的文献梳理,国外的认知社会语言学研究对象呈现出明显的跨语言特征,涉及的语料有英语、荷兰语、德语、葡萄牙语、西班牙语、日语及一些濒危语言。我国语言资源丰富,特别是具有丰富的汉语方言和少数民族语言资源。虽然我国孙宏开、戴庆厦等先生带领团队对我国的少数民族语言资源进行了长期、深入的田野调查,但目前尚未对这些资源进行充分的挖掘,从认知社会语言学视角对我国语言资源进行的相应的跨语言、跨方言或汉外语言对比研究,还基本上是空白。2015年教育部、国家语委启动中国语言资源保护工程建设,2018的调查计划中涉及汉藏语系的藏缅、侗台、苗瑶语族，阿尔泰语系的突厥、蒙古、满通古斯语族，南亚语系的孟高棉语族，南岛语系的台湾语群、回辉话，印欧语系的俄罗斯、塔吉克语族，此外还有朝鲜语、混合语等共计 141 个语种[1]，这些工作都将为我国认知社会语言学的深入研究奠定基础。我们认为语言学研究要与世界接轨，在了解前沿研究动态的基础上，一是要理论创新，二是要挖掘更多、更新的语料，三是要方法创新。语言学理论和方法创新不是一个一蹴而就的过程，需要长期的积累和实践，因此语料的深入挖掘和分析是我国语言学研究与世界尽快接轨的途径之一。关注我国的汉语方言、少数民族语言，特别是濒危语言，使用社会语言学的研究方法进行跨语言、跨方言调查，运用语言类型学的方法进行比较分析，采用语料库语言学的方法进行量化统计，同时注重个案研究，将是今后的发展方向。

## 3. 兼顾定性与定量研究

2008 年左右，认知语言学开始了研究方法的转向，即定量研究转向，定性研究为定量的方法提供基础，引导定量研究寻找证据并运用定性研究解释定量研究的结果（张辉、杨艳琴，2018）。社会语言学的基本研究方法包括问卷、访谈、抽样调查、社会网络调查、语料库等，定量分析包括一些基本的统计方法，如多元回归分析、简单频率统计、方差分析等。目前认知社会语言学所采用的定量方法涉及简单的单一变量测量，如卡方检验、皮尔逊积矩相关系数；同时也在向更高级的多元统计发展，如 ANOVA、混合效应线性回归模型等（房娜、张炜炜，2015）。掌握定量分析的研究方法，兼顾定性与定量分析，将是今后的发展趋势。

经过近 20 年的发展，认知社会语言学的研究内容和方法都有很大的进展，逐步从词汇语义扩展到句法，从语言的地域差异到历时变化，从个案研究到大规模的多种社会因素对群体语言的影响研究，从意义的变化研究到变化的意义研究，从语篇分析的实验研究到基于语料的研究

---

[1] 参见教育部语言信息管理司〔2015〕2 号文件，具体信息可详见中华人民共和国教育部网站。

(Kristiansen et al., 2021)。总体来看,该领域的本土化研究,以及关于语音、词汇、句法等微观语言变异研究或语言接触、语言演化及语言政策等宏观角度研究,都将是今后研究中的热点。

## 2.5 神经认知语言学研究

### 2.5.1 神经认知语言学概述

神经认知语言学是美国语言学家 Sydney Lamb 创建的语言学理论。Lamb(1999)在 *Pathways of the Brain: The Neurocognitive Basis of Language* 一书中认为,语言系统中没有单位,也没有规则,只有关系,因为人脑本身的信息系统就是由神经元连接构成的。神经认知语言学强调理论模式必须具备神经操作可行性。语言系统是可以进行认知操作的神经网络系统,神经认知语言学运用关系网络来表述具有操作能力的神经系统。关系网络由最基本关系"与""或""反"关系连接构成,这些关系被证明有神经操作可行性。多个基本关系可以构成连元(nection),而连元被证明和神经束有一定的对应关系。语言操作是意形双向的认知过程,而神经元却是单向操作的。两种方向的操作之间有一定的连通路径,其中白质的弓形束就具有如此操作功能。

早期学者运用神经心理学和解剖学方法探讨语言功能区,如布洛卡区和韦尼克区,为目前的脑影像方法进一步证明语言功能区的存在提供了基础,同时为发现其他脑功能区如何各司其职、协调运作奠定了基础(De Groot,2011:425)。

2015 年,David Kemmerer 出版了 *Cognitive Neuroscience of Language*(《认知神经语言学》)一书,是认知神经语言科学领域与时俱进的专著。该书汇集了作者多年教学和研究的新成果,具有前沿理论探讨和实证研究方面的优点。

由于神经认知语言学的实证研究和相关实验都涉及 ERP(相关电位实验)、脑影像等,更接近于"实验方法",本书会在另外章节详细介绍,此处不再赘述。

## 2.5.2 神经认知语言学研究的热点问题

### 1. 关系符

关系网络模式是神经认知语言学的理论模式,关系符连接关系网络模式。关系网络中的基本关系是"与""或""反"。它们可以出现在任何层面,也可以表述组合、聚合和体现关系。

在语符关系的概念内容和语音表达之间的关系上,它们可以是一对一的关系,也可以是非一对一的关系。概念"衣"和表达 i 之间就是一对一的直线关系,而概念"虎"的语音表达至少有两个:h 和 u,h 前 u 后,那么,在"虎"的例子中,概念"虎"和组合在一起的两个语音表达 h-u 对应。这种对应关系就是组合"与"的关系。但是,概念"虎"可以有不同的表达形式,如"虎 h-u""老虎 l-a-o-h-u""大虫 d-a-ch-o-ng"。概念"虎"首先决定选择其中一个,这种一对多的选择就是选择"或"的关系。表述关系"与"和关系"或"的关系符都呈正向关系。"反"的关系见于概念系统中的反义词,如概念"高"和概念"低"之间的关系就是一种"反"的关系。

在关系网络中,如果一个语音表达多个概念,如语音 i 表达概念"衣"和"医",这样的关系符表述一种倒向的关系。倒向的关系符与正向的关系符连接成连元。神经认知语言学认为,语言习得的过程就是激活新关系符,保持关系符的传导性,构建新关系结构的过程,即构建新的长期记忆连元关系的过程。神经认知理论认为,连元有活性连接和惰性连接两种,具体表现在它们权值和阀值的不同比值。前者是已被激活过的关系符,有一定的传导性;后者未被激活过,没有传导性。习得过程就是将惰性连接变为活性连接的过程,实际就是激活惰性连元,增加保持它的权值的过程。连元可以和数以百计的惰性连元连接,这除了满足学习对象的多样性之外,也足以保证学习的速度。语言运用过程对关系网络的改变并不持久,而习得过程对关系网络的改变是持久的。

### 2. 邻近假设

邻近假设(Proximity Hypothesis)是神经认知语言学家 Lamb 解

释语言系统在习得过程中形成发展的两个重要假设之一,另一个是裕足假设(Abundance Hypothesis)。根据裕足假设,大脑存在大量的连接权值极低的连而不通的神经元可供调用,但在这些神经元中连通的是少数,神经解剖学的有力证据表明,甚至在同一大脑皮层功能区域内,每个神经元连接位置之间也不可能都存在连通关系(Abeles,1991)。由于一个神经元连接许多其他神经元,所以神经连通的过程就是选择的过程。那么在各功能神经元或神经柱的选择激活过程中,哪些连接神经元最终胜出并固化为连通的神经通路呢?为了解释从连接到连通选择固化的过程,Lamb 提出了邻近假设。

邻近假设认为,在一组竞争的神经元或神经柱激活连通过程中,位置最近的神经元或神经柱被选择激活。若一个神经元和一组神经元连接,该组神经元在激活连通过程中便处于竞争神经状态,那么激活连通的神经元就是最临近的那个,而其他的将受到抑制。若两个或两组神经元的连接关系并不直接,即它们并不临近,那么两者之间的一个或一组中间神经元将被激活调用(Lamb,1999)。

根据临近原则,生理位置接近的神经连接关系具有相近的功能,并在大脑神经网络中形成局域性功能子系统。例如,音节系统、词汇系统、概念语义系统。概念语义系统又可以有动物类概念、工具类概念等。总之,根据临近原则,同类范畴或同类特征,它们的神经生理位置临近。

邻近假设具有一定的生理证据。首先,产出功能的大脑区域在前部的额叶,理解功能的大脑区域在后部其他区域。其次,生成音系临近发音器官区域,理解音系临近听觉初区。再次,动词表示的过程概念和运动器官关联,所以在临近运动区域的额叶;名词概念跟视觉感知和听觉感知关联,所以在临近视觉区和听区的角回。

## 2.5.3　国内神经认知语言学的研究与创新

目前国内的神经认知语言学研究发展大致可以有以下方面:模式机制的深入研究,弄清系统的操作和学习在合适精密阶上的原则;模式各系统内在连接关系的研究,尤其包括概念、语义和语法三个层级系统之间连接关系和操作的构拟；对语言现象的分析、综合和验证；在分析过程中，有必要通过语言现象对不同流派理论模式的比较研究，使综合构拟的模式具有更大的理论张力和较完整的涵盖范围（程琪龙，2002：271）。

有的国内学者通过 ERP 技术对汉语修辞隐喻和汉语熟语进行过研究，这两项研究均与句子层面的研究相关。关于修辞研究，王小潞（2009）做了汉语隐喻认知 ERP 实验，研究了部分汉语隐喻认知的大脑神经机制。张辉（2016）在语言分析的基础上运用 ERP 技术探讨了不同类型的熟语的表征和加工的时间进程和神经机制，丰富了人们对语言在大脑中加工和理解熟语的认识。俞珏、张辉（2019）分析了中国英语学习者英语短语动词加工的神经认知问题。

我国目前有多所高校和科研机构已建成神经认知实验室，并已陆续开展了相关实证研究。但总体上国内认知神经语言学的研究还处于起步阶段，神经认知语言学研究具有广阔的前景。

## 2.6　认知语用学研究

### 2.6.1　认知语用学概述

认知语用学是近年来语言学研究中涌现出来的一个新的研究方向与趋势。虽然到目前为止，认知语用学从狭义上讲是"应用认知语言学提供的标准的概念工具，来解释语用现象"（Dirven，2005：32）；从广义上讲，是"对与语言运用有关的语用知识系统进行的认知研究"。（徐盛桓，2005：10）。虽然认知语用学还没有一个被广泛接受的定义，但学者普遍认为，认知语用学不同于经典的语用学研究，它是语用学在学科自身发展过程中参照认知科学的目标、理论、方法进行的语用学研究，是以语言的运用作为具体研究内容来研究人们的认知过程、认知特点、认知规律的学科。

Sperber & Wilson 合著的 *Relevance: Communication and Cognition*（《关联性：交际与认知》）一书在认知语用学研究中占有重要地位。该书在

## 第 2 章　新时代认知语言学的发展与创新

封底说明，他们提出关联理论，是要为认知语用学奠定理论基础。关联理论涉及交际中的隐含信息和推理，促成了语用学研究的认知转向（cognitive turn）（冉永平，2002）。

Kasher 认为，认知语用学就是根据认知科学的方法和理论框架去研究语言运用的语用问题。认知科学是指广义的思维与心智研究，包括语言学、哲学、心理学、神经学等在一定范围内的研究。认知科学的主要目的就是帮助了解人类的知识系统、知识的摄取及其心理过程与神经的具体表现，而认知语用学是语言认知研究的一部分，涉及语言使用的语用知识系统（Kasher，1991：567-582）。

随着认知科学、认知神经科学、认知心理学、神经科学、脑科学等学科的不断发展，认知语用学研究的广度和深度得到了进一步拓展。

Bruno G. Bara（2010）出版了 *Cognitive Pragmatics—The Mental Processes of Communication*（《认知语用学——交际大脑过程》）一书。作者在本书中强调了两点：（1）人际交往本质上是一种合作活动，涉及两个或更多参与者的互动，是彼此自觉有意建立的一种相互活动；（2）交际参与者需要有相同的大脑意识才能使交际活动成功进展。作者尝试为交际中参与者的各种大脑意识进行合理的解释，并且深入讨论了交际互动的关键问题。

一部里程碑式的著作是 Schmid、Hans-Jörg（2012）等编著的 *Cognitive Pragmatics*（《认知语用学》），该书提供了整个语用学领域的全面概述。它基于广泛的语用学概念，即在社会和文化背景下研究有意的人类互动，深入探讨了语用学的基础、主要理论和最新发展，包括哲学、社会文化和认知以及方法论、对比和历时的观点。书中详述了语篇理解中的推理与推理、百科全书知识与文化模式、基于显著性的解释在处理话语中的作用和语用障碍等问题，是一部非常完善的认知语用学研究手册。

Marco Mazzone（2018）的新作 *Cognitive Pragmatics: Mindreading, Inferences, Consciousness*（《认知语用学：心智解读、推理与意识》）通过比较分析关联理论学者提出的模式，着重探讨认知语用学与心智解读之间的关系，并对关联理论进行删减或修改。作者认为，在记忆图式组织下，简单的关联激活能够保证推理过程的发生；意识可达性（conscious accessibility）既是观念的重要特征，也是推理的重要特征；在多数认知任务中，有意识注意是信息长久保持的关键；即使是在自动过程中，意识仍扮演着重要的角色，这也暗示了在自动过程和有意识推理过程之间存在着连续体系统。此外，心智解读的基础是心理观念，而心理观念本身就是关联的认知图式，因此一个上下双向激活机制能够用于解释如何构建跨越语言和行为、自我和他人的桥梁。

## 2.6.2 认知语用学研究的热点问题

### 1. 认知语境

语境是指与某一语言单位有系统联系的语言外部世界的特征。广义的语境包括一个篇章或话语段落的全部非语言背景。从纯语言学的角度看来，语境是指在一个词或一个句子之前之后的语言材料。语言哲学家以及语用学家把语境定义为使话语可以被理解的一系列的背景假设。从语篇的角度看，语境就是话语所嵌入的情景。

认知语言学认为语境是一种心智现象（mental phenomenon），是"话语可被理解的一组背景知识，是一种与储存在长期记忆中的信息相关联的心智现象"（Ungerer & Schmid，1996：45-49）。Sperber & Wilson 的关联理论认为，理解话语所使用的一系列前提构成了语境。语境是一个心理结构体，是一系列存在于人们大脑中的假设。在语言交际中听话者对世界的假设以概念表征的形式储存在大脑中，构成用来处理新信息的认知语境。在语言交际过程中，对话语理解起主要作用的就是构成听话者认知语境的一系列假设。听话者利用关联原则指导推理，根据新旧假设提供的前提推导说话者的意图（Sperber & Wilson，2001：15-16）。认知语境不是静止的参数，而是一系列处于发展和变化中的命题。不同的个体根据各自的认知环境对语境进行不同的推演（何自然、冉永平，2001：28）。因此，动态性是认知语境的显著特点。

Ungerer & Schmid（2001：43-49）区分了情景（situation）、语境和认知模型（cognitive model）。他们认为，情景指在现实世界中的事态，现实世界中物体的互动。语境属于心智现象，是不同范畴的概念之间互动的认知表征。这种认知表征,或者说语境,并非孤立的心智经历,而是和储存在长时记忆中的知识紧密联系的。认知模型则是指人们以结构方式组织知识的一种形式。一个认知模型往往可以包含许多情景和语境。认知语境不仅包括语言使用涉及的情景知识,语言上下文知识和背景知识,还包括社会团体共有的集体意识,并以社会心理表征的方式储存在个人的知识结构中。

## 2. 社会因素

认知活动的个体特征不足以使语言共同体形成具有统一意志的概念范畴。我们必须设定不同的主体之间具有某种内在的机制,使得他们能够分享彼此的体验,并由此形成具有共同结构的概念系统。其实,人类认知的独特性就在于其集体性(Tomasello,1999),因为语言只能以人类活动的形式存在,而且语言活动本质上就是集体活动(Bernardez,2005:211)。

Kecskes(2010)尝试运用社会认知的方法(socio-cognitive approach)来研究语用学,即在认知语用学的基础上考查社会因素,将交际过程视为"社会"和"认知"两个因素互动的过程,由于双方都是个体,言语交际(包括发话人的产出和受话人的理解)不可避免地会受到个体语用因素的影响,主要包括:(1)先前的经历各有不同;(2)对语境作不同的评价;(3)意向具有动态变化性;(4)个体有不同突显方法。

Kecskes(2010)还将社会因素进一步细化为意向、实际情境经历、合作、关联;将认知因素细化为注意力、私人经历、自我中心、突显。认知主体通过动作对世界进行涉身干预,并根据世界所提供的示能性(affordance)形成自己的动作格式。在主体和物理世界的互动所产生的动作格式中,物理世界的客体是非人性的对象(impersonal object),而在社会环境中的认知客体是人性特征的对象,两种不同类型的客体在动作格式的结构中担任不同的角色。集体性认知活动不仅将社会因素强加给语言形式,还使得语言演化成为可能。语言活动中,话语选择是有限制的,这些限制性因素相互作用,与特定的使用语言的情景建立关联,成为特定语境中优选的活动方式。通过演化力量,这些优选的活动方式便被群体所模仿并复制成为语言模因。

### 2.6.3 国内认知语用学的研究与创新

国内关于认知语用学的研究成果丰富，有大量的专著和论文涌现。熊学亮（1999）的专著《认知语用学概论》，讨论了符号和语言使用的辩证关系，对关联理论、认知语境、语用推理、语用因素认知化等问题做了较全面的评介。何兆熊（2006）的《认知语用学：言语交际的认知研究》反映了中国关联理论研究最具代表性的成果。

近年来，国内对语用预设问题的研究相对深入。语用预设，是指那些对于语境敏感的与说话人（有时包括说话对象）的信念、态度、意图有关的前提（即预设）关系（何自然，1997：68）。依据预设在语篇中的实际表现情况，语用预设被分为事实预设、信念预设、状态预设、行为预设和文化预设等（陈新仁，1999；魏在江，2003）。魏在江探讨了认知参照点和语用预设的关系，并指出语用预设在语言交际中具有积极作用，它是保证话语的经济性、有效性、连贯性和突显性的有效手段（魏在江，2008，2014）。

徐盛桓提出了认知语用学研究的论纲（2007）。他指出，认知语用学是在"认知"的框架内进行"语用学"研究的语言学科。认知语用学是指以用心智过程来说明语言运用过程作为自己学科的理论取向的语言学研究。"语言运用"在这里包括了话语的生成和话语的理解。认知语用学研究的理论目标包括：从心智过程说明语言运用的过程、特点、策略、方法建构和语言运用所需的认知能力最为密切相关的抽象原则的集；说明语言运用的认知能力的形成与发展；建构话语理解和话语生成的理论模型。认知语用学的理论建构的核心部分就是：以对人的心智过程的说明为框架，通过对和语言运用所需的认知能力最为密切相关的抽象原则的集的刻画，建构一个话语理解和话语生成的理论模型，其中应该包括基本假设、话语理解和生成过程的说明、机制的描述（徐盛桓，2007）。

此外，国内还涌现出一批从认知语用角度对传统修辞格和语篇的研究，多见于专著形式，如文旭（2004）《反讽话语的认知语用研究》、么孝颖（2008）《仿拟话语的认知语用研究》、艾琳（2012）《英汉双关的认知语用研究》、赵卫（2013）《意识流语篇回指释义认知语用研究》、曹阳（2017）《交际失败的认知语用研究》。

# 第 2 章　新时代认知语言学的发展与创新

从语言使用看，语用学不是关于意义的，而是赋予意义的，是关于意义潜势（meaning potential）的，向人们表明在互动中交际者是如何就意义进行磋商的（Thomas，1995：183）。认知语用学的理论应该既关注微观的语言使用的心智过程，又关注宏观的语言使用规范，充分说明语言规范如何在使用中得以建构并如何在心智中得到表征。语言现象的解释需要顾及语言的认知基础、社会功用、语言使用者的文化等宏观元素，又要考虑到交际情境的微观因素。因此，认知语用学需要一个统一的研究模式，兼顾语言使用的社会文化方面和语言使用的认知机制，以对语用现象给予全景描写和解释。

## 2.7　结语

本章梳理了认知语言学研究的几个主要分支，从词法和句法（认知语法、构式语法研究）、语义研究（隐喻/转喻研究）、话语与识解（批评认知语言学研究）、语言变异和演化（认知社会语言学研究）以及实证研究（神经认知语言学研究）这几个角度，勾勒了近年来认知语言学在国际国内的研究概貌。

21 世纪以来的认知语言学研究经历了两次大的转向：隐/转喻转向和社会转向，更好地结合并借鉴了其他领域的成果和方法，丰富了对语言本体的研究角度。

此外，研究方法也经历了较大的变革，从初始阶段的以现象描写为主，转为以"用例"（usage-based）为基础，结合统计和语料库方法的量化研究。随着技术手段不断完善，在实践与应用研究方面会取得更大的突破。

# 第 3 章
# 新时代认知语言学研究方法

　　研究方法对学科发展意义重大。经过几十年的发展，认知语言学研究方法有了长足的进步，对认知语言学发展起到了强大的推动作用。进入 21 世纪后，除内省法外，多种实证研究方法如语料库法、多模态研究方法、心理实验法和神经实验法等也有了快速的发展。多种研究方法相互结合，在理论和应用方面均增强了认知语言学研究的深度和广度。

　　内省法是认知语言学研究中最古老的研究方法，推动了认知语言学理论的构建与完善；语料库研究方法注重语言使用的频率、分布、搭配等，在促进认知语言学的社会研究、语用研究、历时研究等跨学科研究方面起到了不可忽视的作用；多模态研究方法重视考察口语、手势、手语等多种模态的联系，拓展了认知语言学研究范围、增强了认知语言学理论的解释力；心理实验方法注重探讨语言行为的认知机制或认知过程，在检验认知语言学理论以及探讨语言与认知关系方面显示了重要作用；神经实验方法从大脑内部探索语言加工的神经机制，为认知语言学理论提供了神经实在性证明，同时也为认知语言学在语言习得、自然语言处理上的应用提供了方法。近 10 年，这五种研究方法不仅拓展和深化了认知语言学研究，而且其自身也有了较大的改进和完善。各个研究方法在不同方面促进了认知语言学的传统研究领域（如构式语法、概念隐喻、时空关系等）的发展，而且在探讨认知与思维关系、人类普遍认知规律等方面起了重要作用。研究方法自身的发展体现在内省法与实证研究方法的结合、语料库量化研究方法的发展、多模态语料库的建设、心理实验方法研究范式的改进、心理实验方法与神经实验方法结合模式的改进等方面。在研究方法的辅助下，未来认知语言学将会不断进步与发展：认知语言学研究方法将促进认知语言学传统研究领域的拓展和深化、促进神经认知研究的崛起和应用以及促进认知语言学理论的创新和思辨。

本章首先总结这五种方法对认知语言学的影响、评价其优势与不足、展望其发展，然后总结认知语言学研究方法近10年来的新发展，最后在分析近期发展的基础上预测研究方法未来的走向。

## 3.1　21世纪认知语言学主流研究方法

内省法、语料库研究方法、多模态研究方法、心理实验方法和神经实验方法是认知语言学的主要研究方法。本节探讨各个研究方法对认知语言学的影响以及其优势、不足与发展。

### *3.1.1*　内省法

内省法有着悠久的历史，这一方法的使用可以追溯到古希腊时期。苏格拉底把哲学研究从研究自然转向研究自我，认为人的知识是与生俱来的，需要通过内省的方式唤起知识。乔姆斯基创立的转换生成语法以心智主义为其哲学基础，将研究对象定义为人类先天具有的、有种属特征的语言机制，以内省法为主要研究方法。早期的认知语言学研究方法也以内省法为主。

### 1. 内省法的特点

语言内省是语言使用者对在自我认知中凸显的语言特点进行的有意识的注意（Talmy, 2007）。语言特点对意识、注意和内省的可及性（accessibility）是不一样的。比如，开放类的词比封闭类的词更具有可及性、具体词比抽象词更具有可及性。根据Talmy（2007）的观点，可及性取决于五个因素：普遍的认知结构、个体特殊的认知结构、所处的状况、注意力的条件以及注意力目标的范畴。普遍的认知结构是指，由于每个人的认知结构不同、天生的心智条件和发展条件不同,所以对语言特征的可及性也不同。个体特殊的认知结构是指,由于个体在认知上的不同(不论是来自先天的不同还是后天的差异),对同一个语言特点的意识可及性因人而异,可能高于平均水平,也可能低于平均水平。所处的状况是指,根据状况的变化、注意程度的不同和时间的推移,语言使用者对语言某些方面的可及性不同。比如,对于律师的话,人们更注意其措辞,而对于亲密朋友的语言,人们更注意其语调。注意力的条件包括三个方面:对交际场景之外的话语某些方面的注意、对在线话语的语言特征的注意、对之前交谈中的语言某些方面的注意。第五个因素,注意力目标的范畴包括词语的意义、句子的语法、语言的语调,这一因素需要和前面四个因素一起考虑。

语言特征的可及性有两个主要方面:稳定性(readiness)和顺从性(amenability)。有的语言特征容易被语言使用者有意识地注意到,即可及性高,而另一些语言特征不容易被语言使用者注意到,即可及性低。可及性高的语言特征我们可以使用内省的方法,而对于可及性低的语言特征我们需要把内省法和其他研究方法配合起来使用。对于不可及的语言特征,就需要依赖内省法以外的研究方法。

## 2. 内省法对认知语言学的影响

任何语言理论的提出都离不开语言学家的内省,例如,认知语法(Langacker, 1987, 2008)、范畴化(Lakoff, 1987)、认知语义学(Talmy, 2000)、概念整合(Fauconnier & Turner, 2002)、概念隐喻(Lakoff & Johnson, 2003)等认知语言学中的经典理论的构建都与内省法的使用密不可分。

认知语言学的最新理论进展,如对话句法理论(dialogic syntax)、基线与加工理论(baseline and elaboration)、隐喻层级理论(levels of metaphor)等,都受益于内省法的运用。对话句法是 Du Bois(2014)在认知功能主义视野下提出的全新的句法理论。该理论认为,对话中邻近语句之间的亲近可以引起对话共鸣(dialogic resonance),从而解读对话含义和意图。期刊 *Cognitive Linguistics* 在 2014 年第 3 期开展了对

"对话共鸣"的专题讨论。其中，研究者们对该理论做了不少应用，例如，从对话共鸣的角度研究自闭症中的主体间参与现象（intersubjective engagement）（Du Bois et al., 2014），探讨构式语法与对话共鸣的关系（Brône & Zima, 2014）以及用对话句法理论探讨儿童对话中的补语构式（Köymen & Kyratzis, 2014）等。Langacker（2012，2016）提出的基线和加工理论可以解释语言中的不对称结构。Langacker（2016）认为基线是已经建构的成分，加工创造更高一层的基线，基线和加工构成一个连续的层级结构。例如，该理论对省略句"Alice washed a cat, Bill a dog."的分析是："Alice washed a cat"是基线，省略部分"Bill a dog"是在基线基础上进行的语义加工。另外，Kövecses（2017）提出的隐喻层级理论探讨了图式在概念隐喻中的作用。该理论认为，概念隐喻中的概念结构按图式化程度由高到低分别是意象图式、认知域、框架、心理空间。这四个层级共同作用于隐喻的理解。

下面以基线和加工理论的构建为例来说明内省法在认知语言学理论构建中的作用。基线加工理论可以应用于语言各个层面的不对称性。基线是已经建立的，具有优先性（priority）。加工是在基线基础上的认知加工，产生更高一层的基线。因此，基线和加工模式包括了一个连续的层级，每个层级都是更高层级的次层级。序列性（seriality）和层级性（hierarchy）是基线和加工模式的特点。具体如图 3-1 所示：

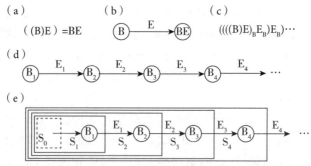

图 3-1　基线、加工和层级（引自 Langacker, 2016: 406）

基线是已经建立的，加工把基线（B）映射到更高层级的基线加工（BE）结构中，例如图（1a）。加工（E）是一种认知加工，是动态的。

由于加工（E）是在基线（B）的基础上进行的运作，所以基线（B）有优先权，例如图（1b）。图（1c）和图（1d）说明一个基线加工结构（BE）可以在更高层级的基线加工结构（BE）中作为进一步加工的基线。图（1e）中的每一个方框指代一个层级（S）。一个结构并不是无中生有的，而是从它的次层级中生成的。次层级为结构的出现创造了潜能（potential）。结构和次层级不能分开（比如，背景和凸显不能分开，不存在没有背景的凸显）。已知的层级（$S_1$）囊括了构建结构的资源。这些资源包括心理能力和已有的结构。每一个次层级都可以是下一层级的基线。例如，在例（1）中，第一个句子是基线（B），第二个句子是在基线基础上的加工（E）。第一句的内容在理解第二句的过程中是被激活的状态，而且为理解第二句省略句的内容提供了基础。

（1）[[Alice bought an expensive car.] [(She bought) A Mercedes.]]

所有格的语义加工也可以在基线和加工理论的基础上得到解释。所有格被 Langacker（1993）称为参照点结构（reference point construction）。虽然所有关系、亲戚关系、整体—部分关系是所有格结构的原型（例如，my house、the boy's cousin、his neck），但是所有格的用法非常多样化（例如，your bus、his height、Sam's problem、Lincoln's assassination）。所有格图式不是任何具体的概念内容，而是包括了非对称关系的结构，这种关系使一个名词性的所指通过另一个名词性的所指得到理解。所有者（possessor）作为参照点（reference point），被所有者（possessed）基于所有者和被所有者之间的联系得到定义。

在所有格链中，每个名词表达对于下一个名词表达来说都具有优先权。例如，在 Joe's wife's mother's estate 这一所有格链中，wife 一词的意义是在 Joe 的基础上被定义的，mother 是在与 wife 的关系上被定义的，而 estate 与 mother 的联系构建了 estate 的意义。这种所有格关系既是序列的（serial）：Joe's wife's mother's estate 可以理解为 Joe's/wife's/mother's/estate；也是成对的（pairwise）：该所有格链也可以划分为 Joe's wife/wife's mother/mother's estate；还可以是累积的（cumulative）：Joe > Joe's wife > Joe's wife's mother > Joe's wife's mother's estate。每一个次层级都是下一个层级的基线，下一个层级是在它的次层级基础上进行的加工。

　　基线和加工理论在音节和语素的不对称方面也具有强大的解释力。在音节层面，元音是自主的，因为它们可以独立出现，辅音依赖元音的响度（sonority）来展现。每个自主结构都可以作为基线，辅音对基线进行加工构成下一个层级的基线。例如，在 /klɔ/（claw）这个音节中，元音 /ɔ/ 可以被视为基线，辅音 /l/ 在基线的基础上进行加工，构成音节 /lɔ/。在此基础上，把 /lɔ/ 视为更高层级的基线，辅音 /k/ 在该基础上加工，最终构成音节 /klɔ/。在语素层面，词干为基线，词缀在词干的基础上进行加工构成单词。例如，单词 helpful 是后缀 -ful 在基线 help 上进行加工而构成的。

　　零元素（zero）、缺席（absence）、否定（negation）以及省略（deletion）等语言现象也可以通过基线加工理论得到解释。该理论认为，单数词不是由一个词素构成的，而是具有两个词素，包括一个词根和一个零（zero）语素，构成 [SG/Ø] 结构。基线加工理论对缺席的解释是：如果要画出一个消失的尾巴（a missing tail），就会画出猫除尾巴之外的其他部分，整体的猫的概念就是基线，消失的尾巴是在基线基础上的加工。在对否定句 "[He went to college, but] he didn't graduate." 的解读中，基线加工理论把具有现实性的第一句作为基线，否定句是在现实句基础上的加工。省略句 "Alice bought a car. A Mercedes." 的基线加工解读是：后句需要在第一句的基础上进行理解，第一句是基线，后句是第一句基础上的加工。

　　综上，基线和加工理论对语言的非对称结构有着强大的解释力，应用于所有格结构、音节、语素、否定、省略等方面。基线加工理论还被应用于对交替构式（张翼，2019）、构式语法理论（Hummel，2018）等语言现象的研究。

　　内省法在基线和加工理论建构中起着主要的作用。理论构建的步骤包括：（1）提出问题；（2）收集语料；（3）通过逻辑推理得出假设并验证假设。Langacker 首先对语言结构各个层面的不对称性现象提出问题，尝试提供探索该现象的研究范式。所有格、音节、语素、省略、否定等语言现象的语料的收集也是通过内省得出的，这些语料来自研究者的内省或者已有的文献。对于语料的合法性的判断也依赖于研究者的内省。例如，Joe's wife's mother's estate 这一所有格在实际生活语言中可能不存在，为了说明特定语言现象，语言学家通过内省生造出该所有格形式。通过对语料的分析，研究者提出语言不对称现象的加工是序列性的、层级性的这一假设。通过不断提出假设，通过语料验证假设、完善假设这一过程，研究者最终得出结论：基线和加工理论可以应用于解释语言各个层面的不对称现象。整个理论的构建过程都离不开语言研究者的内省。

## 3. 内省法的优势、不足与发展

内省法是认知语言学的重要研究方法。在语言的研究过程中，研究问题的提出、对语料的评估、对研究结论的分析和总结等都离不开语言研究者的内省。内省法有着独特的优势：（1）在收集语料方面，内省法可以根据研究需要造出适合研究问题的复杂表达式，这种表达式可能在实际的语言使用中并不存在，但是这种表达式可以充分说明语言问题，并为研究语言现象提供支持。例如，上文对基线加工理论的解释中出现 Joe's wife's mother's estate 这样的表达式，虽然可能缺乏真实性，但是在对这种复杂表达式的分析和解释过程中，语言研究者能发现平常发现不了的语言现象和规则。（2）内省法容易操作，只要通过简单的训练，研究者就能通过内省进行语言研究。相较实验法需要严格的实验设计和语料库法需要大量的语料材料，内省法更加简便、易操作。

内省法的不足也被广泛讨论：（1）语言学家的内省差异很大，语言学家们可能对同一表达式的可接受程度和合语法程度的直觉不同，他们所建立的语言理论也随之不同。如果是有争议的现象，生造的表达式的可接受度就更加会因人而异。例如，对歧义句"强强追得我直喘有几种解读"这一问题的回答，会因本族语者语感的不同而导致对此的判断不同。（2）通过内省法造出的语言表达式脱离了语境，难以发现语言现象的全貌。认知语言学以语义研究为中心，自然离不开语言使用的语境。内省出的语料缺少社会、文化等方面的语境。（3）内省法仅仅适用于可及性较高的语言现象。对于可及性较低的语言现象，无法通过内省获得语言的全貌。例如，如果要获得可及性较低的多义词 bank 的全部意义，仅仅通过内省是无法得出的，需要借助其他研究方法，如语料库方法。

尽管有许多不足，内省法仍是认知语言学发展的重要方法，也将继续成为主要的研究方法，也正是其局限性激发了其他语言学研究法方法的发展（Talmy，2007）。为了弥补内省法的不足，内省法需与其他研究方法相结合、相互补充。首先，语料库方法可以弥补语料的不足。自然语料丰富多样，会因地域、说话者年龄、历史时期等差异而不同。语言研究者凭直觉造出的句子只能代表语言多样性的某一方面，具有局限性。通过语料库方法可以收集不同时期、不同地域等方面的语料，因而可以弥补内省法在语料方面的不足。其次，多模态研究方法可以提供口语、手势、身姿等模态的证据，可与内省法结合共同探讨语言表征的概念化方式。最后，心理实验和神经实验可以提供在线加工的证据。内省法只能应用于有意识的个体，对于无意识的幼儿或者患者则无法运用内省方法研究其语言机制。为了弥补这一不足，内省法与心理实验方法、神经实验方法结合可以探索幼儿或患者的语言在线加工机制。

## *3.1.2* 语料库研究方法

语料库研究方法是认知语言学的重要研究方法之一。早在 1959 年，Randolph Quirk 就着手建设了英语用法调查（Survey of English Usage）语料库，它主要是一个口语料库。1963 年，Kucera 和 Francis 建立了布朗语料库（Brown Corpus）。随后，多个英语语料库建成，都采用了与布朗语料库相同的文本取样方法，且规模与布朗语料库大致相同，被称为布朗家族语料库。20 世纪 80 年代初，Sinclair 建立了当时最大的语料库——英语文库（Bank of English），并基于该语料库从事词典编撰，在 1987 年出版了 *Collins COBUILD English Language Dictionary*。

### 1. 语料库研究方法的特点

Tognini-Bonelli（2001）把语料库语言学的研究方法分为基于语料库（corpus-based）的研究方法和语料库驱动（corpus-driven）法

# 第3章 新时代认知语言学研究方法

(Teubert & Cermáková, 2009)。基于语料库的研究范式认为语料库是一种方法，通过其他手段得到的结论需要通过语料库进行检验。语料库驱动是一种自下而上的研究范式(Gries, 2012)，目的是在对语言进行全面描写的基础上提出概括所有语言事实的理论，如 Sinclair 的 COBUILD 工程。

研究者可以根据研究需要选择不同的语料库。语料库有不同的分类方式，如通用语料库(如 BNC)和专门语料库(如 BAWE)，本族语者语料库和学习者语料库(如 ICLE)，共时语料库和历时语料库，单语语料库、双语语料库和多语语料库等。随着网络时代的到来，网络语料库的使用越来越流行，包括 Web as Corpus (WoC，把网络上的所有文本或者部分文本当作语料库)和 Corpus on the Web (CoP，把语料库储存于网络上)。

语料库研究法方法通过统计频率对语言现象的特征进行描写和解释。在频率统计的基础上，数据研究方法的发展为语料库定量研究提供了便利。例如，搭配分析方法(collocation analysis)、多维尺度分析方法(multidimensional scaling)、行为特征分析方法(behavioral profile analysis)、多因素分析方法(multifactorial analysis)等基于语料库的分析方法已经得到广泛的应用。构式搭配法广泛应用于对特定构式的研究，考察构式中的语义槽对词素的吸引或排斥程度。多维尺度分析方法常用于对数据的可视化分析，以及考察样本之间句法、语义等特征的相似性。行为特征分析方法主要应用于词汇语义研究，应用于对同义、反义、一词多义等现象的考察。多因素分析方法通过对语料各个层面(形态、句法、语义等)的特征进行标注，运用多元统计方法考察语言不同层面的交互现象。

## 2. 语料库研究方法对认知语言学的影响

近年来，在认知语言学领域，语料库研究方法关注的研究领域包括词汇(Gréa, 2017; Hartmann, 2018; Izutsu & Izutsu, 2017; Roland, 2018; Smet et al., 2018)、语法(Fonteyn et al., 2015; Hoffman et al., 2018)、构式(Hummel, 2018; Lemmens & Sahoo, 2018; Levshina, 2016;

Schönefeld，2015）、隐/转喻（Dunn，2013；Lederer，2019；Yu & Jia，2016；Zhang et al.，2015）、语言习得（Ellis et al.，2016）等方面，涉及社会层面研究、语用研究、语言历时演变等跨学科研究。下面以这三个方面为例，探讨语料库研究方法对认知语言学的影响。

**1）语料库研究方法对认知语言学社会层面研究的影响**

Divjak et al.（2016）指出，认知社会语言学和社会认知语言学是认知语言学社会层面的两个方面。前者主要研究语言变体及其认知表征，包括语言态度、方言等领域的研究。后者主要研究语言知识和社会互动的机制，即语言的使用如何在说话人和听话人的层面塑造语言知识。这些机制根植于包括共同行动（joint action）、合作（coordination）和常规（convention）在内的认知能力。

语料库研究方法在社会认知语言学与认知社会语言学方面都有广泛的应用，其优势大致有三方面。其一，中介语语料库与本族语语料库的区分为研究语言的地域变体提供了大量语料。例如，Dunn（2018）基于构式语法，把国际英语语料库（ICE）作为八个外圈变体（二语"中介语"变体）的来源，网络爬虫语料库（a web-crawled corpus）作为五个内圈变体（本族语变体）的来源，然后用方言计量学测量了某种构式在何种程度上受到地域变化的影响。其二，方言语料库为方言变体研究提供了丰富且多样的方言语料。例如，Franco et al.（2019）利用由两本大规模荷兰语方言字典构成的电子数据库，分析了两种荷兰方言中的词汇多样性，发现与意义相关的概念特征（如模糊性、低显著性和易受影响性等）对词汇多样性有影响，从而深化了认知社会语言学研究。另外，Hollmann & Siewierska（2011）使用了一个包含325 000词的兰开夏郡方言口语语料库，对英国兰开夏郡方言中定冠词减少这一现象进行了分析。研究发现，频率和图式对语言变体能产生影响，说明了基于用法的认知语言学与社会语言学的相互促进作用。其三，语料库量化统计方法的使用使研究结论更加精确和客观。例如，Claes（2014）使用了一个包含24个多米尼加西班牙语本族语者的录音的语料库，语料库区分三个社会参数：年龄、受教育程度和性别，研究者随后又增加了两个社会参数：住房情况和职业。使用混合效应回归分析和条件推理树，研究者对多米尼加西班牙语中 haber 的复数化现象进行了统计分析。研究发现，haber 的复数化与受教育程度无关、与社会阶层有关。该研究还发现，三种普遍的认知因素（编码的标记性、结构启动、统计优先）限制着语言变化对 haber 构式的影响。

以往的社会语言学研究大多采取社会调查和文献调查方法，且一般是进行抽样调查。相比这两种方法，将语料库研究方法应用于认知语言学在社会层面的研究有很多优势：（1）语料库的多样性为社会层面研究提供了便利。语料库对口语语料库与书面语语料库、本族语语料库与中介语语料库、方言变体语料库等的区分为语域、方言、地域变体等研究提供了大量的自然语料。（2）语料库的使用为认知语言学在社会层面的研究提供了量化统计数据。研究者可以根据研究需要对语料中的性别、年龄、民族、地域等社会背景信息进行标注，从而通过各种统计方法对语言与社会因素之间的关系进行量化研究。

**2）语料库研究方法对认知语言学语用研究的影响**

认知语言学对语用的研究是指把认知语言学基本原理运用到对言语产生和理解、语用推理、会话含义等的解释之中。语料库研究方法应用到语用研究方面，主要涉及语境影响（Divjak et al., 2016）、讽刺（Giora et al., 2014）、言据性（Juana et al., 2017）、文体研究（Stukker, 2019）、话语的隐喻意义（Dunn, 2013）等。

传统的语用学研究方法有内省法、问卷调查、田野调查等，这些方法都是通过人为控制的方式收集语料，不仅效率较低，而且语料还带有很大的主观性。将语料库方法应用于认知语言学的语用研究有很多其他方法不具备的优势。其一，语料库方法以自然语篇中的语料为基础，包含着丰富的词汇、句子、语篇、语境等信息，为语用学研究提供了语言丰富、真实的使用模式。例如，Heine（2011）利用英国国家语料库（BNC）探讨了英语中的一般疑问式（Would you like/Do you want [NP]?）和它的省略形式变体（You like/You want [NP]?, Like/Want [NP]? and [NP]?）之间的关联。通过对大量语料的分析，研究发现构式语法理论能够对其中的关联进行解释、能够整合语用—语境角度和语法角度的解释。其二，语料库研究方法可以以数据统计软件为工具，对大量的语料数据进行分析处理，从而提高研究的信度与效度。例如，Dunn（2013）使用美国当代英语语料库（COCA）对语言结构在预测隐喻意义的影响进行了研究。研究者首先选取四个域（身体的、心理的、社会的、抽象的），从每个域中选取5个动词，一共20个动词。然后针对每个动词选择25个型符，总共选取了500个隐喻表达。接着，通过人工标注的方式对隐喻性程度和隐喻饱和程度进行标注，并对其进行了频数统计。研究发现，隐喻性程度和隐喻饱和度这两个语言结构特征影响着或者部分决定了话语的隐喻意义。

但是，将语料库研究方法应用于语用学研究也有其不足。对于隐喻、讽刺、双关等语用因素通常需要通过人工筛选的方式对语料进行标注。例如，Giora et al.（2014）使用希伯来语笔语语料库，通过人工筛选的方式选出了1 612个讽刺表达，研究发现，讽刺的产生不仅可以由语境上的不恰当来解释，还可以基于等级凸显假说（graded salience hypothesis）进行解释。Stukker（2019）使用了一个包含短篇小说、新闻报道和专题文章各15篇的语料库，并通过人工筛选的方式对比了不同体裁中的一般现在时和一般过去时的使用频率和用法。研究发现，小说常使用一般过去时表达叙述者和故事中开展的事件之间的距离，而新闻报道常用一般现在时表达新闻工作者和读者在交流场（communicative ground）中暂时的靠近状态。这说明动词时态对叙述者、观众和故事中的事件之间的指示关系起着非常重要的作用。

总之，将语料库研究方法应用于认知语言学的语用研究优势明显：（1）能提供大量自然语篇中的语料，不仅弥补了以往语用学研究方法中语料过于主观这一不足，而且为语用学研究提供了丰富的语言使用模式。（2）语料库研究方法能够以计算机为分析媒介、通过统计分析技术对大量数据进行分析处理。但是，由于语料库研究方法还不能对隐喻、讽刺、双关等语用因素进行自动识别，所以通常需要人工的方式对语料进行筛选，费时费力。

**3）语料库研究方法对认知语言学历时研究的影响**

将语料库研究方法应用于认知语言学的语言历时变化分析，主要涉及构式的语法化（Schönefeld，2015；Verveckken，2012）、构式的历时

## 第 3 章　新时代认知语言学研究方法

演变（Hilpert，2014）、转喻模式的历时演变（Zhang, et al., 2015）、时间概念化研究（Law，2018）、事件概念化研究（Fonteyn et al., 2015）、构词的历时变化（Hartmann，2018）等。

以往的语言历时研究所采用的语料来自研究者自行挑选的文本，手动筛选查找所研究的语言形式，其语料规模较小，观察的深度和范围有限。语料库能提供大量丰富的历时和共时文本，其时间跨度大而且体裁多样。研究者通过检索特定的语料形式，能对语料进行快速、精确的筛选和查找。例如，Law（2018）使用了 BFM（Base du Francais Medieval）语料库和 ARTFL-FRANTEXT 语料库对法语 depuis（自从）构式中时间的概念化进行了历时研究。BFM 语料库包含了从 9 世纪到 15 世纪的 153 个文本，研究者将其作为早期语料库来源；ARTFL-FRANTEXT 语料库包含了从 12 世纪至 20 世纪的 3 558 个文本，作为 20 世纪以后的语料库来源。从这两个语料库共 2 亿多个单词中检索出 depuis 的标准形式、其变体 despui 和 de puis 以及出现在 14 世纪到 17 世纪的 depuys 和 depuiz，共 127 111 个形符。通过对大量语料的分析，研究发现虽然 depuis 既可以表示时间点也可以表示时间段，但时间段构式是时间点构式的延伸。再如，Hartmann（2018）使用 DTA（German Text Archive）语料库和 DTAbaby 语料库研究德语后缀 -ung 的名词化现象，最终从语料库中选定了 10 946 个 -ung 名词作为研究对象。Hilpert（2014）使用美国历史语料库（COHA）对英语中的名词加分词复合词形式（例如，hand-carved、computer-based）的构词过程进行历时分析。该语料库包含了 4 亿词，时间跨度从 19 世纪到 21 世纪。

另外，传统的语言历时研究注重印象，不注重量化数据，仅仅依靠内省观察无法实现对语言现象的描述与解释的充分性，而语料库研究方法提供了先进的检索技术和量化研究方法，为充分描写和解释语言的变化提供了条件。例如，Zhang, Geeraerts & Speelman（2015）对汉语"女性"范畴的转喻模式的历时变化进行了研究，并通过可视化方法对结果进行了直观的呈现。研究者首先将从两个中文转喻词典中收集的 287 个表达"女性"范畴的转喻词汇，与历时汉语语料库（CHC）中的表达进行了对比，共收集了 62 394 个例子。然后，基于概貌距离算法（profile-based distance calculation），使用多维尺度分析方法对转喻的历时演变进行了可视化呈现。最后,借助泊松回归建模分析,研究者对影响转喻类型分布的历时因素进行了探讨,并从认知和文化角度对转喻类型分布的差异进行了分析。

综上所述,语料库方法不仅能为认知语言学的历时研究提供大量丰富的历时语料,还能方便研究者对特定语言形式进行快速精确的检索。另外,语料库还为语言的量化研究提供了条件,能实现对语言变化的描写和解释的充分性。但是,将语料库方法应用于历时研究也有其局限性,由于历史上流传下来的文本大都是文学或史学文献,而且流传下来的文本数量较少,通过抽样的方法进入语料库的文本更加少,所以历时语料库在文本多样性和语料丰富性上都有不足。

## 3. 语料库研究方法的优势、不足与发展

语料库方法可以广泛应用于认知语言学的社会层面、语用层面和历时层面的研究。其经验主义哲学基础与认知语言学基于使用的语言观相吻合,有着其他方法不可替代的优势:(1)无论是在线的大型语料库还是研究者根据研究目的自建的小型语料库,都能为语言研究提供丰富的、以自然语篇为基础的语料。相比传统的手动收集语料的方法,语料库法更加高效,且更能展现语言的真实面貌。(2)语料库的分类为语言的社会研究、语用研究、历时研究等提供了便利。例如,中介语语料库、本族语语料库、方言语料库及历时语料库分别为语言的地域变体研究、方言研究及语言的历时变化研究提供了丰富且多样的语料。语料库还可以对语言使用者的信息(如年龄、职业等)进行标注,为语用研究提供了便利。(3)语料库研究方法以计算机为媒介,可以通过在线检索及检索软件对特定的语言形式进行精确且快速的查找和筛选,并且能通过统计软件对搜集的语料进行数据分析。例如,WordSmith Tools、AntConc等检索工具提供词语检索和共现上下文的功能,统计软件R可以为构式搭配分析法等语言学量化研究方法提供平台。

和其他研究方法一样,语料库研究方法也有其不足:(1)研究者的主观性在一定程度上会影响研究结果。首先,不同的语料库都有其各自的特点,语料库的选取会影响研究结果以及研究结论。其次,语料库检

## 第 3 章　新时代认知语言学研究方法

索需要从语言形式入手，而语言形式的选取取决于语言研究者的内省和知识积累。例如，如果要把 DTA 语料库作为某德语词历时演变研究的语料来源，就应该充分考虑到该语料库时期分布的不均衡性（近几十年的语料偏多，而早期语料偏少），还应该考虑到该德语词在各个时期的变体形式。（2）现阶段，对隐喻、讽刺等语用因素的自动识别仍然是语料库研究的一大难题。通过人工筛选的方式对语料进行标注不仅费时费力，而且还受到标注者主观性的影响。（3）语料库所收集的语料都是已经产出的语言，语料库研究方法无法对语言的产出过程进行观察和分析。

为了弥补以上不足，语料库研究方法近几年有了较大发展。一方面，基于语料库的量化研究方法得到了发展，例如，构式搭配分析方法、多维度分析法等。另一方面，心理实验和神经实验能对语言产出进行观察，可以与语料库研究方法进行交叉检验。其结合的思路是考察语料库数据与实验数据得出的结论的一致性（Chen & Jing-Schmidt, 2014; Lichtenberk et al., 2011; Roland, 2018）。

### 3.1.3　多模态研究方法

多模态是人类交流中的不同符号模式和具体"文本"之间的关系（Sanz, 2015）。多模态不仅是指人们使用的各种不同的符号模式，而且涉及不同符号模式与意义构建之间的联系（Jewitt et al., 2016）。语言的多模态研究关注人类怎样用语言及非语言的方式（形象、手势、眼神、体态等）进行交流。在 20 世纪早期，索绪尔就已经指出语言是表达观念的符号系统，认为语言学是符号学的分支。结构语言学指导下的符号学专注于建构意义的多种方式及领域，如口语和笔语方面的语言学、图片和电影方面的符号学、音乐方面的音乐学，以及新的学科分支：视觉社会学和视觉人类学。在系统功能学和社会符号学视角下进行多模态研究的代表是 Kress 和 van Leeuwen，他们引领了视觉探索和多模态交流研究的热潮。

不同于系统功能语言学和符号学，认知语言学理论指导下的多模态研究更加关注语言和认知的关系，例如 Gibbons（2011）关于语言与认知关系的研究以及 Forceville（1996，2010）关于多模态隐喻的研究。同时，认知语言学也更加注重面对面交流中对多模态的系统分析。在认知语言学方面，多模态探索的模态范围有多种，例如声音、音乐、图像、手势（gesture）、身势（posture）、手语（sign language）、眼神等；多模态实验材料更是多种多样，如文本材料（漫画、绘本等）、视频材料（广告、电影等）、品牌商标、艺术品（挂毯等）等；研究的话题范围也很广，如隐喻/转喻、情感、幽默等。

在认知语言学领域，多模态研究法方法不仅能为语言学理论提供支持，还涉及意义的构建、多模态语料库等方面，另外，多模态方法与心理实验方法、神经实验方法交叉使用，研究口语、手势等模态与思维之间的关系，以此探讨人类普遍的认知规律。

## 1. 多模态研究方法对认知语言学的影响

认知语言学对多模态的研究涉及多模态对认知语言学理论的证明、多模态语料库、多模态互动、多模态话语分析、多模态交际、多模态叙事等。下面从多模态对认知语言学理论的证明、多模态语料库、多模态互动这三个方面说明多模态研究方法对认知语言学的影响。

第一，多模态研究方法的发展为认知语言学研究拓展了研究领域、为认知语言学理论提供了心理现实性证据。研究者们从多模态角度支持了概念隐喻（Chui，2011；Yu，2011；Casasanto & Jasmin，2012；Sullivan & Bui，2016）、构式（Dancygier & Vandelanotte，2017；Hinnell，2018）、认知语法（Martíne & Wilcox，2018；Wilcox & Occhino，2016）、象似性（Engberg-Pedersen，2011；Meir et al.，2013）、心理空间（van Krieken et al.，2019）等认知语言学理论。

以概念隐喻的多模态分析为例。以 Forceville & Urios-Aparisi（2009）为代表的认知语言学家把概念隐喻/转喻理论与社会符号学等相关理论相结合，认为隐喻不应仅体现在语言中，在声音、手势等其他模态中也应该得到体现，由此提出了多模态隐喻的概念。多模态隐喻/转喻分析涵盖了广告、手势、电影、品牌商标、工艺品等材料（Nilsson，

## 第3章　新时代认知语言学研究方法

2015；Lewis & Stickles，2016；Pérez-Sobrino & Littlemore，2017；Sullivan & Bui，2016）。其研究领域涉及时空隐喻（Sullivan & Bui，2016）、隐喻加工（Nilsson，2015；Lewis & Stickles，2016）、手势隐喻（Ponsonnet，2017）等方面。例如，Yu（2011）分析了 CCTV 奥运会广告中的多模态隐喻，指出广告中的"生活是舞台"等隐喻是通过多种模态的互动呈现的，该类型的隐喻也是中国文化的体现。Forceville（2015）从认知角度分析了电影、电视和电子游戏中的涉身隐喻。Sullivan & Bui（2016）关注越南人用语言和手势表达时间概念的方式，研究发现越南语本族语者用向前的手势指代过去、向后的手势指代将来。Pérez-Sobrino & Littlemore（2017）从跨文化角度探讨了广告中的多模态隐喻和转喻。

概念隐喻认为隐喻是人类的思维方式、是概念构建的方式。多模态隐喻的探索符合认知语言学基于使用的语言观，一方面为验证概念隐喻理论提供了非语言模态的证据，另一方面也把概念隐喻的研究范围拓展到了手势、广告、电影等多种模态，从而深化了概念隐喻研究的深度和广度。总之，认知语言学的多模态研究方法为证明认知语言学理论的心理现实性和涉身性提供了证据。

第二，在认知语言学领域，研究者们用多模态语料库探讨语言与多种模态如表情、手势、目光等非语言要素之间的关系，从而从语言、手势、眼神、身势等多方面考察意义表达规律和认知规律。

"多模态语料库是指音频、视频和文字语料等多种信息集成，研究者可以通过多模态方式加工、检索和统计进行相关研究的语料库"（黄立鹤，2015：1）。国际上已经建成了 AMI、SmartKom、HuComTech、CHIL 等多模态语料库，语料类型涵盖会议视频、人机互动、日常对话等。认知语言学家利用已有语料库或自建小型多模态语料库进行研究。例如，Feyaerts et al.（2017）自建了一个由两方参与的面对面交流多模态视频语料库，包括 21 个对话，所有对话都用 ELAN 软件对其中的强势词（amplifier）和滑稽假设（comical hypothesis）以及滑稽假设中的语调进行了转写和标注。研究者通过 ELAN 对语料库进行检索，找到 562 个强势词和 230 个滑稽假设的例子。采用单因素方差分析分别研究强势词和滑稽假设对面对面交流的影响，研究显示，随着交流过程的开展，人们会使用越来越多的强势词和滑稽假设。另外，该研究发现，互相更具吸引力的双方会使用更多的强势词，而在滑稽假设方面却没有这种表现。该研究体现了交流中主体间性的作用。Brône et al.（2017）使用多模态视频语料库 InSight Interaction Corpus 来研究面对面交流中眼神的作用。InSight Interaction Corpus 语料库是一个多模态视频语料库，包括 15 个两方的对话（每个对话大约 30 分钟）和 10 个三方的对话（每个对话大约 15 分钟）。每个两方的对话包括三个部分：讲故事、头脑风暴和有目的的合作任务。三方对话包括没有特定主题的随意对话。所有的对话参与者都是 18 至 23 岁的学生且都是荷兰语本族语者。该语料库已经由 ELAN 多模态分析软件对目视和手势进行了转写和标注。该研究还用头戴式实景摄影机和眼动仪来追踪所有参与者的目视行为。通过交叉递归分析特殊的话轮把持机制，研究发现，在交流中的话轮管理（包括话轮把持和话轮转换等）中，眼动起着非常重要的作用。该研究展现了语言交流的动态过程以及眼神注视和话语之间的同步关系。

在以上的两个研究中，研究者使用了自建或已有的多模态语料库对交流中的语言或非语言模态的作用做了探索，并且都采用统计方法对研究结果做了量化分析。多模态语料库在认知语言学研究中起着越来越重要的作用，其优势也越来越明显：（1）多模态语料库保存了交流场景中的视觉和语音信息，能够客观地反映交流的真实过程，拓展了认知语言学的考察视野和方法；（2）多模态语料库对录音、录像、文字转写等进行数据收集，对其语言和非语言因素进行标注，并且可以对已标注的多模态语料库进行多方位的检索，除了对语言因素进行检索外，还可以对非语言的因素，如手势、表情等，进行检索。例如，多模态分析软件 ELAN 既是一个多模态标注软件，还是一个功能强大的检索软件，可以对经过标注的多模态语料库进行检索，而且支持正则表达式。但是，由于多模态语料库的切分和标注都非常复杂，还未形成统一标准，所以还未得到广泛的应用。

第三，认知语言学对多模态交际（multimodal communication）的研究将语言的涉身性和社会性相结合，深入探讨了多种模态（口语、手势、身势、眼神等）在交流中的作用，为意义的构建研究提供了新的视角。

*Cognitive Linguistics* 杂志在 2017 年收录的八篇文章探讨了多模态交际。话题包括政治演说中的手势、漫画中的观点表达、网络模因（Internet meme）的语法形式、美国手语、观点表达、眼神以及对物体和建筑物的涉身回应（embodied response）。例如，Guilbeault（2017）考察了政治家同时通过手势和语言表达不同观点的方式；Janzen（2017）分析了美国手语中的话题构建和视角表达；Borkent（2017）运用心理空间等认知理论分析了漫画如何综合运用角色、叙事者和叙事观点来讲故事；Dancygier & Vandelanotte（2017）从构式语法角度分析了新兴多模态构式"网络模因"的语法形式。另外，由国际认知语言学协会主席 Dancygier（2017）编写的《剑桥认知语言学手册》包含了六个部分的主题，其中第二个部分的主题是"语言、肢体与多模态交流"。该部分提出了一些重要的观点：认知语言学的理论框架为多模态交谈研究提供了新的视角（Mark，2017）、基于使用的模型为研究手语和手势提供了新的切入点（Herman & Corinne，2017）、手势、语言这两种表达手段与认知联系密切（Kensy & Susan，2017）等。Sanz 在 2015 年编著的《多模态与认知语言学》论文集中收录了三篇认知语言学理论指导下的多模态互动分析。其中，López-Varela（2013）研究了虚拟环境中的多模态暗示，认为视觉和听觉的互动能有效捕捉注意力；Attardo et al.（2013）以幽默的标记为研究主题，认为微笑/大笑、音高、音量、语速等都不能构成幽默标记；Cienki（2013）用意象图式理论研究语言与手势之间的互动，认为模拟图式（mimetic schema）既可以用来研究手势又可以分析口语交际中的视觉模态。

语言和其他非语言模态一起构建意义，共同为交流服务。多模态交际强调语境和现场的即席互动，展现了语言要素和非语言要素之间的相互关系。在认知语言学理论框架下分析多模态交际，是认知语言学再语境化（recontextualization）的体现，也显示了认知语言学的社会转向。

## 2. 多模态研究方法与其他研究方法的结合

"多模态法的主要弊端在于，其自身并不能决定哪个模态及其成分是研究人员所应该关注和研究的要点，这往往需要研究人员采用其他一些方法进行探索。"(束定芳，2013：22)多模态研究方法和心理实验方法、神经实验方法交叉使用，分析语言与非语言模态（手势、手语等）之间的关系，以探讨其共同的认知机制，为揭示人类普遍认知规律提供新的途径。多模态研究方法和其他方法的交叉有许多优势。

首先，心理实验方法能够严格控制变量，排除其他因素的影响，从而与多模态研究进行互补。在语言与手势的关系研究中，实验者可以控制受试在年龄、文化程度、性别等方面的均衡性，并且设置"手势组"和"非手势组"，以探讨手势对语言和思维的影响。例如，Beaudoin-Ryan & Goldin-Meadow（2014）对照了允许使用手势的儿童和禁止使用手势的儿童在观点表达中的表现。研究发现，允许使用手势的儿童在表达观点时语言更加综合化、多样化，这就说明了手势能够帮助进行交流情境的理解和推理。通过多模态研究方法与心理实验方法的结合，研究者还发现手势和语言之间的协作不仅能共同表达交流内容，还能帮助听者理解语言信息（Koppensteiner et al.，2016）、手势和语言还能在认知表达上相互补充（Cook et al.，2013；Arbib et al.，2014）。这些研究都说明手势和语言一样，在交流中都有重要的认知导向作用。

其次，神经实验方法能够从微观角度探索语言和非语言模态的神经机制，探讨口语和手势、手语在神经加工模式上的异同，以揭示人类普遍认知规律。关于口语加工和手语加工的神经机制，研究者们得到的结论类似，认为两种语言有着相似的神经基础。例如，Newman et al.（2010）发现聋哑人在英语押韵和手语押韵判断中所激活的脑区与正常口语者在英语押韵判断中所激活的脑区类似；Courtin et al.（2011）发现手语篇章理解和口语篇章理解都涉及双侧中央前回、颞极的后部、颞上沟和颞—枕联合区等脑区。但是对于手语和手势的神经基础的研究却较为复杂。通过 fMRI 技术，研究者发现手势和手语的加工脑区重合度很高，都涉及左下额皮层、后上颞叶皮层等（Emmorey & Özyürek，2014）。但是也有研究发现手语使用者在观看手语视频时比观看手势视频更大程度地激活了左侧额下回（Newman et al.，2015）。以上两个研究说明关于手语和手势加工机制的异同还没有统一的结论，但是神经实验方法为其提供了新的验证途径。

综上，多模态方法和心理实验方法、神经实验方法的结合能够充分发挥各自的优势,并产生互补的作用。其一,心理实验方法能够严格控制变量,排除其他干扰因素对实验的影响,从而更加科学地探讨语言与非语言模态在认知机制上的异同。其二,神经实验方法能够从神经的微观层面探索多种模态的神经机制,对口语、手势和手语加工脑区的研究为揭示人的认知能力发展提供了新的途径。

## 3. 多模态研究方法的优势、不足与发展

多模态研究方法在认知语言学领域有着广泛的应用,其影响是多方面的。首先,多模态研究方法的发展为认知语言学研究拓展了研究领域、为认知语言学理论,如概念隐喻、构式、心理空间等,提供了心理现实性证据。其次,多模态语料库的应用为语言研究者从语言、手势、眼神、身势等多方面考察意义表达规律和认知规律提供了便利。最后,认知语言学对多模态交际的研究深入探讨了多种模态在交流中的作用,为意义的构建研究提供了新的视角。另外,多模态研究方法和心理实验方法、神经实验方法的结合主要涉及语言和非语言模态之间的关系,研究发现了语言和非语言模态在认知加工和加工脑区上的共同点,为探究人类普遍认知规律提供了新方法。

多模态研究方法对认知语言学发展的推动作用还体现在它为证明认知语言学的三个基本假设(Croft & Cruse, 2004)提供了新的研究途径。认知语言学的基本假设之一是认知语言学不是一个自主的认知感官,也就是说,人类运用语言认知的过程和运用其他认知能力的过程是相同的。把手语、手势等纳入认知语言学的研究范围,可以探索语言和其他非语言模态认知过程的一致性。认知语言学的基本假设之二是语法是概念化的。所有的概念都需要构建,认知语言学把手语、手势等纳入语法范畴,为意义构建和概念识解的研究提供了新思路。认知语言学的基本假设之三是语言知识来源于语言使用。多模态研究的语料都是来自于真实的使用过程中的语言、手势和眼神等,体现了语言和其他非语言模态使用的社会性。

多模态研究方法的不足之处主要体现在其数据收集和数据处理方面:(1)多模态数据的收集受到研究者主观性的影响。多模态收集的

数据是音像资料,其包含的信息非常复杂,涉及语言、手势、眼神等多种模态。研究者容易受到研究目标的影响,从而导致一些重要信息被忽略。(2)多模态数据的处理包括转录、编码和分析等步骤,需要花费大量的时间和精力。特别是在多模态语料库的建设方面,由于缺少统一的切分和标注标准,建库任务更加艰巨。

为了解决多模态研究方法在数据收集和处理上的不足,研究者设计了多种多模态加工或检索工具,如 ELAN、Anvil、DRS、Exmeralda 等。以 ELAN 为例,ELAN 不仅能满足多模态转写、标注的要求,还能实现强大的检索功能,包括对特定层中的特定内容进行检索、使用正则表达式对语料进行检索等。未来多模态研究方法在认知语言学领域的发展还需要依赖多模态分析技术的进步以及分析软件的开发。总之,多模态研究方法与认知语言学的具身认知观点和基于使用的语言观相契合,有着广泛的发展空间。

### 3.1.4 心理实验方法

心理实验方法源自心理学,是指研究者根据理论假设,给予被试一些刺激或任务,观察被试的反应,通过分析刺激或任务和反应之间的关系,从而检验假设的一种研究方法。心理实验法分为实验室研究和自然实验研究(舒华等,2012)。实验室研究严格控制实验环境,采用反应时、眼动追踪等技术手段,探索自变量和因变量之间的因果关系。自然实验研究,也叫现场实验法,是指在不加控制的自然条件下进行的实验,研究者依照实验计划对社会生活中的行为现象进行收集和分析。桂诗春和宁春岩(1997)总结了一般的实验方法和实验方法类型。一般的实验方法包括表征类型分析法、扣除法、递加因素法、双任务法、信号监察法和计算机模拟法。实验方法类型包括潜伏性数据、眼睛固视、口头报告、双耳实验、辨认与回述、判断实验、转移实验、概念学习实验、在线测量。

心理实验方法在认知语言学中的应用有其必然性和必要性。首先,认知语言学坚持体验哲学观、具身认知观,认为人类语言的获得离不开

第 3 章　新时代认知语言学研究方法

身体经验和社会环境的互动、人类对概念的理解来自身体的感知。这和心理实验方法研究人的行为的基础一致。其次，认知语言学注重在使用的基础上探索语言背后的认知机制。心理实验方法的研究目的是揭示实验所涉及的认知机制或认知过程，心理实验方法不仅可以在使用的基础上对认知语言学理论进行检验，还可以更加深入地探讨语言与认知的关系。

## 1. 心理实验方法对认知语言学的影响

在基础研究方面，心理实验方法主要应用于认知语言学对语言与思维关系的研究、语言与具身认知关系的研究、语言加工的认知机制的研究等方面。在应用研究方面，心理实验方法应用于认知语言学对语言习得（包括一语习得与二语习得）所涉及的认知机制的研究等。这些基础研究与应用研究的领域都与认知语言学的中心议题一致，即探讨语言与认知的关系、语言与身体经验的关系，并为认知语言学的基本假设提供了心理现实性证据。下面从语言与思维的关系、语言与身体经验的关系、语言加工的认知机制、语言习得争议问题（如"双语优势""关键期假说"）、语言发展中的认知机制这五个方面探讨心理实验方法在认知语言学中的应用。

第一，心理实验方法为认知语言学对语言与思维关系的探讨提供了心理证据。语言与思维的关系是认知语言学研究的主要议题之一，涉及语言相对论。认知语言学对语言相对论的研究由萨丕尔—沃尔夫假说转向了新沃尔夫假说。新沃尔夫假说主要讨论语言、文化与思维的关系，探讨语言与思维各个方面的联系。认知语言学在语言相对论的基础上使用心理实验方法证明了语言确实对思维有影响作用。例如，不少研究发现语言不仅影响人们对颜色的认知（Cibelli et al., 2016; Regier & Xu, 2017; Zhong et al., 2018），还影响人们对数量系统的认知（Passolunghi & Lanfranchi, 2012; Vukovic & Lesaux 2013; Wei et al., 2012）。Zhong et al.（2018）使用心理实验方法证明了与同一颜色的区别特征相关的词汇范畴影响人们对颜色的感知。研究者首先让受试把四个渐变的颜色（深绿、浅绿、浅蓝和深蓝）归为蓝色和绿色两类或浅色和深色两类。接着，受试需要完成一个色环搜索任务。研究结果显示，受试在完成"蓝色—绿色"启动任务后，色环搜索任务中出现的CP（category perception，颜色类别知觉）效应扩大，在完成"浅色—深色"启动任务之后，CP效应缩小。该研究说明受试对颜色的感知受到语言相关的启动任务的影响，从而支持了语言相对论。Vukovic & Lesaux（2013）对75个英语本族语者和92个不以英语为母语的儿童进行了为期四年（从小学一年级到四年级）的跟踪研究，并用结构方程模式（SEM）评估了儿童的语言能力和数学内容（算术、数据分析/概率、代数与几何）的关系。研究结果显示，儿童的语言能力可以预测其数据分析和几何能力，但不能预测算术和代数成绩。这说明语言影响儿童对数学内容的理解。也有研究通过心理实验对文化相对论和语言相对论进行了讨论（Beller et al., 2015；Tajima & Duffield, 2012）。例如，Beller et al.（2015）通过语态分配任务（voice assignment task）发现，文化因素比语言因素对语态分配任务的影响更大，从而支持了文化相对论。

在采用实验方法之前，认知语言学对语言与思维关系的研究仅仅是通过从理论上举例来证实或者证伪语言相对论这一假设。心理实验方法的采用使这一研究的重点转向了语言使用者的心理层面，可以更直观地观察到语言获得、产生与发展背后的认知机制。另外，心理实验方法还可以通过控制变量的方式更加精确地测量语言的各个方面与语言使用者特定思维之间的关系。

第二，心理实验方法为认知语言学对语言与身体经验关系的研究提供了证据。具身认知（Lakoff & Johnson, 1980）提出以来，身体经验与语言加工的关系一直是认知语言学的热点研究。具身认知是指身体在认知过程中发挥着关键作用，认知是通过身体的体验及其活动方式而形成的（孟伟，2007）。认知语言学认为语言不是一种自主的认知能力。这说明语言和其他认知能力一样，是被身体及其活动方式塑造出来的。大量研究通过心理实验方法对此进行了论证，特别是通过探究心理模拟的现实性来证明身体经验对语言加工的影响（Liu & Bergen, 2016；Shane et al., 2013；Speed & Vigliocco, 2014）。心理模拟是指运动感觉以及其他相关经验的心理模拟过程，是语言理解的一种手段，也是具身认知观的体现。Speed & Vigliocco（2014）采用视觉场景和口头言语

## 第3章 新时代认知语言学研究方法

（例如，"狮子缓步走向/冲向气球"）对语言的心理模拟进行了眼动实验研究。结果显示，视觉场景中被试对相关物体的注视时间受到句子动词速度、说话人的语速和视觉场景布局的影响。动作动词所表征的动作速度越快（如"冲向"），被试对路径区域的注视时间就越短。该实验支持了语言理解的心理模拟观。Liu & Bergen（2016）通过地点—句子兼容实验（location-sentence compatibility experiment）探讨了语言理解者对地点空间的心理模拟，研究统计结果显示，只有句子是进行时（非完成时）时语言理解者才能对地点进行心理模拟，另外，语言描述时间的具体/抽象性也影响语言理解者对地点空间的心理模拟。

从心理实验角度开展具身认知研究，是对认知语言学的具身哲学基础的证明，为其在心理方面提供更加直观的证据。心理实验方法的研究过程严格根据研究目的设计，而且能够对语言变量之间的关系做出客观的分析，所以其研究结果更加客观、可靠。用心理实验方法验证具身认知观增强了研究的可信度。

第三，心理实验方法为认知语言学探索语言加工的认知机制提供了新途径。下面以认知语言学对隐喻加工影响因素的探索和对语言加工跨通道整合的研究为例进行说明。首先，心理实验方法对概念隐喻的产生与理解做了不少研究，探讨了不同因素对隐喻加工的作用。例如，Troyer et al.（2014）通过启动范式和自定步数阅读（self-spaced reading paradigm）实验证明了视觉启动背景对隐喻理解速度有影响作用；Kacinik（2014）发现感觉运动系统影响隐喻理解的准确率；Feist & Duffy（2015）探讨了词汇、构式因素对隐喻理解的影响；Li & Cao（2018）使用了三个心理实验来探究时间标记对时空隐喻的影响。实验1测试了与个人相关的事件如何影响学生的时间概念；实验2测试了日历标记（如春节、清明节）对被试的影响；实验3测试了有过去或将来标志的场景如何影响被试的时间概念。实验结果显示人们的时间概念根据时间标志的不同而变化，支持了时间焦点假说。其次，语言加工的跨通道整合也是近期认知语言学领域心理实验方法研究的热点，研究者们注意到视觉信息、听觉信息等感觉信息对语言加工有不同程度的影响，语言加工是汇集了不同通道信息实时交互作用的结果（De Groot et al., 2016；Garoufi et al., 2016；Hafri, et al., 2018；Knoeferle & Guerra,

2016；van Bergen & Flecken，2017），从而支持了认知语言学的非模块假说。例如，Hafri et al.（2018）在实验中要求被试在一系列连续的男女交互场景中对目标做快速的性别判断，结果证明动态的视觉事件会影响语言的理解。

心理实验方法擅长从语言使用者或理解者的角度揭示语言产生、理解与发展背后的心理机制与认知过程。心理实验方法可以通过在线（可接受度判断、命名任务等）或离线（眼动、反应时间等）方式测量语言行为的实际心理过程及其所涉及的认知因素，通过这种方式获得的数据是语言实际使用中的数据，避免了实验者的主观性对实验数据的影响。所以，通过心理实验方法探索语言加工认知机制的研究结果具有客观性和科学性。

第四，心理实验方法是解决认知语言学中语言习得争议问题的一种有效方法，因为争论双方可以在实验操作和结论的效度和信度方面对争论焦点进行科学的讨论。实验方法在该方面的应用涉及对"双语优势""关键期假说""母语迁移"等方面的争论。例如，在语言习得领域对于是否存在"双语优势"一直存在争论。双语经验对认知产生系统的积极影响，这种现象被称为"双语优势"（Bialystok et al.，2009）。大量研究采用心理实验方法对该假设进行证明（Friesen et al.，2015；Kroll & Bialystok，2013；Morales et al.，2013），也有不少研究对双语优势相关文献进行了批评（Anton et al.，2014；Bialystok，2016；de Bruin et al.，2015；Paap & Greenberg，2013）。例如，Morales et al.（2013）对比了单、双语者对两个任务的执行情况，结果显示双语者在工作记忆方面有优势；Friesen et al.（2015）通过对单语者和双语者对视觉搜索任务的执行情况进行分析，发现双语者有更高的视觉注意控制能力；Kroll & Bialystok（2013）通过心理实验证明了双语者有更好的语言抑制力。反对者从"双语优势"支持者的实验科学性方面对其结论进行了反驳。Bialystok（2016）认为以往对双语优势现象的心理实验研究至少存在两大问题导致研究结论不成熟。首先，研究者对双语现象的细分不足，不能排除其他复杂因素的干扰。例如，有的研究（Anton et al.，2014）中被试的双语水平不一致，有的研究（Paap & Greenberg，2013）中被试的母语和文化背景复杂多样。因此，实验难以排除这些因素对结果的影响。其次，研究者所采用的实验任务单

## 第 3 章　新时代认知语言学研究方法

一。例如，Bialystok et al.（2004）仅采用了西蒙任务（Simon task）、Kousaie & Phillips（2012）仅采用了斯特鲁普任务（Stroop task）对双语的影响作用进行分析。由于双语者的认知能力是由综合因素构建的，所以只测量单一成分不能说明认知能力是否得到了增长，因而"双语优势"的存在也不能得到证明。

心理实验方法的实验步骤、实验结果和结论都是公开的，可以供他人进行重复检验和证明，体现了科学研究的可重复性和可证伪性。对"双语优势"的争论就是在这样的基础上进行的，支持"双语优势"的研究者通过心理实验证明双语经验对认知能力有积极的影响作用，而反对者可以通过指出其实验过程的错误来反驳"双语优势"支持者的结论，也可以通过进行心理实验来证明"双语优势"确实不存在。认知语言学的研究就是在这种争论中得到进步的。

第五，心理实验方法对语言习得问题的研究还体现在它为揭示语言发展背后的认知机制提供了新方法。语言习得研究广泛采用心理实验方法对儿童在语音、词汇、语义、句法、构式等方面的发展进行研究，认知语言学视角下的语言习得研究特别关注语言发展背后的认知机制。以儿童的构式习得发展为例，这类研究以回答"构式如何且为何可以被习得"（Goldberg，2006：3）这一问题为目的，主要关注影响构式习得的制约因素、构式习得中普遍认知机制的作用原理、构式习得中构式意识的形成过程和发展层级等领域（Ambridge，2013；Hijazo-Gascón et al.，2016；Madlener et al.，2017；Zhang，2017）。例如，Ambridge（2013）以英语本族语儿童为对象，对 un- 前缀动词构式使用的泛化错误进行了研究。通过动词可接受度测验，研究发现占位（preemption）（Goldberg，1995）对构式的过度泛化有抑制作用。Madlener et al.（2017）通过研究德语儿童的自发语言和德语儿童和成人对 Frog Story 的诱导叙述，发现儿童对构式的习得在信息复杂性和信息密度上是渐进发展、从而接近成人水平的。

心理实验方法不仅能通过观察语言的在线加工过程来探索语言习得的加工机制，还能通过跟踪实验的方式探讨语言加工的发展过程，为探讨语言发展背后的认知机制提供了途径，从而促进了认知语言学在该方面的发展。

## 2. 心理实验方法的优势、不足与发展

心理实验方法在认知语言学领域有着广泛的适用性。在基础研究方面，心理实验方法在探讨语言与思维的关系、语言与身体经验的关系、语言加工的认知机制等方面都有着不可替代的优势；在应用研究方面，心理实验方法在解决语言习得领域的争端、探索语言发展中的认知机制等方面也有不可忽视的好处。其优势主要有以下几点：

第一，心理实验方法可以严格控制变量，从而研究被试在语言刺激或任务下所涉及的认知机制或认知过程。例如在语言与思维的关系研究或语言与身体经验的关系研究中，实验者可以通过控制变量的方式对语言的各个方面与语言使用者思维或身体经验的某方面之间的关系进行测量。另外，心理实验方法的实验过程是严格依据研究问题和目的设计的，能对各个变量之间的关系做出客观的分析，因而其研究结果具有较高的效度和信度。

第二，心理实验方法具有可重复性和可验证性，其他研究者可以在其基础上进行深化研究。心理实验方法的实验步骤、实验过程、实验结果和结论都是公开的，可以供他人进行重复检验。这一优势在认知语言学关于语言习得争论的探讨方面得到了突出的体现。例如，"双语优势"假说的支持者和反对者可以通过指出对方实验中的不足来反驳对方研究的结论，从而推动"双语优势"研究的深化与进步。

第三，心理实验方法可以对认知语言学其他研究方法进行补充，提高认知语言学研究的可信度。例如，内省法过于主观的弊端常被研究者所提及，心理实验法可以通过分析研究对象的客观表征检验内省的结果，特别是检验认知语言学理论假设，以增加假设的可靠性。再如，语料库方法以提供统计数据见长，而心理实验方法可以提供心理现实性证据，一项研究中语料库方法和心理实验方法所获得的结果的一致性能增加该研究结论的可信度。

心理实验方法也有其不足之处：心理实验方法为了研究单个变量的作用，会严格控制其他变量，从而屏蔽了整个社会环境对语言现象的影响，这就导致了去语境化（decontextualization）问题（Talmy，2007）。对于认知语言学来说，涉身性是基本前提。语言不是完全抽象的，是以

我们的身体经验和所处环境为基础的。人们所处的环境对语言有很大的影响作用，因此在实验中要充分考虑影响语言认知的环境因素。

为了弥补实验方法的不足，认知语言学研究采取将心理实验方法与其他研究方法相结合的方式进行研究。例如，实验方法与多模态方法的结合可以充分考察语言与其他模态间的关系，从而更加深入探讨人类认知的一般规律（Beaudoin-Ryan & Goldin-Meadow, 2014; Koppensteiner et al., 2016）；心理实验方法与语料库研究方法的结合可以通过对大量真实语料的统计来证实心理实验的结论（Ellis et al., 2014; Roland, 2018）；心理实验方法与神经实验方法的结合可以测量自然环境中的语言加工机制（Richlan, 2014; Schuster et al., 2016）。

## 3.1.5 神经实验方法

神经实验方法源自神经科学，主要指通过一些仪器设备观察研究大脑认知活动的实验方法。早在19世纪后半叶就有一些学者致力于研究言语活动的神经机制问题，通过使用神经解剖方法研究失语症病人，Broca发现大脑左半球的额下回后部与口语表达有关，与之齐名的Wernicke发现大脑左半球颞上回后部与语言理解有关。现代广泛应用的神经实验法主要有神经影像学技术，如正电子发射断层扫描（positron emission tomography, PET）、功能性磁共振（functional magnetic resonance imaging, fMRI）、弥散张量成像（diffusion tensor imaging, DTI）、快速经颅磁刺激（transcranial magnetic stimulation, TMS）和神经电生理学技术，如事件相关电位（event-related potential, ERP）、脑磁图（magnetoencephalography, MEG）等，这些无创伤神经科学技术可以对脑损伤患者和正常人的大脑语言功能进行研究。

在认知语言学研究领域，使用较多的神经实验方法主要有ERP和fMRI。ERP是指特定刺激在脑区引起的相应的电位的变化。其成分N400由Kutas & Hillyard（1980）发现，被认为是句子语义加工开始的标志；P600标志着对句法结构的再分析（Friederici, 1995）或整合（Kaan et al., 2000）。fMIR能够对刺激所激活的脑功能区进行解剖学定位，主要应用于运动、听觉、视觉、语言、记忆脑皮质定位和儿童脑发育评价等方面。

## 1. 神经实验方法对认知语言学的影响

神经实验方法不仅可以为语言习得理论、非模块观和具身认知观等理论提供神经实在性证明，还可以应用于人工智能中的自然语言处理研究。下面从这三方面说明神经实验方法对认知语言学的影响。

第一，神经实验方法为认知语言学在习得方面的研究立足于基于使用的语言习得观，考察母语和二语习得的认知机制、语言习得的内外部影响因素，以及基于使用的语言习得理论提供了神经实在性支持。

首先，神经实验方法就"母语加工与二语加工的认知机制是否相同""双语或多语是否对语言使用者认知能力有积极影响"等问题展开了深入探讨，通过考察语言加工的时间和加工涉及的脑部区域，为其提供神经层面的证据支持。有很多研究对双语加工的脑机制进行了探索，大部分的研究都采用了 fMRI 技术。双语者在语言加工过程中需要在两种语言之间转化、抑制一种语言而激活一种语言，所以相较单语者会激活更多与执行功能相关的脑区。例如，Buchweitz & Prat（2013）通过 fMRI 技术发现，双语者对两种语言进行转换和控制时会激活执行功能的核心脑区背外侧前额叶，这说明双语经验对执行能力的发展有积极影响。Grant et al.（2015）采用 fMRI 技术对美国学生中西班牙语二语习得者进行了为期一年的追踪实验，研究发现语言控制中枢的活动减少，而二语经验使颞中回等区域的联系增加，这些区域是控制中枢与语义加工的重要脑区，表明双语经验不仅使语义加工的脑区功能发生了改变，也使控制中枢与其他区域间的联系产生了变化。Luk et al.（2011）采用 fMRI 和 DTI 技术对老年单语者和老年双语者的白质完整性进行研究，研究发现老年双语者在胼胝体、双侧上纵束等上拥有更高密度的脑白质区，这说明双语经验有利于保持白质的完整性。以上研究说明双语经验不仅能对认知能力有影响，还能改变脑区的功能或者联结方式，甚至可能改变大脑的解剖结构。

其次，神经实验方法通过 ERP、fMRI 等实验数据说明语言加工能力、习得年龄、母语迁移等内外部因素对语言习得的影响作用，从语言的载体大脑内部提供实证证据。例如，研究者们通过 ERP 和 fMRI 实验，证明了多种因素对二语习得的不同程度的影响，如外语水平（Bowden et al.，2013；Steinhauer，2014）、二语相似性和习得环境（Morgan-Short，2014）、语言习得方式（Morgan-Short et al.，2012；Waldron & Hernandez，2013）、语言熟练度（Foucart & Frenck-Mestre，2012；Waldron & Hernandez，2013；Yusa et al.，2011）、母语迁移（Caffarra et al.，2015；Tolentino & Tokowicz，2014）等。这些因素也会互相作用，共同决定二语加工的神经认知模式。在这些研究中，Waldron & Hernandez（2013）通过采用 fMRI 技术发现，在第二语言的句法加工中，语言熟练度弱的学习者激活左半球与感觉运动相关的脑区，而熟练度强的习得者偏向激活与执行控制功能相关的脑区，这说明了语言熟练度对二语习得的影响作用。Meulman et al.（2015）采用 ERP 技术对以斯拉夫语为母语的德语习得者进行实验，研究发现，从儿童早期开始学习德语的二语习得者在句法违反范式中显示与母语加工类似的 P600 效应，而从儿童晚期开始学习德语的二语习得者只出现顶区 N400 效应，这说明从儿童晚期开始学习德语的二语习得者与从儿童早期开始学习德语的二语习得者所使用的加工策略不同。该研究体现了习得年龄对二语加工的影响。

在认知语言学领域，神经实验方法在语言习得中的研究应用较为广泛，包括对语言习得的神经认知机制研究、影响语言习得的内外部因素研究等。神经实验方法在该领域的研究有其他研究方法不可替代的优势：（1）神经实验能从语言加工的时间和加工涉及的脑部区域来推测语言习得者所采用的加工策略。例如，具有高时间分辨率的 ERP 技术所测量到的 N400 是语义加工的体现、P600 是句法加工的体现，而具有高空间分辨率的 fMRI 技术能够测量到语言刺激所激活的脑区，从而分析该脑区与哪些认知功能（如执行控制）相关。（2）神经实验能够获得实时在线的脑神经加工数据，便于进行母语加工和二语加工过程的比较。例如，上文提到 Meulman et al.（2015）采用 ERP 实验对二语习得者和母语习得者所使用的语言加工策略进行比较，发现早期二语习得者在句法加工时出现了与母语句法加工一致的 P600 效应，这就说明早期二语习得者和母语习得者使用了类似的加工策略。

第二，神经实验方法为认知语言学的非模块观和具身认知观等理论提供了神经实在性证据。

首先，神经实验方法关于语言加工脑区的研究为认知语言学的非模块观提供了神经现实性证据。神经成像研究方法对大脑区域功能的研究发现，大脑中没有专门的脑区负责语言的某种加工，即使是很简单的语言任务也会激活多个脑区，语言加工是大脑脑区间相互协作的结果（杨玉芳，2016）。越来越多的研究发现，语言加工任务是由多个脑区共同完成的，与动态的神经网络相关。Desai et al.（2011）采用 fMRI 技术比较了被试对字面意义（例如 "The daughter grasped the flowers."）、隐喻意义（例如 "The public grasped the idea."）、抽象意义（例如 "The public understood the idea."）这三类句子的神经反应，研究发现理解动作类隐喻会同时激活感觉皮层和运动皮层，并且随着隐喻熟悉度的提高，运动皮层的虚拟激活会渐渐抽象化。这说明对隐喻的理解需要脑区之间的整合。Martin et al.（2015）分析了 20 个采用 fMRI 技术的成人阅读研究和 20 个使用 fMRI 技术的儿童阅读研究，分析发现阅读加工主要由一个左侧化的神经网络共同合作完成，这个网络由左侧颞顶联合区、颞枕区和前额皮层构成，表明阅读加工需要多个脑区的参与。Fedorenko & Thompson（2014）采用 fMRI 实验发现，语言加工是大脑多个脑区或者系统之间的动态协作过程。该研究把大脑网络结构分为核心成分（语言加工过程中出现稳定激活的脑区）和边缘成分（因语言任务不同而出现不同激活模式的脑区）。以上研究说明大脑中的各个功能区不是模块化的，而是表现出神经网络特点，支持了语言的非模块观。

其次，神经实验方法为认知语言学的具身认知观提供了神经实在性证明。具身认知观是认知语言学的哲学基础，认为语言是身体和环境互动的结果。镜像神经元的发现为具身认知提供了神经生物学证据（叶浩生，2012）。镜像神经元是指大脑皮层中出现的一种感觉—运动神经元，它的特点是动作知觉和动作执行两个阶段都被激活（Corballis, 2015）。镜像神经元首先在对恒河猴的实验中被发现。通过神经实验的脑成像技术，研究者们发现人类大脑皮层也可能存在镜像神经元（Mukamel et al., 2010）。Small et al.（2012）回顾了使用 TMS、MEG、PET、fMRI

## 第 3 章　新时代认知语言学研究方法

等神经成像技术对镜像神经元的研究，发现镜像神经元的关键脑区和重要的语言功能脑区重合，如布洛卡区、韦尼克区、腹侧前运动皮质、下顶叶（缘上回、角回）等，这种重合说明了身体动作知觉系统是在语言加工中起重要作用的关键区域，如左侧（前中央回）和中（辅助运动区）前运动皮层。Lam et al.（2017）通过 EEG 技术对被试加工动作动词所激活的脑区的活跃程度进行了研究，研究发现动作动词所激活的运动脑区的活跃程度与动词内容相关，动作的特质越明显，脑区的活跃程度越高。以上对镜像神经元和运动相关脑区的实验都表明语言的产生或理解依赖身体经验，支持了具身认知观。

神经实验方法从脑神经的微观层面为认知语言学理论与观点（如具身认知观、非模块观等）提供了神经实在性证明，具有独特优势：（1）神经实验方法提供的数据在时间上或空间上都有极高的精度，可以体现语言加工过程中脑神经在时间维度上或空间维度上的状况。例如，fMRI 技术能够反映被试受语言刺激所激活的脑区，并且能够进行精确的解剖学定位，可以精确到 1~2 毫米，能够精确地反映脑区的状况。研究者们通过 fMRI 技术发现特定的语言刺激并不只激活单一的脑区。而且，fMRI 技术能够定位与语言某方面相关的脑区，从而发现该脑区与其他认知活动相关脑区之间的关系。另外，EEG 技术能够提供实时的语言加工中的脑电数据，具有极高的时间分辨率，如 ERP 的时间分辨率能够达到 1~2 毫秒甚至更低，可以反映语言加工随加工时间变化的特点。EEG 的另一个特点是可以体现大脑的活跃程度，从而进行对比研究，比较哪种语言刺激能够激活大脑更大的活跃程度。（2）神经实验方法能够提供语言实时加工的数据，体现被试对语言加工的即时反应，不仅能反映语言背后的加工机制，还能反映语言在线加工的过程。过去的行为实验方法得到的是滞后的离线数据，而神经实验方法提供的是实时加工过程及实际语言加工过程中的数据。这大大提高了研究的可靠性，因为有的加工过程可能在行为上没有区别，但是在神经实验的数据上却有所差别（靳洪刚等，2019）。

第三，神经实验方法在认知语言学研究中的应用成果为人工智能研究提供了参考，特别是语言情感加工研究的成果可以为自然语言处理（NLP）中的情感识别提供借鉴。EEG 与 fMRI 等神经实验技术对语言情感信息加工的研究发现，语言情感加工能够诱发特定的脑电信号（Leuthold et al.，2012；Leuthold et al.，2015；Wang et al.，2015；Schindler & Kissler，2016）以及激活特定的脑区网络（Keuper et al.，2014；Burin et al.，2014；Hsu et al.，2015）。研究者们收集相关脑电数据和脑区数据，采用人工神经网络建立情感分析模型，从而促进自然语言处理的发展。ERP技术对语言情感的研究发现，语言的情感信息能够诱发特定的ERP成分，例如，Tempel et al.（2013）通过ERP技术发现，情绪词比情绪图片更能引发更大的LPP成分；Kuchinke et al.（2014）的研究发现消极词比中性词更能引发更小的P1波幅；Leuthold et al.（2015）通过采用ERP违反范式发现，被试对情绪性语境和道德行为的不一致会诱发更大的P200；Wang et al.（2015）发现情绪性语境中名字信息的不一致会诱发更大的N400和P600。另外，采用fMRI、MEG等技术对语言情感信息加工的研究发现，语言情感加工所激活的脑区包括杏仁核、腹内侧前额叶等，涉及情感加工脑区和语言加工脑区。例如，Wallentin et al.（2011）的研究发现，高唤醒度的情感语言会激活被试的右侧杏仁核、双侧颞叶等脑区；Keuper et al.（2014）通过EEG和MEG发现，情感词的加工会激活视觉皮层、额叶和顶叶区域及杏仁核等与情感处理相关的脑区；Hsu et al.（2015）通过fMRI技术发现，被试在加工情感故事时，情绪相关脑区杏仁核、海马与旁和语义加工相关脑区左侧额下回和双侧颞叶前部都得到了激活。这些研究结果都可以为自然语言处理中的语言情感信息理解和识别提供参考数据。

　　语言的情感研究是自然语言处理中的难点，神经实验方法在语言情感研究中的应用为其提供了启示。基于脑神经实验对语言情感信息的加工数据，可以为语言情感理解、识别建立计算模型，从而促进类脑人工智能的发展。在这方面，神经实验方法有着不可替代的优势：神经实验方法是对人脑神经加工数据的测量，为类脑人工智能研究提供精确的在线脑神经加工数据。首先，情感计算、深度学习等人工智能研究都需要以人类大脑的认知加工过程为基础进行模拟。例如，人工神经网络就是受到生物脑神经网络的启发而发展的，计算机可以通过人工神经网络模拟人脑的加工过程。其次，脑神经实验技术如EEG、fMRI等能够收集实时的、精确的脑神经加工数据,为情感建模提供数据。EEG 脑电技术能够提供语言实时加工的脑波数据,其加工时间可以精确到毫秒,比行为实验数据要精准得多;fMRI 技术能提供语言在线加工的脑区定位数据,其精度可以达到毫米。这些准确的数据都可以作为建立自然语言处理计算模型的基础,所以神经实验方法对语言情感的研究为情感建模提供了参考。

## 2. 神经实验方法的优势、不足与发展

神经实验方法对认知语言学的发展起了非常重要的作用。一方面,它为认知语言学基于使用的语言习得观提供了证明。另一方面,神经实验方法通过观察语言加工的大脑区域,发现各个脑区是互相协作的关系,从而为非模块观提供证据;通过对镜像神经元与运动相关脑区的研究为具身认知观提供了证据。该方法不仅对传统的认知语言学习得理论和哲学基础进行了神经层面的证明,还为自然语言处理提供了借鉴。神经实验方法有着其他方法不具备的优势:

首先,神经实验方法有较高的时间分辨率和空间分辨率,研究者能够从语言所激活的脑电和脑区数据来推测语言背后的加工机制和加工过程。ERP 技术的采集频率可以精确到 1~2 毫秒,能够展现大脑随时间变化的认知加工特征。例如,ERP 成分 N400 是语义加工开始的标志,而 P600 与句法加工相关。fMRI 技术的空间分辨率可以精确到 1~2 毫米,能够精准定位认知加工所涉及的大脑区域。例如,研究发现双语者比单语者在语言加工过程中更多地激活背外侧前额叶,而该脑区是执行控制功能的核心脑区,这说明双语经验对执行控制功能有影响。

其次,在语言习得研究中,语言使用者所使用的加工策略也可以从不同脑区和不同时间上大脑的激活程度中推导出来。同时,母语加工和二语加工的认知机制的异同也能够从中推测出来,从而促进语言的对比研究的发展。另外,通过神经实验,研究者能够准确判断二语习得者的语言水平是处于初级、中级还是高级阶段。例如,有些习得者虽然学习时间相对较短,但如果能显示与母语加工者一致的 ERP 效应,则说明该二语习得者已经达到了高级水平。同样的方法可以用于判断学习时间

长的二语习得者是否达到了中高级水平。

再次，语言的情感研究是人工智能对自然语言处理中较难突破的瓶颈，在神经层面对语言的情感信息加工进行探讨能够为其提供启示。神经实验收集到的精确数据能够帮助构建类脑人工智能情感计算模型。类脑人工智能需要模拟生物脑神经机制和认知行为机制，然后通过计算建模的手段使机器具备人类所具有的多种认知能力和协同机制。情感研究的脑神经实验发现，语言的情感信息加工能诱发特定的脑电信号以及激活特定的脑区。收集这些脑电信号数据和脑区数据有助于构建语言情感模型，使机器具有情感识别、理解的能力。

最后，相较行为实验，神经实验采集的数据是在线的，其被试群体也更广泛。神经实验方法收集的数据都是实时、在线的脑神经认知加工数据，反映了即时的认知加工过程。而行为实验收集的大都是离线加工数据。另外，神经实验方法不仅能够对成人进行实验，还能够对婴儿的语言加工过程进行观察；不仅能够对脑部受损的病人进行研究，还能够对正常人的脑神经机制进行测量。这大大拓展了认知语言学研究的深度与广度。

神经实验方法也有其不足之处：（1）对于神经实验方法而言，实验的设计的不同可能会导致实验结果不一致。首先，实验变量的控制至关重要，有些研究就是因为没有控制好变量而得到不同的结论。例如，在二语习得水平影响因素的研究中，如果要考察习得年龄对二语水平的影响，就要严格控制二语熟练度、母语影响等其他变量。其次，脑区的激活受到刺激材料的影响。例如，在两个实验中，刺激任务呈现的句子复杂度的不同会导致激活的脑活动不同；视觉任务和听觉任务所诱发的脑活动也不同。最后，脑区的激活还受到任务要求的影响。例如，ERP成分LPP是语言情感加工的一个晚期成分，对该成分的研究结果表现不一致，有研究发现积极词比消极词更能诱发更大的LPP（Zhao et al., 2018），而有些研究则得出了相反的结果（Espuny et al., 2018）。这些不一致的结果可能是受到了任务类型的影响，因为LPP效应可能不会出现在词汇水平加工任务中而会出现在语义加工任务中。（2）神经实验方法中的各种脑神经成像技术都有其各自的不足。例如，EEG和MEG虽然具有较高的时间分辨率，但其空间分辨率低，反映的主要是较早的语言加工过程，且不能提供确切的脑区分布信息；fMRI 虽具有较高的空间分辨率，能够提供精确的脑区定位信息，但其时间分辨率低，反映的主要是相对较晚的语言加工过程。另外，除了 ERP 设备，其他神经实验设备如 fMRI、PET、MEG 等造价高昂，难以广泛应用。

为了弥补这些不足，研究者们不仅在实验设计上更加严谨，还把不同的脑成像技术结合起来。ERP 具有高时间分辨率，但空间分辨率低；fMRI 具有高空间分辨率，但时间分辨率低；DTI 可以显示脑区与其周围的白质之间的联系，但空间分辨率不如 fMRI。所以，根据实验需要综合运用多种成像方法可以增加实验的精确性和可靠性。例如，fMRI 与 DTI 的综合使用能更有效地分析脑区功能和脑区之间的连接。在对双语优势的研究中，Luk et al.（2011）采用 fMRI 和 DTI 技术对老年单语者和老年双语者的白质完整性进行了探索，研究发现老年双语者在胼胝体、双侧上纵束等上拥有更高密度的脑白质区，这说明双语经验能够改变脑区的功能或者联结方式，甚至可能改变大脑的解剖结构。

## 3.2　认知语言学研究方法近 10 年的新发展

近 10 年，内省法、语料库研究方法、多模态法等研究方法都得到了长足的发展。内省法的发展主要体现在与实证研究方法更加紧密结合方面，语料库法、多模态法、心理实验法与神经实验方法这四类实证研究方法的发展表现出共同的特点：（1）研究方法本身得到改进。例如，基于语料库的量化研究方法在几年间迅速发展、多模态语料库规模和范围扩大、心理实验和神经实验研究范式改进、神经实验与心理实验相结合等；（2）研究方法拓展了认知语言学研究的深度与广度。例如，语料库研究方法深化了隐喻的跨语言研究，深化了其在隐喻自动处理中的运用，多模态研究方法的实验材料、研究问题和模态范围都有所扩大和深化，心理实验方法对时间与空间关系展开了更加深入的探讨，神经实验方法开始尝试解决认知语言学中的传统理论问题，等等。下面对各个研究方法近 10 年的发展分别进行探讨。

### *3.2.1* 内省法与实证研究方法紧密结合

近 10 年，内省法与实证研究方法产生了更加紧密的结合。认知语言学近几年的研究更加重视内省法与语料库研究方法等实证研究方法的结合、定性与定量研究方法的结合。这种结合充分体现在了语料收集、实验设计、结果分析等方面。

首先，就语料库研究方法而言，语料的收集、整理、标注和分析的过程都需要内省方法。研究者根据研究需要、依靠内省选择合适的语料库；在语料的收集过程中，研究者依靠内省把用法不规范的语料和所需语料分开。另外，对语料分析结果的解释也依靠内省方法。例如，田臻（2014）通过语料库法与内省法相结合的方法对英汉存在构式与动词语义互动关系进行了探索。研究先对英汉存在构式与构式的搭配强度进行计算，然后在此基础上通过内省分析了构式与动词的语义互动关系。Yu & Jia（2016）通过语料库与内省结合的方法分析了中文隐喻"生活是一个剧"。该研究首先对语言数据进行定性分析，研究发现，因为该隐喻的源域表达"中国戏曲"，所以"生活是一个剧"这个隐喻产生了大量中国文化独有的例子；然后采用基于语料库的定量分析方法，揭示该隐喻是中国文化重要的组成部分。Hummel（2018）采用语料库与内省相结合的方法分析了法语中动词和短副词组成的短语（简称 VA 结构）。研究首先用定性分析方法，发现短副词作为动词的修饰词，不仅能表达方式（manner），还能表达事件的其他特征，如参与者、工具、说话者的态度等；接着采用基于语料库的定量分析方法，发现 VA 结构进行语义调整的特征。

其次，在多模态方法的使用过程中，多模态语料的转录、编码和分析等步骤都离不开内省方法。在对手势语料进行转录时，确认手势、对手势与手势之间的界限进行区分以及确定手势的空间定位都需要内省方法。另外，对多模态研究结果的分析也需要内省法。例如，Brown & Chen（2013）通过多模态方法与内省法的结合对语言类型三分说进行了探讨。Brown & Chen 以普通话、英语、日语中语言和手势为对象，研究了语言和手势所体现的对方式（manner）的识解，以此探讨 Slobin（2004）提出的均等框架语言类型的观点。该研究的实验对象是 14 个汉语本族语者（均等框架）、13个英语本族语者（卫星框架）、16个日语本组语者（动词框架）。通过多模态方法，研究发现，汉语和英语本族语者比日语本族语者更重视方式的编码，当口语中缺乏方式表达时会通过加入手势来表达方式。与日语本族语者和英语本族语者不同的是，汉语本族语者在口语中重视方式的表达，却很少在手势中加入方式表达，而是加入移动的其他方面的表达，如路径（path）等。该研究通过对实验结果的内省，支持了语言类型三分法的观点。

下面对该研究的内省逻辑进行说明。Talmy（2000）区分了动词框架语言和附加语框架语言，指出动词框架语言把路径编码于动词中，如日语；附加框架语言把路径编码于附加语中而把方式编码于动词中，如英语。Slobin（2004）认为除了卫星框架语言和动词框架语言之外，还有第三种语言类型，即均等框架语言，这类语言的路径和方式的编码都在动词中，例如汉语。由于附加语框架语言（英语）比动词框架语言（日语）更加重视方式表达，所以当口语中缺少方式表达时会用手势进行补充，而当口语中有方式表达时会用手势来加强。均等框架语言（汉语）与前二者不同的是，当口语中有方式表达时，不会用手势来加强方式表达，而是用手势来补充事件的其他成分，如路径等。这说明在汉语中，方式和路径等其他事件成分都处于核心地位，难分主次，因此支持了Slobin的语言类型三分说。

最后，心理实验与神经实验方法的设计、分析都要以内省法为基础。实验设计中要控制变量，尽量去除其他因素对实验的影响。另外，对实验结果的分析也离不开研究者的归纳与综合能力。例如，Li & Cao（2018）所设计的实验验证了时间标记对时空隐喻的影响。三个实验充分展示了实验方法和内省法的结合。在对变量进行控制的过程中，研究者考虑到了年龄、性别、职业等因素对实验的影响，并对其进行了严格的控制；在对实验结果的分析过程中，研究者对三项实验的结果进行综合分析，并归纳这些语言现象背后的认知机制，从局部语言现象发现整体特点，充分显示了研究者的归纳、综合能力。

## 3.2.2 量化方法的改进及研究领域的纵深发展

据笔者统计，期刊 *Cognitive Linguistics* 近 10 年（2010—2019）使用最多的实证研究方法是语料库研究方法，其研究领域涉及构式（Dunn，2018）、词汇（Lemmens & Sahoo，2018）、隐喻/转喻（Lederer，2019）等。从 20 世纪 50 年代开始建设的各种大型语料库为研究提供了便利，如 BNC、COCA 等大型语料库。同时，随着技术的发展，基于自建电子语料库的研究也逐渐增多。语料库研究方法近 10 年的发展体现在以下两方面。

第一，基于语料库的量化研究方法得到改进与发展，极大地促进了认知语言学相关领域的发展。这些方法包括搭配分析方法、多维度分析方法（multidimensional analysis）、行为特征分析方法（behavioral profile analysis）、多因素分析方法（multifactorial analysis）等。

构式搭配分析法（Stefanowitsch & Gries，2003）广泛应用于对特定构式的研究，考察构式中的语义槽对词素的吸引或排斥程度。该方法已应用于近义构式、构式的语义倾向、构式的历时演变等领域（Liu，2013；Perek，2014；Perek & Hilpert，2017；Schönefeld，2015）。近几年，学者们就构式搭配分析方法的适用性以及优化方向等进行了讨论。例如，Baayen（2011）提出构式搭配分析法使用 p 值进行搭配强度测量存在统计学上的问题；Schmid & Küchenhoff（2013）提出该研究方法的优化方向应该是关注统计算法的语言学理据；Perek & Hilpert（2017）认为构式搭配分析法只适用于研究高频构式，若用于研究低频构式则研究结果会有偏差。

多维度分析方法主要用于分析口、笔语之间的差异以及其他类型的文本间或语料库间的差异。在 Biber（1988）提出多维度分析方法之后，Biber & Conrad（2009）分析了美国大学内的口语和笔语的差异，从收集到的语料中提取了 90 个特征，包括词类、语义范畴等，并在此基础上提出了多维度分析方法的步骤：建构语料库；提取语料特征；开发自动分析文本的计算机程序并对语言特征进行量化；采用因子分析法，分析语言特征的共现和共变关系；计算每个维度的分值；对因子分析所归纳的因子进行解释分析。随后，英国阿斯顿大学（Aston

## 第3章 新时代认知语言学研究方法

University)博士后研究员 Andrea Nini 在 2013 年开发了多维分析专用工具 Multidimensional Analysis Tagger(MAT),帮助研究者自动分析口笔语差异。

行为特征分析方法主要应用于词汇语义研究,应用于对同义、反义、一词多义等现象的考察(Liu & Espino, 2012; Jansegers et al., 2015)。Gries(2010)发展了 Hanks(1996)提出的行为特征(behavioral profile,BP)概念,对词汇行为特征方法做了详细归纳,并提出了行为特征方法的研究步骤:从语料库中收集词汇;对词汇的特征进行分析和标注;使用共现频率表展示词汇与其特征之间的共现频率;使用统计方法对表中频率进行分析。该方法不仅能基于大量语料对词汇特征进行描述,还能对所发现的现象进行理论解释,解决了以往词汇研究中研究范围过小、方法单一、缺乏解释力等问题。

第二,近几年,语料库研究方法扩展了认知语言学研究的深度和广度,表现在其对认知语言学理论进行了验证并深化了其应用。以隐喻研究为例,语料库研究方法通过考察隐喻的使用频率、搭配等来分析概念隐喻的特点,并且利用计算机技术构建概念隐喻加工的计算模型,以实现隐喻的自动处理。在语料库研究方法的影响下,概念隐喻研究近几年的进步体现在以下两个方面。首先,具体语义域的研究以及跨语言对比研究得到了拓展。例如,Rolf(2012)以流行歌曲中的爱情隐喻为语料,采用了语料库研究方法对其特点进行了考察。Yu & Jia(2016)以中文中的隐喻"生活是一个剧"为例,探索了文化中的隐喻表达。Simó(2011)通过语料库方法对比了英语和匈牙利语中以"血"为源域的隐喻,探讨了两种语言中该隐喻在频率、含义和使用模式上的异同。其次,由于隐喻研究的深入和信息技术的发展,基于语料库的隐喻计算模型研究方兴未艾。例如,Shutova(2010)对隐喻自动处理的计算模型进行了综述。Dunn(2013)使用自建的评价语料库,对比了 4 种隐喻识别系统的有效性。研究指出,由于计算机隐喻识别系统所依赖的隐喻理论不同,导致了隐喻识别有偏向性,并提出了根据隐喻识别系统各自的特点综合使用各种识别系统的方法。

语料库量化研究方法的进步提高了语料库研究方法的可靠性与可信度。同时,语料库方法在语言的使用层面从频率、搭配和分布情况考察语言的特点，一方面为认知语言学理论提供了验证方法，深化了认知语言学研究，另一方面也深化了认知语言学的应用，特别是在自然语言处理方面，基于语言学研究的计算模型得到不断完善。

### 3.2.3 多模态研究范围扩大及语料库建设

近10年来，多模态方法与认知语言学的联系越来越紧密。2019年第15届国际认知语言学大会论文征集通知中"Multimodality-sign Language"是论文征集主题之一。2017年在爱沙尼亚召开的第14届国际认知语言学大会70个小组讨论中，有9个与多模态相关。国际认知语言学协会会刊 Cognitive linguistics 在2017年第3期开展了多模态专题"Viewpoint Phenomena in Multimodal Communication"，收录了八篇从认知语言学角度探讨多模态交流的论文。Review of Cognitive Linguistics 在2013年开展了"多模态与认知语言学"（Multimodality and Cognitive Linguistics）专题，探讨了多模态与认知语言学的3个主流研究：认知语言学与多模态隐喻（Forceville & Urios-Aparisi，2009）、社会符号学与系统功能语法以及多模态互动分析（Jewitt，2009）。2015年，John Benjamins 出版社收集了该专题中的论文，出版了论文集。由国际认知语言学协会主席 Dancygier 编写的《剑桥认知语言学手册》（Dancygier，2017）包含了六个部分的主题，其中第二个部分的主题是"语言、肢体与多模态交流"，共收录了七篇文章，对多模态研究方法在认知语言学中的应用进行了探讨。本节从以下两个方面探讨多模态研究方法近10年的发展：多模态研究范围的扩大以及多模态语料库的建设。

第一，多模态研究方法的实验材料、研究问题和模态范围都有所扩大和深化，拓展了认知语言学研究范围。首先，除了认知语言学研究中广泛使用的文本（漫画、绘本等）、视频（广告、电影等）等实验材料外，多模态研究延伸到了对织棉艺术品（Dezheng & Kay，2013）、商标设计（Lorena，2015）、电子游戏（Forceville，2015）、网络模因（Dancygier & Vandelanotte，2017）等新兴材料的研究。例如，Dezheng & Kay（2013）以一块贝叶挂毯上的人物面部表情、身体姿态等为研究对象,分析了每个图像所表达的情感意义,证明了语言模态和视觉模态有一样的理想化概念模型。Borkent(2017)以漫画为实验材料,运用认知理论分析漫画如何综合运用角色、叙事者和叙事观点来讲故事。Hinnell(2018)以人们在使用北美英语中的五个体标记迂回构式时所使用的言伴手势(co-speech gesture)为研究对象,发现手势的时间长短、手势的触碰和手势的移动类型等随使用的体构式不同而产生变化。其次,多模态研究问题除了传统的隐喻/转喻、情感、幽默等研究,还出现了对电子叙事(Isabel et al.,2015)、漫画叙事(Borkent,2017)的研究。对多模态隐喻/转喻的研究也不断深化,如Pérez-Sobrino & Littlemore(2017)从跨语言的视角考察了广告中多模态隐喻、转喻的作用。最后,对手势的研究拓展到了节拍手势与指向手势的意义研究(Ruth-Hirrel & Wilcox,2018)、触觉手势(Mesch et al.,2015)研究、政治家的观点表达(Guilbeault,2017)等;对手语的研究拓展到了隐喻的手语翻译(Nilsson,2015)等方面。

  第二,近10年来,国内外建成了多个多模态语料库,帮助语言学家和其他研究者进行多模态研究。语料库的语料范围广泛,包括日常对话、口译交流、电视节目、课堂、讲座、人机互动等。语料一般采用音视频的方式进行采集,并对语音、手势、表情、目光等进行标注,甚至有的语料库还根据研究需要标注了心率、呼吸次数等生理信息。多模态语料库还提供多种模态的检索方式,如文字检索、音频输入检索、图像输入检索等。多模态语料库在认知语言学研究中有多个方面的应用,一方面,有助于认知语言学家探讨语言模态与非语言模态之间的关系,从而发现各个模态之间统一的认知规律;另一方面,以认知语言学家的研究为基础,多模态语料库可以帮助人工智能研究进行多模态建模,促进机器语言理解能力和学习能力的发展,从而帮助开展多模态人机互动研究。

  国外多模态语料库包括专门用途语料库,例如"测谎多模态语料库"(Mihalcea et al.,2013),以及综合用途的多模态料库,例如,Pápay et al.(2011)建成HuComTech多模态语料库,包含50个小时的匈牙利语日常对话、工作面试等主题的视频语料,目的是比较多模态交际中语言和非语言特征的异同;Frommer et al.(2012)建设了LAST MINUTE多模态语料库,录制了73名参与者与智能陪伴系统（companion system）之间的互动语料，研究目的是进行智能机器人的情感识别研究，促进多模态人机互动的发展。Caschera et al.（2014）建立了第一个可以免费使用的意大利语多模态语料库。

由于多模态语料库在建库方面的不足，近几年不少研究对其标注技术和多模态呈现方式进行了探讨。多模态语料库建设现阶段存在的问题之一就是语料标注复杂，其标注涉及语言信息（如语音、词汇、句法等）和非语言信息（如表情、手势、目光等），主要依靠人工，不仅受到主观性的影响而且费时费力。在多模态语料的标注技术方面，Jongejan（2010）尝试使用多模态分析软件 Anvil 对视频中的目光、表情等非语言元素进行自动识别和标注；Fanelli et al.（2010）探讨了采用 3D 技术进行人脸自动识别，从而帮助进行标注的方法；Kay et al.（2012）研发的多模态注解软件 Semiomix，实现了转录单位的灵活性。另外，鉴于多模态的呈现方式没有统一标准，Adolphs & Carter（2013）讨论了多种多模态呈现方式，指出组合关系的呈现（syntagmatic representation）更有利于后续研究。

国内多模态语料库的建设和研究与国外研究现状差距较大，尚处在起步阶段。国内对多模态语料库的理论探讨较多，而实证研究较少。例如，顾曰国（2013）对多模态语料库语言学方法进行了介绍；黄立鹤（2015）把多模态语料库称为语料库 4.0 版，并对其建设和应用进行了介绍；刘剑（2017）对国外多模态语料库建设情况及相关研究进行了述评。在实证研究方面，部分学者已经取得了阶段性成果，主要研究领域包括语料库语用学研究、口译研究、语类研究、语言习得研究等。例如，顾曰国（2013）已经建成"SCCSD"多模态语料库，现阶段正在致力于建设"痴呆老人话语多模态语料库"。刘剑、胡开宝（2015）报告了多模态口译语料库的建设情况，该语料库致力于服务翻译研究、口译教学、机器口译训练等。王正、张德禄（2016）通过语料库软件 UAM Image Tool 2.0 建立了由 100 个期刊封面组成的多模态语料库，该语料库对期刊封面语类进行了标注和分析，并以统计分析结果为基础对其特征进行了归纳和描述。该研究在认知语言学原型理论和功能语言学语类结构潜势的基础上，提出了"多模态语类结构原型"概念，为期刊封面设计提供了理论指导。谢楠、张笛（2017）报告了汉语儿童多模态口语语料库的建设情况，该语料库收集了八名1到6岁的学前儿童的口语数据，进行了长达五年的跟踪口语多模态记录。记录内容包括口语词汇、语法等的获得和使用情况，该研究的终极目的是为了解决儿童母语获得"先天论"和"后天论"的争端。

综上，多模态研究方法在近10年有较大的发展，对认知语言学研究的影响也在不断加深。一方面，多模态研究拓展了认知语言学研究范围。另一方面，多模态语料库的发展为探讨语言模态和非语言模态的统一认知规律和促进多模态人机互动提供了途径。多模态研究方法在推动认知语言学理论发展及其应用方面都有巨大潜力。

## 3.2.4 时空关系研究的深化及汇流证据的使用

心理实验方法能观察到一些微妙的认知过程，能体现语言使用的心理现实性。近几年，心理实验法的发展主要体现在两方面，一是深化了认知语言学的研究，例如对时空隐喻的研究；二是与其他实证方法的结合，例如心理实验可以从本族语者的行为方面证实语料库研究结果。下面分而述之。

第一，心理实验方法对时间与空间关系进行了更加深入的研究。时间与空间关系是认知语言学研究的重要议题。认知语言学协会主席Dancygier主编的《桥认知语言学手册》(*The Cambridge Handbook of Cognitive Linguistics*)中的六大主题之一就是时间与空间的关系。在语言中，时间概念通常由具体的概念来表征，而空间概念最常用来表示时间，从而形成了时空隐喻。心理实验方法在探讨时空关系中起到非常重要的作用，主要体现在对时空隐喻的研究方面。

首先，心理实验方法加深了认知语言学研究对时空隐喻的理解。近几年的研究发现时空隐喻理解的影响因素是多方面的，文化、语言因素等都能起到影响作用。例如，Duffy & Feist（2014）研究了英语中关于时空隐喻的两种不同观点：时间移向自己和自己移向时间。通过实验，研究发现生活方式和性格的不同会影响人们对时空隐喻的理解。为了弥补语言因素对时空隐喻影响的研究空缺，Feist & Duffy（2015）通过两组实验测试了人们对"Next Wednesday's meeting has been moved forward by two days."这句歧义隐喻的理解，研究发现词汇因素和构式因素共同影响人们对时空隐喻的解读。Li & Cao（2018）基于时间焦点假说，用三个实验说明时间标记（与个人相关的事件、节日、事件标记场景）能够影响人们对时空隐喻的理解。

其次，与多模态方法的结合使心理实验方法能够从手势、手语等角度出发研究时空隐喻，从而更加深入地探讨语言与思维的关系。以往的研究以时空隐喻为切入点，认为手势的使用受到语言的影响，近年来，越来越多的研究证明手势中的时空隐喻更多地受到文化因素的影响。言伴手势是人们对时空概念理解的心理表征的方式之一，在用口语表达顺序性时间句时，人们习惯使用带有方向性的手势，如"前后""上下""左右"等方向，并且不同语言使用者有不同的偏好。例如，有的语言使用者偏向于"未来在前，过去在后"的时空隐喻模型，而另一些则倾向于使用"未来在后，过去在前"的模型。对此现象大致有两种解释，一种认为语言所包含的时空隐喻模型影响了手势的使用；另一种认为手势所体现的时空隐喻映射是使用者文化、经验的体现。近年来，越来越多的研究证明了口语中的时间顺序性和时间手势并不具有一致性，甚至出现截然相反的模式，由此批判了语言决定手势使用的说法。例如，de la Fuente et al.（2014）通过心理实验发现摩洛哥马格里布人在口语中使用"未来在前，过去在后"的时空隐喻模式，但是在手势中却倾向于使用"未来在后，时间在前"的模式。该研究认为文化因素是影响时空隐喻使用的主要因素。Casasanto & Jasmin（2012）也通过心理实验发现英语本族语者并不是在任何情况下都使用"未来在前，过去在后"的时空隐喻模式。Chen & O'Seaghdha（2013）发现汉语本族语者使用的"上下"时空隐喻并不比"左右"时空隐喻多，由此证明了语言中的时空隐喻并不是影响时间手势使用的关键因素。以上几个实验都说明语言无法决定语言使用者的时空心理表征，为探讨语言与思维的关系提供了新的角度。

第二，语料库与心理实验方法交叉验证的研究增多。在 *Cognitive Lingusitics* 近 10 年（2010—2019）出现的使用两种实证研究方法的文章中，使用语料库研究方法和实验方法进行交叉验证的研究最多；第 14

## 第3章　新时代认知语言学研究方法

届国际认知语言学大会摘要中使用多种研究方法的有九篇，其中八篇是语料库和心理实验研究方法的结合。

语料库方法与心理实验结合的思路是先收集语料库数据和实验数据，然后考察语料库数据和实验数据得出的结论是否具有一致性。语料库研究方法通过观察分析语言的频率、分布以及搭配等来探讨语言的本质，只能观察到已经产出的语言，而心理实验方法可以观察到语言的产出过程，可以从心理现实性方面证实语料库研究结果。每种研究方法都有其优势和不足，各方法之间有很大的互补性（Talmy，2007），语料库方法与心理实验方法的汇流证据有助于提高研究的信度与效度。

近几年，语料库方法与心理实验方法的结合已应用于隐喻、构式、词组交替等研究。例如，Lichtenberk et al.（2011）通过使用心理实验方法和语料库研究方法解读了大洋洲语言中的可转让所有关系和不可转让所有关系，实验1和实验2为心理实验、实验3为基于语料库的分析，这三个实验都证明了不同类型的可转让所有关系在语法上的区分是被激发的。Chen & Jing-Schmidt（2014）使用动词诱导实验和构式搭配分析普通话LVS构式中动词的词义和其与语法体的搭配。结果发现LVS范畴与持续体、完成体以及表结果和表方向的词汇体兼容，且语法体对LVS中动词的吸引是分层级的而不是无限制的，这两个实验的汇流证据表明LVS构式的动词范畴有较强的图式性和能产性。Ellis et al.（2014）使用实验方法和语料库方法对动词—论元构式（VAC）进行了探讨，重点讨论该构式的加工通过何种方式受到使用的统计模式的影响（类符—型符使用频率分布，VAC—动词偶然性，动词—VAC语义原型性）。实验方法采用的是自由联想和动词流利度任务，实验1让285位英语本族语者对动词缺失的VAC构式进行填空，如"he ＿＿ across the…"和"it ＿＿ of the…"。实验2让40位英语本族语者在一分钟内填写尽可能多的动词。最后该研究把实验结果与容量为1000万词的语料库分析结果进行对比，分析其语义网络结构。两个实验都使用多元回归分析法，结果证明动词—论元构式（VAC）的加工受到形式、功能、频率、偶发性和原型性的影响。Roland（2018）分析了德语中度量名词词组的交替使用情况。研究使用语料库方法证明了词汇的、形态句法的以及文体的特征能够预测度量名词词组的选择，分析结果显示除了原型效应，范例效应也影响其选择，并且通过两个实验从本族语者的行为方面证实了该结果。

总之，近几年，心理实验方法深化了认知语言学传统领域的研究，也为新的研究领域提供了途径。心理实验与多模态方法的结合使认知语言学关于时间与空间关系的探讨更加深入。心理实验对语料库研究方法进行了有益补充，提高了研究的信度和效度。

### 3.2.5 传统理论问题的深化及实验范式的改进

神经实验方法能够从大脑内部观察语言产生、理解与使用的加工机制，近年来越来越受到认知语言学的重视。神经实验方法近10年的发展主要表现在以下两方面。

第一，神经实验方法对认知语言学的传统研究领域的研究取得了突破与进展。下面以构式语法和概念隐喻研究为例进行阐述。首先，神经实验方法为构式语法提供了新的研究思路，尝试在神经科学的基础上解决构式理论问题。例如，Allen et al.（2012）开创性地使用fMRI分析和区别相似语法构式，如与格构式（例如"Sally gave the book to Joe."）和双宾构式（例如"Sally gave Joe a book."）。该研究使用多体素模式分析（MVPA）和感兴趣区分析（region-of-interest analysis）区别相近语法构式，为在神经科学基础上解决传统理论问题带来了希望。Johnson et al.（2016）使用fMRI技术分析了加工新兴构式及其视觉参考所依赖的神经系统。其次，神经实验方法为概念隐喻的经验基础提供了脑神经层面的证据。概念隐喻理论认为知识的构建来源于实际体验中的隐喻映射，Lacey, et al.（2012）通过fMRI验证了该理论，研究发现，隐喻加工激发特定区域的大脑感觉皮层：当加工质感隐喻（textual metaphor）时，顶叶盖区的大脑体感皮层被激活。Cacciari et al.（2011）也通过TMS技术证明了运动系统的兴奋由动词的运动成分调节，这些包含运动成分的动词出现在虚拟运动句和隐喻运动句中。另外，隐喻和情感的关系也通过神经实验方法得到了更深入的研究。例如，Samur et al.（2015）使用fMRI证明了情感语境在加工隐喻过程中能调节心理模拟。Citron et al.（2016）通过 fMRI 发现传统的隐喻句子能够比相应的字面表达激活杏仁体更大的活性，从而更能激发情感。Citron et al.（2019）也通过 fMRI 证明了隐喻表达能够比字面意义表达激发更多的情感参与。

第二，近年来，随着实验技术的进步以及研究问题的深入，神经实验方法的研究范式得到不断的改进。

首先，由于脑区的激活容易受到实验刺激以及实验任务的影响，研究者们根据以往研究的不足以及研究需要进行了更加严谨的实验设计。例如，隐喻理解的 ERP 研究范式包括句尾词范式、双词范式、复合刺激范式（封叶、李霄翔，2019）。句尾词范式是指将刺激材料句逐词呈现给被试，测量最后一个词诱发的脑电数据。双词范式是指以两个词为刺激材料，这两个词可能在语义上相关也可能无关，以判断两个词的相关性为实验任务，然后测量第二个词诱发的电位。复合刺激范式通常以隐喻句为第一个刺激、与第一个刺激语义相关或不相关的单词为第二个刺激，然后测量第二个刺激所诱发的脑电信息。然而，这些实验范式都忽略了语境对隐喻理解的影响。为了探索语境对隐喻理解有何影响，Yang et al.（2013）对 ERP 实验中的复合刺激范式进行了改进，把一个词作为第一个刺激、一个隐喻句或本义句作为第二个刺激，实验设计的核心是测量第二个刺激诱发的电位。作为第一个刺激的词或者与隐喻句的本体/喻体的含义一致，或者不一致，为第二个句子提供了语境，由此测量概念整合理论中语义一致性对隐喻理解的影响。该研究根据实验目的对传统研究设计进行了改进，为隐喻的 ERP 研究提供了新的研究范式。

其次，心理实验与神经实验的结合方法也得到了改进。例如，以往眼动实验与 fMRI 或 ERP 实验的结合大都是非同步记录，近几年，大量的同步记录研究开始出现。眼动和 fMRI 或脑电同步记录是指，在同一实验中，即实验材料、被试、实验范式等相同的情况下，同时采集被试的眼动和 fMRI 或脑电数据，从而分析注视与注视相关的脑区或 ERP 成分之间的关系。

在语言的阅读研究中，神经实验通常用 fMRI 技术来测量阅读中功能脑区的活跃程度，而心理实验通常通过记录眼动来推测与阅读相关的加工机制。在用 fMRI 对阅读加工进行研究时，由于头部的转动会影响 fMRI 的测量结果，所以实验刺激一般是以词为单位逐个呈现的。这种实验设计使自然阅读下的加工机制不能受到测量，而且句子和篇章加工机制的研究也受到了限制。另外，眼动实验一般采取行为实验的研究范式，如命名任务、判断任务等，无法研究相应的神经机制。随着技术的发展，近 10 年一些研究者开始采用眼动实验和 fMRI 技术同步采集和分析的方式来弥补 fMRI 技术和眼动技术各自在阅读加工研究上的不足。一方面，该方法可以测量被试在自然状态下阅读整句或篇章的脑神经活动；另一方面，这种结合也可以定位与阅读相关的脑区和与眼动相关的脑区之间的关系，并探索二者之间的整合机制。例如，Richlan et al.（2014）使用眼动仪和 fMRI 同步采集的方式收集数据，并首次采用同步分析的方法对词的神经加工机制进行了研究，研究证明了眼动—fMRI 同步技术在自然阅读研究中的应用潜力。Schuster et al.（2016）使用眼动—fMRI 同步技术对句子加工进行了研究，研究发现了负责跳读的潜在脑区和控制眼动的低级脑区。该项研究从真正意义上开始对阅读中眼动加工的神经机制进行探索（周蔚，2017）。

眼动和 ERP 的同步记录能够获取在自然阅读情境下的数据，使实验更具效度和信度。眼动追踪技术记录眼跳和注视，而 ERP 实验记录认知加工的时间进程，将二者结合能够使实验同时具有高空间分辨率（＜1°视角）和高时间分辨率（毫秒级）。这种实验设计已经广泛应用于词汇阅读加工（Kretzschmar et al., 2015；Kornrumpf et al., 2016；Kornrumpf et al., 2016；Risse & Kliegl, 2014）以及篇章阅读加工的研究中（Frey et al., 2013；Henderson et al., 2013）。

在阅读的加工机制研究中，眼动实验与 fMRI 或 ERP 的同步记录能够使研究者在自然阅读的状态下进行阅读加工的神经机制研究。这种结合弥补了眼动实验难以揭示加工背后的神经机制这一缺憾，也解决了神经实验难以在自然阅读情境下进行这一难题，使二者发挥各自长处。

综上，近几年神经实验方法越来越受到认知语言学研究的重视。在解决认知语言学传统理论问题上，神经实验方法显示出了它独有的优势。另外，研究方法本身的进步不仅体现在神经实验方法本身的改进上，还体现在它与心理实验方法结合模式的改进方面。

## 3.3 多元研究方法对认知语言学发展的影响

认知语言学研究方法近几年在研究范围、研究深度以及方法革新上都经历了重大发展，未来的认知语言学将在各种研究方法的辅助下不断进步与发展，其对认知语言学的影响主要体现在三个方面：促进认知语言学传统研究领域的拓展和深化、促进神经认知研究的崛起和应用以及促进认知语言学理论的创新和思辨。下面进行简要阐述。

### 3.3.1 传统研究领域和主题的拓展与深化

近年来，认知语言学的经典研究领域，如范畴化理论、隐喻、构式、意象图式等，仍然是认知语言学研究的核心话题，但其研究深度和广度在认知语言学各个研究方法的辅助下有了较大的变化，未来的研究将会在这个基础上继续拓展和深化。下面以构式研究和隐喻研究为例进行说明。

第一，语料库量化研究方法、心理实验方法与神经实验方法的进步深化了构式研究。研究者们对探讨构式的心理现实性和神经现实性更加重视，并从这些角度探讨构式理论问题和习得问题。首先，随着语料库量化方法的进步，语料库研究方法对构式研究的影响也越来越大。基于语料库的量化研究逐渐成为构式语法的主流研究方法（Yoon & Gries, 2016）。语料库方法在量化统计的基础上对构式进行频率、搭配、分布等分析。例如，构式搭配法已广泛应用于近义构式、构式的语义倾向、构式的历时演变等领域（Perek & Hilpert, 2017; Schönefeld, 2015）；多维尺度分析方法应用于考察构式语义的变异等领域（Levshina, 2016）；多因素分析方法应用于构式交替等现象（Gries & Bernaisch, 2016; Röthlisberger et al., 2017）。其次，构式研究注重考察构式的心理现实性，并将语料库基于频率分析的结论与心理实验研究结论对比，寻求语料库研究与心理实验的汇流证据。例如，Chen & Jing-Schmidtz（2014）使用动词诱导实验和构式搭配分析普通话 LVS 构式中动词的词义和其与语法体的搭配。Ellis et al.（2014）使用实验方法和语料库方法对动词—论元构式（VAC）进行了探讨。最后，构式研究开始从脑神经层面探讨构式研究的传统理论问题以及构式的习得机制。例如，Allen et al.（2012）开创性地使用 fMRI 分析和区别相似语法构式，为在神经科学基础上解决传统理论问题带来了希望。Johnson et al.（2016）使用 fMRI 分析了加工新兴构式及其视觉参考所依赖的神经系统。张辉、卞京（2017）使用 ERP 技术对比了英语母语者和中国英语学习者对 way 构式的加工机制。

第二，认知语言学研究的各种研究方法的应用也为隐喻研究的拓展和深化打下了基础。对具体语义域的隐喻表达的研究、隐喻跨语言对比研究、隐喻的多模态研究、隐喻与情感关系研究等将继续得到拓展与深化。首先，在语料库研究方法的辅助下，扩展了某些语义域的隐喻表达研究以及隐喻的跨语言对比研究。例如，近些年开始了对流行歌曲中的爱情隐喻的研究（Rolf, 2012）、中文文化隐喻的研究（Yu & Jia, 2016）以及英语和匈牙利语中以"血"为源域的隐喻研究（Simó, 2011）。这些研究拓展了隐喻研究的范围与深度，体现了语料库研究方法的作用。其次，心理实验方法与多模态方法的结合使得研究者能够从手势、身势等角度研究隐喻，从而深化了隐喻研究。在时空隐喻研究方面，以往的研究大都认为语言所包含的时空隐喻模型影响了手势的使用，而近期研究发现语言无法决定语言使用者的时空心理表征（Casasanto & Jasmin, 2012; Chen & O'Seaghdha, 2013; de la Fuente et al., 2014），手势所体现的时空隐喻映射是使用者文化、经验的体现。最后，神经实验方法近几年注重研究概念隐喻的经验基础以及隐喻及情感之间的关系。例如，一些研究从神经认知角度证实了知识的构建来源于实际体验中的隐喻映射（Cacciari et al., 2011; Lacey et al., 2012），从而支持了概念隐喻理论；还有一些研究发现隐喻能激发更多的情感参与（Citron et al., 2016; Citron et al., 2019）。

### 3.3.2 神经认知研究的崛起和应用

21 世纪是脑科学的世纪（杨亦鸣，2012）。2013 年，欧盟推出了

## 第3章　新时代认知语言学研究方法

由15个欧洲国家参与的"人脑工程计划",获得了10亿欧元的支持,其研究目标是用计算机模拟人脑、研究人脑加工机制,从而推动脑疾病的诊断与治疗以及推动类脑人工智能的发展。美国也在2013年启动了"大脑绘图计划",并投资了30亿美元,侧重新型脑研究技术的研发。2014年,日本公布了"大型脑图谱计划",研究目标是通过整合的神经技术绘制有利于疾病研究的大脑图谱(brain mapping by integrated neurotechnologies for disease studies, brain/MINDS)。中国的脑计划也已经酝酿多年。国家中长期科学和技术发展规划纲要(2006—2020)早已把"脑科学与认知科学"纳入八大学科前沿问题之一。2016年,"十三五"规划纲要(草案)把"脑科学与类脑研究"列入国家重大科技项目。该项目重点包括三个领域的内容:脑认知的神经基础原理领域、类脑计算与脑机智能领域技术以及脑重大疾病与健康领域(蒲慕明等,2016)。2018年先后成立北京脑科学与类脑研究中心和上海脑科学与类脑研究中心以支持该项目的发展。近几年,各大学术机构争先建立与脑神经认知研究相关的实验室,例如,2014年,中国科学院成立了"脑科学卓越创新中心";2015年,上海外国语大学成立了"脑与认知科学应用重点实验室",以应用认知神经科学的方法研究语言学、经济学等学科。

在这样的大背景下,随着认知语言学研究的深入,语言的神经认知研究越来越受到重视。根据2019年第15届国际认知语言学大会论文征集通知,"神经语言学—语言变化和语法化"(Neurolinguistics-Language Change and Grammaticalization)成为会议论文征集的主题之一。2017年第14届国际认知语言学大会论文征集主题也包括了"语言与认知的神经方法与心理学方法"(Neuro- and Psycholinguistic Approaches to Language and Cognition),会议就"语法与神经语言学"(Grammar & Neurolinguistics)进行了小组讨论。

语言研究的神经认知转向体现了认知语言学发展的内在动力。"以研究意义为核心的认知语言学,必然要研究人脑和心智是如何处理意义的。正是把意义跟心脑对意义的处理(即所谓的认知过程)联系起来,才使他们的研究有资格冠以'认知语言学'这个标签"(顾曰国,2010:302)。语言学研究史上的一个重大转折是其研究目的从对语言的描写转向了对语言能力的解释，对语言能够力的研究使语言学必然要从脑神经机制方面寻求证据。语言与思维关系的研究、语言与认知关系的研究是认知语言学的核心议题，神经实验法的使用使认知语言学研究能够更加深入地了解人脑对语言的加工机制与加工过程。神经实验方法与其他方法（如心理实验方法、多模态方法）的结合拓展了认知语言学研究的深度与广度，从而促进研究成果在脑疾病研究和类脑人工智能方面的应用。在多种研究方法的辅助下，认知语言学在语言的神经认知研究方面有三大明显的趋势：语言与思维研究更加深入；语言习得的神经认知研究更加深化；语言神经认知研究成果得到更广泛的应用。

第一，语言与思维研究更加深入。以往从行为实验层面对语言与思维关系的研究只能提供离线研究数据，而神经实验方法能提供在线的、时间精度能达到毫秒以及空间精度能到达到毫米的研究数据，从而深化了语言与思维关系的研究。近几年，研究者们通过神经实验方法深入探讨了语言对思维的影响作用。例如，Kwok et al.（2011）通过MRI 实验发现颜色词汇的学习可以改变大脑解剖学结构；Boutonnet et al.（2012）通过 ERP 实验发现语言中对物体的区分影响语言使用者对物体的分类；Gao et al.（2015）通过 ERP 实验发现语言对语言使用者的执行控制能力有影响。这些研究证明了语言与思维有着密切的关系，从侧面证实了语言的非模块性。

第二，语言习得的神经认知研究更加深化。在解决语言习得理论问题方面，越来越多的研究从脑神经层面寻求答案。通过使用神经实验方法，研究者们为验证"双语优势""关键期假设""母语迁移"等假设提供了更可靠的证据。例如，不少学者从脑神经角度证明了双语经验对认知能力的影响以及对大脑的可塑性（Buchweitz & Prat，2013；Grant et al.，2015；Luk et al.，2011）；还有一些学者利用神经实验方法证明了二语习得受到母语迁移的影响（Caffarra et al.，2015；Tolentino & Tokowicz，2014）；习得年龄对二语习得的影响也得到了脑神经研究方面的讨论（Meulman et al.，2015）。以上研究都说明神经认知研究为解决二语习得的理论问题提供了途径。

第三，在认知语言学神经认知研究成果的应用方面，其成果可以为类脑智能的计算建模提供脑神经数据从而促进人工智能的发展。例如，通过 ERP 技术对语言情感的研究发现，语言的情感信息能够诱发特定的 ERP 成分（Tempel et al., 2013；Kuchinke et al., 2014；Leuthold et al., 2015；Wang et al., 2015）；语言情感的 fMRI 和 MEG 研究发现，情感加工涉及情感加工脑区和语言加工脑区（Wallentin et al., 2011；Keuper et al., 2014）。这些语言研究的数据可以构成自然语言中语言情绪识别的基础，通过人工神经网络建立情感模型，从而应用到情感识别、情感理解方面。

## 3.3.3 认知语言学理论的创新和思辨

认知语言学理论的完善与创新是认知语言学成为一个成熟的研究范式的必然要求。在这方面，内省法、语料库研究方法、多模态研究法等多种研究方法为认知语言学的发展起到了不可忽视的作用。

第一，内省法促进认知语言学理论的创新。认知语言学发展初期，各大领域的开创者（如 Langacker、Lakoff、Talmy、Fauconnier 等）使用的主要研究方法都是内省法，认知语言学的重要理论（如认知语法、范畴化、认知义学、概念整合、概念隐喻等）的建立都是内省法运用的结果。近几年，内省法仍然对认知语言学理论的新发展起到了强大的推动作用。上文提到的对话句法理论（Du Bois, 2014）、基线与加工理论（Langacker, 2012, 2016）、隐喻层级理论（Kövecses, 2017）的提出都离不开语言学家对语言现象的内省与思辨。未来认知语言学理论的创新仍然离不开内省法。

第二，语料库研究方法将更依赖量化统计方法对认知语言学理论进行验证。近几年，语料库研究方法的发展特点呈现从简单的频率统计向复杂的统计计算发展的趋势，越来越多的研究使用基于语料库的量化统计方法验证认知语言学理论。例如，Divjak & Arppe（2013）使用回归分析和聚类分析对俄语 try 近义动词和芬兰语 think 近义动词进行了考察；Levshina（2016）为英语允准构式建立了贝叶斯多项式混合效应模型，并从认知、功能和历史角度分析构式间的不同。随着量化统计方法的发展，语料库研究方法将会在验证认知语言学理论方面发挥更大的作用。

第三，多种模态的研究趋势是把口语、手势等语言及非语言模态纳入统一的认知语言学理论框架中。首先，已有研究对认知语言学理论对手语、手势等模态的解释力进行了探讨。认知语言学理论比其他语言学理论更能为手势语研究提供理论支撑（Divjak et al., 2016）。例如，Kok & Cienki（2016）以认知语法为理论基础，分析了言伴手势的话语组织结构。其次，近期还有一些学者对理论创新进行了尝试。例如，Wilcox & Xavier（2013）基于动力系统理论、认知语法理论和认知神经科学的非笛卡尔方法（non-Cartesian approach），提出了一种连接口语、手语和手势的统一框架，认为"人类表达能力"（human expressive ability）是构成语言和手势的基础。该框架的提出是基于这样的假设：运动着的生物需要理解他们周围的环境，所以概念系统存在于他们的感知和运动系统中。该研究虽然只是理论假设，还没有实例对其进行证明和考察，但这展现了未来多模态研究的趋势。今后的认知语言学的理论创新与完善将更加依赖多模态方法对语言、手势、手语等的研究。

第四，心理实验方法和神经实验方法对认知语言学理论的思辨主要体现在解决理论争端方面。下面以对具身认知观的争论为例进行说明。具身认知观主张认知是在身体经验和活动的基础上形成的，一些研究使用心理实验方法（如 Liu & Bergen, 2016; Shane et al., 2013; Speed & Vigliocco, 2014）和神经实验方法（如 Lam et al. 2017; Sakreida et al. 2013）对其进行了证明。但是，具身认知观也受到了来自心理实验和神经实验证据的挑战。首先，具身认知对抽象概念加工的解释不足。例如，Sakreida et al.（2013）通过 fMRI 研究发现，具体词加工更多地激活感知觉运动系统，而抽象词加工更多地激活语言系统。该研究说明具身认知对抽象词表征解释不足。其次，对于具身认知理论通常通过概念加工对运动感知系统的激活来证明，但该理论对引起运动系统激活的其他因素无能为力。例如，Grisoni et al.（2017）使用 EEG 实验发现语言理解虽然能导致运动系统的激活，但是这种激活是与大脑的预测性相关的，在预期词出现之前大脑就已经预测出由语境诱发的语义特征。该研究说明运动系统的激活可能并不是由语言加工引起的，而是由大脑预测能力引起的，从而对具身认知假设提出了挑战。心理实验方法和神经实验方法提供了验证认知语言学理论的途径，对认知语言学理论的心理现实性和神经实在性证明能充分验证理论的解释力,未来心理实验方法和神经实验方法将在这方面起到更大的作用。

## 3.4 结语

在认知语言学研究领域,内省法、语料库研究方法、多模态研究方法、心理实验方法和神经实验方法各自发挥自己的长处,对深化和拓展认知语言学的研究领域和研究范围起了非常重要的作用。近年来,认知语言学研究方法不断得到改进,促进了认知语言学的发展。内省法与实证方法的结合使认知语言学研究更具信度和效度;语料库量化研究方法(如构式搭配分析、多因素分析等)的改进,深化了认知语言学对构式、词汇语义等方面的研究;多模态语料库的发展不仅能够帮助认知语言学从语言与非语言模态方面探讨人类普遍认知规律,还有助于把认知语言学研究应用于多模态人机互动等方面;心理实验方法与神经实验方法结合范式也随着认知语言学研究的深化而有所改进,同步记录的方法使研究者能够在自然语言环境下测量语言的神经认知机制。

未来认知语言学将在这些研究方法的辅助下有更大的发展。对于认知语言学的传统研究,如构式语法、概念隐喻等,其范围将不断拓展,其主题将继续深化;对于认知语言学新领域的研究,神经认知研究将得到更多重视,其在语言习得与自然语言处理方面的应用能力也将不断增强;在认知语言学理论的完善与创新方面,各大研究方法也将发挥其强大的推动作用。

# 第 4 章
# 新时代认知语言学的应用与实践

## 4.1 认知语言学在教学中的应用与实践

### 4.1.1 外语教学之困

语言学习是人类最复杂的一个认知过程。已有研究表明，幼儿的母语学习从 1 岁便开始，在这种完全沉浸式的环境中需要 8 年时间才能掌握复杂的语法结构，到 10 岁时可以自如运用派生词素进行表达，而语用能力的养成则需要更长时间（Tomasello，2015；Tyler，2012）。这样的时间成本对外语学习来说更是不言而喻了，如何有效提高外语教学的效率，促进语言能力的提升，一直是二语习得和外语教学领域的一个核心问题（Ellis，2015；束定芳，2001，2004）。

一个特定的外语教学理论与实践必须依托于某一个语言研究理论与方法。传统的语言研究总体上从宏观层面关注语言结构问题，对结构背后的意义涉及较少，使得外语学习的效果并不尽如人意。传统的语法翻译法以演绎模式（deductive model）推行显性的语法教学，学生需要对语法的"元规则"进行背诵和记忆，然后将之用于书面的语言表达中。在这一理念的指导下，外语学习就是要记住这些规则和这些规则以外的"不规则"现象，在具体的情境中套用这些规则即可。这种教学方式本质上是一种"行为反应"式教学，其核心理念可归结为"三背"：背单词、背规则、背"不规则"。这样的学习模式导致学习者对词汇的诸多意义之间的联系缺乏系统了解，学生基本不关注语用现象以及语言的临时活用，从而导致所"背"的规则在很多情况下无法适应语言的多义现象，如学生在学习下例 over 时需要一项一项地记忆不同意义，但对于不同义项之间的联系缺乏理解：

(1) The picture is over the mantel.
(2) Class is over.
(3) She played the same song over and over.

20 世纪 50 年代，伴随着结构主义语言学的兴起，视听教学法（audiolingualism）逐渐得到认可，该方法强调归纳模式（inductive model）在外语教学中的作用，认为系统性的语言输入可以帮助学习者进行语言规则的归纳与理解，由于语言的输入与输出均为句子，因此该教学法强调了句型在教学中的重要性。然而，单纯的句型练习忽视了人的认知加工在语言学习中的作用，导致所练习的句型有时并不能应用于具体的语言环境中，例如，情态动词是外语教学中的难点之一（Celce-Murcia & Larsen-Freeman, 1999）。造成这种情况的原因除了情态动词自身多义之外，更重要的是"情态"的灵活性，比如一些情态动词同时具有过去式（如 can/could、may/might、shall/should、will/would），这些过去式有时并非表达过去义，如"I would just feel better if she come here."，甚至在同一语境下两种时态的情态动词均可使用，如"That will/would be John."，因而简单的句型操练与归纳很难帮助学习者理解其中的差异。

20 世纪 60 年代，生成语言学的相关理论对视听法构成了挑战，它从数理逻辑和人的生物特性的角度对语言的产生进行解释，认为语言是一个自足的体系，独立于人的认知系统和其他社会认知能力，语言有其自身规则和特征，同时，语言是一个存在于理想的"发话人—听话人"之间的稳定实体，语言研究应该关注这种稳定的、本质不变的结构体，其他变异性的语言成分应该排除在语言研究之外，否则无法达成理论的一致性。受这一语言观的影响，语言学习被认为是一个不受社会和生活经验影响的过程，不是一个"刺激—反应"或"句型练习"的操作，而是有其独立的心智模块（mental modality），语言学习源于学习者潜在

## 第4章　新时代认知语言学的应用与实践

的语法能力而触发的句法生成能力。

然而，语言的结构形式具有相对的稳定性，而意义则是动态的，转换生成语言学家将结构形式视为研究重心，割裂了语言结构和语言意义之间的互动联系，也摒弃了人的认知机制在语言表达中的能动性，从而导致课堂教学往往过分注重语言形式而忽视了语法结构本身所体现的认知因素对意义的影响，特别是当英语的语法结构与学习者的母语结构不甚相同时，学生往往会感到困惑。例如，传统语法认为，英语的悬垂分词是一个错误的语法表达（如"Jogging through the park, a brilliant idea suddenly came to me."），但大量的语料事实表明，英语本族语者对很多悬垂表达并不排斥（如"Watching the race, it was obvious that Niki was driving with a sort of illcontrolled fury..."），有的甚至已经固化为习语表达（如"Strictly speaking, Mr. Smith is going to retire at the end of this year."），正如 Hayase（2011）指出的，可接受度高的悬垂表达本质上体现的是一个语义上连贯的"言者认知场景"（cognizance scenario），随着英语的全球化，这样的表达会越来越得到认可。

因此，过分强调句法结构的严谨性和自治性并不能有效地解决交际中的实际语言现象，语法能力有时并不能仅通过严谨的有意义的输入（meaningful input）（Hinkel & Fotos，2002）而获得，其原因在于该理论忽视了人在语言表达中的主观能动性，违背了语言是在社会情境中进行"传义"的这一本质特征。确切地说，生成语法并未形成有效的外语学习方法，只是强调了后天语言环境对先天语法能力的参数设定作用，有将母语学习与外语学习混为一谈之嫌，将语言能力简单地视为语法能力，忽视了语言的"交际能力"（communicative competence）（Hymes，1974），同时也忽视了意义、语境、社会因素及人与社会的互动认知机制在语言学习中的作用，对外语学习的启示作用有限。

此外，20世纪80年代兴起的交际教学法在理念上响应了 Krashen 提出的"监控模型"（monitor model），认为交际活动应该成为外语教学最重要的环节，语言能力主要以潜意识的习得为主，不应该强化有意识的学习。然而，一些学者质疑这一观点在外语学习环境中的有效性（Hinkel & Fotos，2002：5），因为一味强调交际的重要性而忽视语法表达和语言使用的精确会导致一些错误用法在外语学习者中的固化，反而会加剧外语学习效果的恶化。因此，交际教学法中的表达精确性是外语教师面临的最严峻的教学挑战。

上述语言理论及其在外语学习中的应用所折射的问题可大致归结于两个方面。一是多关注于宏观的教学方法或教学心理方面的问题，从传统的语法翻译法到视听学习法均是强调宏观上的教学模式或教学理念在外语学习中的作用；二是强调孤立的语言机制中的心理因素而忽略了人的认知机制与社会活动的互动对语言的影响。这些外语教学理念均没有从根本上关注语言本身在教学中的核心地位，由此导致语言研究对语法或词汇教学几乎没有十分有效的促进作用（Larsen-Freeman，1996）。外语教学或者是单纯的规则传授，或者是日常交际的模拟练习，而对具体的语言本身的内在动因并不涉足，这样的教学总体上是一种"隐性讲授"（implicit instruction）下的潜默式教学（Tyler，2008）。

在这一背景下，认知语法所倡导的"形—义"配对体语言理念正好结合了"形式"的严谨性和"意义"的交际功能性，并迅速成为一个具有影响力的主流语言学理论，它从根本上否定了生成语言学的语言天赋论和自治论，强调语言的经验性和构成性，认为语言是人类基于经验事件而实现概念表达的工具，用来完成人际间信息的组织、加工和传递之目的（Robinson & Ellis，2008）。因此，语言学习涉及基于语言使用而提炼的语言结构以及不同层面的认知能力的提升，如范畴化、概念图式、认知模型以及隐喻/转喻能力等（Robbison & Ellis，2008）。基于这样的认识，认知语言学强调涉身体验式的语言教学，学生不仅需要知道语言规则之"然"，还需要知道规则之"所以然"。对"所以然"的阐释并不是通过简单的"说教"式讲解，而是从学生"涉身"的角度说明"人"与语言规则的构成关系，从而形成一种最准确、系统和完备的语言教学模式，正好满足了"形式"的严谨性和"意义"的交际功能性，从而真正实现"基于理解的语言教学"（comprehension-based instruction）（Ellis & Shintani，2014），正如 Ungerer & Schmid（1996：273）所指出的，认知语言学将语言从"形式—意义"的对立观中解放出来，这或许是其对语法和语言教学最大的贡献，而这样的教学可称为"显性讲授"（explicit instruction）（Tyler，2008）。

## *4.1.2* 认知语言学的语言观与外语教学

认知语言学跳出生成语法的藩篱,将语言与人及人所赖以生存的社会活动联系起来,认为语言是对人类普遍认知系统的反映,语言能力是人类整体认知能力的一部分,而非孤立的认知能力。人类并不存在一个如生成语法所说的自主的、专司语言习得的装置,控制语言加工和学习的认知机制在本质上与人类在其他的知识加工中所体现的认知机制是相同的(束定芳,2008)。正是基于人的生活经验与语言的使用习惯,认知语言学从根本上为语言教学提供了精确细致的解释动因,这样的解释涉及语言的句法、词汇、情态、语气等宏观和微观层面。

由于语言根植于人的生活经验,反映人在时空世界和社会生活中的感知和认识过程和结果,同时也通过语言反映人们在社会文化、历史心理和生活经验等活动中的方方面面,这就决定了认知语言学并非单一的研究框架,而是一种研究理念趋同的理论集合,并形成了诸多不同的研究路子,诞生了许多不同的研究领域,如框架语义学(Fillmore,1976)、概念隐喻理论(Lakoff & Johnson, 1980)、认知语义学(Talmy,1985, 2000)、认知语法(Langacker, 1987, 1991)、构式语法(Goldberg,1995)以及概念整合理论(Fauconnier & Turner, 1996)。虽然研究路子各异,但它们至少在三个方面体现了认知语言学理念的一致性(Dąbrowska, 2016),即"以意义为中心""语言就是认知"及"语法源于使用"。

**1. 意义中心论**

"以意义为中心"正是认知语言学的根本理念。与生成语言学的"句法核心"观不同,认知语言学则持"意义核心"观,认为语言表达的终极目的是传递"意义",由于语言是人们基本认知能力和认知机制的反映,语言的方方面面都有意义存在。

语言本质上是一个有意义的符号系统,意义是语言的中心,句法是为表达意义而服务的结构体,其本身亦有意义。因此,语言是"形式—意义"的结合体,而句法(包括语法)本身同词汇一样,也是一个

"形—义"结合体，句法结构与词汇的差异仅在于所表达的意义在抽象层面上的不同，本质上没有严格的分界线。因此，词素、词汇、词性、短语、结构式语篇等均有其意义，认知语言学的目的就在于寻找意义的动因，从而推动对人类语言思维的理解。

认知语言学进一步认为，语言的意义具有"百科知识性"。传统的真值条件语义学认为，语词或语句的意义是与其所指称的事物或关系相对应的，语词意义的获得是一个与所指建立联系的过程。生成语言学则认为，意义是一个天赋产物，存在于心智之中，语言学家无需过度对之进行研究。认知语言学则认为，语言表达式的意义源于人们的涉身体验，是人与世界在时空和社会活动等领域的体验性互动的产物，也正是这个原因导致语言意义的多变性和"百科知识性"，对语词意义的解释不应单独寻求词典的义项，而应将整个句子所谈及的场景纳入整个义群，例如：

(1) This is an interesting book.
(2) This is a red book.
(3) This is a good book.

就"book"而言，人们可以从其内容和物理样态两个维度进行感知。因此，"book"在（1）中是就书的内容而言的，在（2）中是就书的物理样态而言的，但在（3）中则很难判断，既可以是书的内容，也可以是书的物理样态，这取决于说话人和听话人在言谈时刻的共有语境和即时信息。因此，一个词项的意义绝不是固定不变的，更不是天赋使然，而是人在生活中所形成的"百科知识"的汇集，对词项意义的选择需要参照一定的使用环境，而使用环境同时也可促发新意义的产生。

语词的诸多意义并不是杂乱无章地衍生和排列，而是遵循一定的图式结构和演变机制，并以一定模式的网络结构呈现，其典型义项处于网络的中心。这一结构构成了该词项的一个意义范畴，Lakoff（1987）称其为"理想化认知模型"（ICM）。也就是说，一个词项的意义结构是人们在特定的文化环境中对某个经验过程所赋予的一种抽象的、理想化的理解。任何一个具体的语境都会或多或少地改变这一模型的某一维度特征，使得某一义项偏离其典型的义项，各个义项之间通过家族相似性

## 第 4 章　新时代认知语言学的应用与实践

关系建立联系，形成一个语义链，链上相邻的两个义项之间可能存在语义扩展关系，而不相邻的义项之间不一定有语义共性。这样，整个义项就形成了一个"辐射范畴"（radial category）（Lakoff，1987）、"语义链"（meaning chain）（Taylor，1989）或"网络模型"（network model）（Langacker，2007）。

多义范畴的扩展往往是隐喻和转喻作用的结果。例如，在句子"I phoned my lawyer."中，名词 phone 转指 phone 的功能，即"用 phone 进行交流"，这是以"工具"转指"工具的使用"而产生的意义拓展。Taylor 分析了英语动词 clime 的多义现象：

(1) The boy climbed the tree.
(2) The plane climbed to 30,000 feet.
(3) The temperature climbed into the 90s.
(4) He climbed to the top position.

其中，(1) 中的 climb 是该词的典型义项用法，表达了"上升"和"用力攀爬"两个义项。(2-4) 句均不同程度地偏离了这两个义项。(2) 涉及义项"上升"，但没有"用力攀爬"义，这是转喻促使的义项的变化。(3) 中 climb 包含义项"上升"，但却在隐喻的作用下发生了微弱变化，从 (1) 所表示的空间的"上升"变为抽象的温度感觉的"上升"。(4) 中的 climb 进一步隐喻化，已经彻底用于社会属性方面，表达了一个抽象的社会等级的"上升"。

不仅词汇表现出多义现象，构式也表现出多义的特征。构式同样是"形—义"的结合体，是对某一生活经验的图式性概括（Ellis & Cadierno，2009：122）。在这些事件图式中，有的是基本的、实际发生的事件情景，如"某人对某物施加某动作，导致该物移动至某处"，或"某人对某物施加某动作，导致另一人得到了该物"，等等，对这些基本事件类型的编码就构成了构式的基本义，出现在基本义中的动词主要为基本层次范畴中的词项，或表现具体动作的词项。但是，随着人类认知和概念表达的增长需求，必须将某一构式应用于更抽象的或未发生的事件中，因此，便产生了构式义的延伸，这些新产生的意义都是对中心义的隐喻或转喻性的扩展。构式的多义性体现了构式语法关于"词汇与构式没有严格的分界线"的观点。构式的不同意义组成了一个相互联系的网络,整个网络体现了范畴的原型效应。例如:英语中双及物构式 [X V Y Z] 的典型义为"施事论元 X 使益事论元 Y 得到受事论元 Z",如下例(1):

(1) John gave Sam a book.
(2) Chris baked Jan a cake.
(3) Bill promised his son a car.
(4) His mother denied Billy a birthday cake.

但很多双及物构式并没有表现出受事论元被成功地传递至益事论元,如(2)例并没有明确表示出 Jan 确实得到了 cake,或许蛋糕在做好后被小猫吃了,或许被偷了,等等。该构式表现的仅仅是 Chris 做了 cake,并打算送给 Jan。

Goldberg 指出,具有创造义的动词(如 bake、make、build、book)及具有获得义的动词(如 get、grab、win、earn)并不严格地表明施事使得益事实际上获得受事。因此,双及物构式的第一个非核心义可表示为"施事论元 X 打算使益事论元 Y 得到受事论元 Z"。同样,表达承诺或义务义的动词也不表明成功的传递,如(3)并不表明 Bill 给他的儿子确实买了一辆汽车,甚至没有表明 Bill 有买车的意图,可能只是临时的一个口头承诺而已。因此,双及物构式的另一个非核心义为"在一定的满足条件下,施事论元 X 使益事论元 Y 得到受事论元 Z"。

此外,表达拒绝义的动词(如 refuse、deny)不表示获得或传递,而是表明对传递行为的否定,如(4)例表示成功传递的可能性已经产生,但施事对之进行了否决,因此,其意义为"施事论元 X 使得益事论元 Y 没有得到受事论元 Z",主语有时甚至不一定具有施事功能。因此,双及物构式是一个多义构式,其核心义表达了一个成功的传递,其他意义均是对这一核心义的延伸。

显然,多义现象很难单纯地从句法角度进行解释,语言的意义才是言语交际的核心,句法只是承载着表义的一个功能,意义的确定受诸多因素的影响,它的形成本质上是一个概念化(conceptualization)的产物。

## 2. 语言就是认知

认知语言学认为，对人类语言的解释应该与对心智和大脑的研究发现保持一致。人类普遍具有的认知加工机制（如范畴化、抽象化、隐喻等）作用于语言的各个层面，例如语音、词汇、语法和句法，同时也作用于语言学习，是人类"认知性承诺"所具有的普遍性的体现（Lakoff，1991：54）。

语言的认知性体现了人与世界的互动关系对语言意义和结果的影响。同样，在语言的理解过程中也不可避免地要涉及人的感知觉系统及互动机制，而心理学、认知科学等其他学科有关人的思维过程和大脑机制的研究成果必然是认知语言学家所要遵循的客观事实，如思维过程、注意、视角、范畴化、模式组织、记忆负荷等。也就是说，认知语言学试图从人的认知一般特性中寻找语言的普遍规律，并将这一范式总结为"认知承诺"，而认知的过程则涉及人类认知的方方面面，如范畴化能力、识解能力、精细度加工能力以焦点化能力等。

范畴化是人对事物和事件进行范畴分类的普遍认知能力，语言则是对这种能力结果的直接编码。因此，对人类范畴化能力和方式的认识可以帮助人们更深入地了解语言背后的范畴化思维模式，从而有助于语言学习。例如，范畴的内部成员地位并不相等，如在"鸟"的范畴成员中，"麻雀"要比"企鹅"在大家的心中更具有中心地位，这体现了范畴成员从"典型"到"非典型"的梯度现象。根据这一范畴化现象，认知语言学家指出，语词的意义同样具有"典型"与"非典型"的范畴效应，体现了语词多义性特征的拓展模式。Gibbs（2005）根据这一理念阐释了英语短语动词的义项特征，例如，stand 可以和不同的助词（up、back、out）共现，不同助词的搭配体现了 stand 义项在典型性上的不同，其中，最典型的义项为"使身体处于直立状态"（如"Everyone stood (up) when the Queen entered."），这一物理特征拓展至心理领域时则表示"保持自己的（正直）意志"（如"I can't stand him interrupting all the time."）或直立状态下的移动（如"The policemen stood back. Could it be a bomb？"），并进一步产生更加边缘的义项，表示"因直立而突显"义（如"She really stands out in the crowd."）。

范畴化不仅体现于词汇层面，还体现于语法表达中。例如，典型的时态是对事件发生时间的表达，但时态的功能并不仅仅是在"过去—现在—将来"的时间轴上对事件进行定位，因为语言表达中总是会出现用现在时表达过去事件的情形（如新闻标题"Flu kills 3500 from 2019—2020"），或者用过去时表达一种假想的违实情境（如"If only he knew..."）。因此，更确切地说，"时"提供了说话人对其所述事件进行时间段（time span）选择的自由（Niemeier & Reif, 2008），体现的是说话人的意志。这种意志有时表达的并不是时间义，体现的是说话人在说话时刻对所述事件与说话当下的相关性或可能性的判断，在某种程度上体现的是说话人的认知主观性，例如：

(1) Erm, I'm just sitting in front of the car last night and erm...
(2) I wanted to ask you something.

（1）以现在时表达过去事件，体现的是该已经发生的事件在当下对说话人的影响，（2）以过去时表达现在的事件，体现了说话人对介入对方认知状态的一种礼貌，说话人将该种介入表达为一个过去事件，潜在性地表达了"该提问并非当下紧急的事情"，以减小对听话者面子的威胁。

识解能力反映的是说话人在事件和言语表达中的主观性（subjectivity），任何一个言语事件均与某一特定的情境相联系，在情境化交际（situated communication）中，言者对情境的表达不可避免地要受到视角化（perspectivized）情境的制约，这种制约体现的是言者对事态的识解。Langacker（2000：27）认为，识解是人们对同一情景进行不同方式的感知并描述的能力。说话人可以从自身处境出发以不同认知视角对某一特定情境进行不同解读，并由此产生不同的意义认识（Evans & Green, 2006：536）。例如，从物理形态和界性特征来看，octopus 和 car 均为可数名词，但是从食材的角度来看，octopus 是不可数名词，从汽车所具有的舒适度来看，car 同样是不可数名词。因此，一个名词不会绝对地属于可数或不可数，识解视角的选择会改变其语法行为，如：

（1）We had a lot of octopus for lunch. [octopus: 不可数，表示食材成分]

(2) You will get a lot of car for your money. [car: 不可数，表示舒适性]

因此，语词的意义并不是一成不变的客观存在，而是取决于说话人对事件场景的解读，正如 Croft & Cruse（2004：97-98）所说的，词本质上没有意义，句子本质上也没有意义，意义源于我们对信息的识解，这种识解是以语言成分为线索，依靠语境中的非语言知识在言说场景中进行推理而进行的。因此，意义是"动态识解"（dynamic construal）的结果。

识解的差异导致识解结果在概念表达精细度上的不同。在视觉上，人们可以从较远的地方对某物体进行初步的轮廓认定，当慢慢走近物体时，便对其有更清晰的观察。同样，在知觉上，人们可以对某概念进行框架性的粗略认识，也可以进行详细的认知加工。例如，在亲属关系中，我们可以说某人是一个人的亲戚（relative），也可以具体地称谓这种亲属关系，如"舅舅"（uncle）。同样，在语法关系中，对语法范畴的称谓（如名词、动词、形容词等）是对语词的抽象粗略的认知加工，而具体的语词（如上面的 uncle）则是较为详尽的实例，是对抽象的"类"概念的落实（instantiation）。正是从这个意义上，认知语言学认为语法和词项之间没有严格的分界线，它们只是类（type）与例（token）的关系。语法在本质上是对众多具体用"例"在共性层面上的抽象（schematization）。

就词义而言，它一方面表示一个概括义，另一方面，在具体的语境中，它又可以表现出具体义。概括义具有"类"的特征，而具体义具有"例"的特征。这种意义精细度的不同会影响各自的形态表现。例如，单纯的动词一般表示"行为"（action），表现的是"类"属性，如"sign"（签署），而描写一个事件的动词必然表现的是事实（factive），具有"例"属性，如"sign the contract"，由此导致两者在名物化（nominalization）上的不同，如：

(1) a. John's reluctant signing of the contract
  b. *John's having signed of the contract
  c. The signing of the contract by John

(2) a. John's reluctantly signing the contract

b. John's having signed the contract
c. *The signing the contract (by John)

（1a）是对"行为"的名物化，所产生的名词 signing 与典型名词一样，可以接介词 of，但由于该行为是一个"类"，而非具体的"事件"，因此，无法用时体助词 have 对"言说时刻"进行参照，因而（1b）不合格。（2a）是对"事件"（sign the contract）的名物化，所产生的结构（signing the contract）依然是一个具体的事件，因而无需用 of 进一步精细化。同时，由于其具体性，可以用时态分词 have 实现对"言说时刻"的参照，从而也就无需再用 the 实现具体化，因而（2c）不合格（束定芳，2008：91）。

焦点化能力是指对场景关系中不同成分的前景化和背景化加工。在识解关系中，说话人及其所处的场景可以说是最大的背景，而观察对象则是最突显的前景。任何对前景的描写都无法摆脱背景的存在，例如：

a. Vick would make a good candidate.
b. Vick would make a good candidate, I think.
c. I think Vick would make a good candidate.
d. I definitely think that Vick would make a good candidate.
e. John thought that Vick would make a good candidate.

上例 a 是说话人对一个命题的客观陈述，b 中"I think"将"说话人"显性化，但它显然在整个句子中处于背景的位置，不是言者要表达的核心概念，表现在其语音上要弱一些，位置也相对灵活，如 c 背景成分（特别是说话人）显然要比前景成分更加隐秘，是说话人潜意识中的已知概念，具有言者主观性（speaker subjectivity）。但是，当说话人这一背景成分被突显（如增加程度副词 definitely）或换作其他非场景参与者时（如 e 中的 John），该结构成分则被前景化。前景化成分和背景化成分比较明显的区分是在反义疑问句中，如下面 b 中，背景化成分"I think"是言者对自己的显性述及，并非命题本身，无法对其进行反意疑问，所以"don't I"不成立。相反，c 中的"John thinks"是命题的一部分，可以对之进行反义疑问：

a. It's going to rain, isn't it?
b. I think it is going to rain, isn't it/*don't I?
c. John thinks it is going to rain, doesn't he?

语言的认知性还体现在"移情"效应方面,是说话人将自己认同于句子所描述的事件或状态中的一个参与者(Kuno & Kaburaki, 1977),从而影响句子的表达。例如,英语不及物动词不能被动化,但有些不及物动词如果后附介词结构等附加成分,则具有了及物性,可以被动化,如下例 a、b:

a. The widow was spoken to by each of the mourners.
b. This bed has been slept in again by that flea-bitten dog.
c. *The living room is danced in by Mary.

但并非所有的不及物动词后附介词结构均可以实现被动化,如 c 虽然和 b 具有同样的结构,却不能被动化。被动句的一个基本功能在于体现说话人对被动对象受影响性的关注,是言者主观移情(empathy)的对象。因此,从受影响的程度来看,上例 b 中长满虱子的狗对床造成的影响显然要远远大于 c 中 Mary 跳舞对屋子的影响,因为跳舞后的屋子其基本使用功能并不会受到影响,而有虱子的床显然就无法直接正常使用了。这种被动机制所表现的受影响的程度显然是受说话人主观移情的影响,同样的结构如果进行不同程度的聚合变换,则有不同的移情表现,进而影响其被动化的可接受度,如:

a. *The living room was slept in by John.
b. The living room was slept in by President George Washington.

上例 a、b 中,一个普通人 John 对房间的影响显然不如华盛顿总统的影响,使得两句结构虽然相同,但可接受度迥异。因此,一个词项的意义并不是固定不变的,而是受人的认知因素影响而发生变化。

## 3. 基于使用的体认观

语法源于使用。语言是在人与世界的互动过程中,基于"使用"而形成的符号认知系统,因而具有"涉身体验"(embodiment)性。人们在日常生活中对于新近输入的信息，会结合自己已有的知识做出"形式—意义"的推理，同时对心理词汇做出修正，因此，语言知识的获得完全是一个基于日常使用而形成的事件表征模式（Evans & Green，2006：111）。例如，下例 a 中的 on 和 b 中的 against 的区别在于，on 表现的是因地球引力而导致的"全面接触"，这是引力使然的结果，因此，a 描述的是 ladder 垂直挂在墙上的意象图式，而 b 描述的则是 ladder 斜靠在墙上的意象图式，同样，c 描述的是房间内的吸顶灯整体固定在房顶下，强调与屋顶的"全面接触"，而 d 则是从屋顶垂下来的吊灯意象。这样的语言范畴化区分均是人类在日常生活中对经验的认识反映。

  a. The ladder is hanging on the wall.
  b. The ladder is standing against the wall.
  c. The lamp is on the ceiling.
  d. The lamp is hanging from the ceiling.

语言的体认能力是随着人们生活经验的逐步丰富与普遍认知能力的逐渐提高而提高的。Mandler（2004）通过实验证明，儿童的认知发展与其成长过程中的生活环境和经历密不可分，幼儿在出生后数周内便开始观察和认识周围世界，建构空间和运动关系，并通过与父母或他人的互动而建立一些初步的事件心理表征。Gibbs（2006）指出，幼儿在很小的时候就能够将"温暖"（warmth）与"爱心"（affection）建立关联。当她在妈妈的怀里时，她能感觉到温暖，而当自己一个人在婴儿床上，或者把被子蹬开时，她会感到冷，在无人照料时感到缺乏关怀。这样的原初体认形成了隐喻表达式"AFFECTION IS WARMTH."（喜爱就是温暖），如"They greeted me warmly."就体现了从温度域到情感域的体认拓展。

神经科学的研究发现，我们在观察他人的某一行为活动（如跑步、握笔、哭、笑）时所激活的神经运动电路，与我们自己从事这一活动时所激活的电路是相同的，也就是说，视觉活动会激活相应的运动心理意象（motoric mental imagery），参与其中的神经细胞被称作"镜像神经元"（mirror neurons），它们负责人类在体认过程中的模仿和交际等行为，从而在行为（包括言语行为）上与他人产生"共鸣"（Gibbs，2006：

## 第 4 章  新时代认知语言学的应用与实践

234),并根据他人的行为及该行为在我们的神经电路中的映像作出相应的反应,使得交际得以进行。例如,当我们听到或看到"Rossouw caught the ball in mid air."这句话时,我们也会相应地在心理上创建一幅"抓球"的意象,从而达到对该句话的理解。从这个意义上说,人们对世界的认识具有"自我"性,是完全从"自身"的能力范围内去观察和理解世界。因此,认知语言学认为,人们的概念和语言系统是基于对物理和社会活动的体认而构建起来的,可以说,语言的意义源于人与周围世界的体认性互动。

认知语言学认为,外语学习中的中介语与儿童母语语法学习类似,受系统性、抽象性和表达力等不同层面的因素共同影响。外语学习的过程其实就是目标语的符号单位与母语的符号单位进行认知竞争的过程,因为两种语言代表着对同一世界现象的不同的认识、解释和加工方式,例如,外语初学者在学习 block 一词时很大程度上不理解其表示的"街区"概念,这是因为中国的城市建设规划与西方国家的城市规划很不一样,在西方的城市建设中每一个区域均被"切分"成大小基本相同的"块",外形很像"积木",这也是为什么 block 具有表示"积木"和"街区"的多义性。因此,外语学习者不断通过社会认知模式的重构,在基于使用经验的基础上逐步建立起外语的社会认知模式,随着外语的认知系统越来越独立于母语认知系统,越来越具有自主性,从而建立起新的"形—义"配对体。因此,外语学习不仅要学习语言的形式,还要同时建构与这些形式相关的概念结构和社会认知模式。

从这个意义上看,课堂的教学语法不应只是传统的规则学习,而是应该促进学习者对外语语言系统及其认知模式的理解,同时减少对外语系统的"任意性"的认识,做到"知其然"和"所以然",因为认知语言研究的理论出发点就是语言的"非任意性"(non-arbitrariness)和"理据性"(motivation)。例如,传统语法在讲述定冠词 the 时指出,乐器的前面通常要加 the,球类前面不加 the,但是,有时乐器前也不加 the,这使得学习者比较困惑。导致这一现象的原因在于缺乏对 the 的"体认性"认识。the 表示"定指",其基本功能在于从众多同类事物中进行唯一性(uniqueness)提取(Birner & Ward, 1994)。通常而言,一场演奏会中不只有一种乐器,而球类比赛中只有一个球,这就导致了前者需要用 the 来提取众多乐器中的"唯一"出来，从而为听者所确认，相反，球类比赛因其本质上的"唯一"而不需要 the。这也是为什么专名前面不用 the 的原因。而 "moon" "earth" "sun" 虽然也是唯一的，但人类在最初认识天体的过程中，将它们均视为整个天体的众多组成部分，因而需要用 the 来提取出某一个特定的天体对象。

认知语言学将这些语言理念统摄于体验哲学的范畴下，并从心智的体认性、思维的无意识性和抽象概念的隐喻性三个方面对之进行了全面论证。这三方面是一脉相承的，而"体认性"无疑是认知语言学的主旨理念，它一方面注重客观世界对概念的限制作用，但更重要的是意识到人对客观世界的概念化机制和主动性，认为经验事件对语言的构形和表意功能起到了非常重要的作用。这些论断促使认知语言学所产生的一系列的关键概念对外语教学产生的极其深远的影响。

## 4.1.3 认知语言学在教学中的应用与实践

认知语言学以其"涉身体验"的视角对语言进行了全新的解释，使得语言理解与学习更具心理现实性，更容易触及语言的本质，从而对语言的教学产生极大的影响，同时也涌现出大量的研究成果，如 Kristiansen et al.（2007）将认知语言学理论应用于词汇及短语的教学中，Robinson & Ellis（2008）、Holme（2009） 及 Littlemore（2009）系统阐述了认知语言学的各个理论在二语教学方面的应用，De Knop et al.（2010）分析了如何通过认知语言学的相应理论来提高语言学习的效率，Tomasello（2000）以及 Cadierno & Eskildsen（2015）进一步从体认的角度将认知语言学理论应用于二语习得，Tyler（2012）则以具体的实证方法进行认知语言学理论导向下的英语教学，更有大量其他的单独案例，内容涉及语言教学的方方面面。本节以情态动词为例，基于 Tyler（2010，2012）对情态动词认知教学研究，阐释认知语言学在英语情态动词教学方面的应用。

情态动词一直是外语教学的一个难点，一方面是因为词典对情态动词的定义比较模糊，无法区别不同情态动词之间微弱的语义差异，例如，

# 第 4 章　新时代认知语言学的应用与实践

《柯林斯高级英语学习词典》(第 5 版) 对 must 和 should 的定义分别为：

Must: You use must to indicate that you think it is very important or necessary for something to happen.

Should: You use should when you are saying what would be the right thing to do or the right state for something to be in.

这样的定义对外语学习者而言是非常难以"感知"的，很难解释二者在同一个情境中均可使用的现象，如：

a. You must go to bed earlier.
b. You should go to bed earlier

英语本族语者从直觉上可以对此二句的差异进行区分，a 中的 must 具有较强烈的语气，体现了说话人和听话人之间不对等的社会关系（如医生和病人），而 b 中 should 则具有说教的语气，表现了说话人对听话人行为的修正。这样的差异在词典的解释中很难被发现，甚至本族语者有时也是只能"意会"，无法"言传"。再如，下例为妈妈对不愿游泳的孩子所说的话，此二句均体现了家长对孩子比较强烈的命令语气，a 表现了一种"义务"情态，b 表现了一种"意愿"情态，但这种情态是关乎"妈妈"还是"孩子"传统语法无法对其差异进行解释。

a. You must go to swimming lessons this weekend.
b. You will go to swimming lessons this weekend.

情态动词的难点还在于其多义性，同一个情态词通常包括对客观世界中"义务、能力、许可"等进行描述的道义情态和对推理世界进行描述的认知情态，但对于两种情态如何区分并没有很好的解释，使得语法教材往往通过罗列复杂的情境进行教学，导致学习者对不同用法产生混乱，例如，"You must be home at nine."既可以是"认知情态"，表达说话人的一种推测，也可以是"道义情态"，表达说话人对听话人的一种权威性的要求，但如何对此进行有效区分，传统语法几乎无解，导致很多时候学生对情态动词的使用并不严谨，如在"Considering all the arguments, both pro and con, I believe the court should/might find in your favor."中，律师选择使用 should 还是 might 很可能会影响其所代理的客户对诉讼与否的决定。由于情态动词这些特殊的语义表现，有学者指出，情态动词的学习是英语作为二语习得中最难的一个方面（Celce-Murcia & Larsen-Freeman，1999）。

认知语言学家 Talmy（1988）及 Sweester（1990）从力动态的角度对情态动词进行了全新的解释，认为情态动词不仅作用于物理现实世界中的两个相互作用的事物之间所具有的"施力—反力"关系，也作用于心理概念世界中的心理意愿与心理阻力之间的"施力—反力"关系，从物理现实世界到心理概念世界是一种隐喻性的同构，是从具体到抽象的一种普遍存在的思维拓展模式。这样，认知语言学家就从"物理域"到"心理域"对英语情态动词所体现的"施力"与"反力"之间的关系进行了系统的解释。

认知语言学家模拟人的生活经验，采用"图式"的方式对语言进行了解释，可以生动有效地提高语言学习效果。Tyler（2012）对情态动词进行了比较简单明了的"图式"，如下表（表4-1）所示：（其中，过去时态的情态词表示话语的力量的弱化，说话人对其话语不太确定。从现在时到过去时代表着从事实情境向非事实情境的转变。现在时态的情态词图式以实线表示，过去时情态词图式以虚线表示。）

表 4-1　情态动词图式、意义及用法

| 情态动词 | 图式 | 道义情态 | | 认知情态 | |
|---|---|---|---|---|---|
| | | 意义 | 例句 | 意义 | 例句 |
| must | | 强大外部权威的迫使，具有不可抗拒性 | You must be home by 10. | 相关数据或已有信息迫使我做出结论 X | The court must find in favor of our client. |
| shall | | 行为者意识到外部权威的力量，产生了"义务"之感（图中行为者头部表示其意识性的存在） | Shall we go back home now? | 所有的数据或已有信息自然而然地引导"我"做出比较确信的结论 X | The defendant shall be hanged by the neck until dead. |

# 第 4 章　新时代认知语言学的应用与实践

（续表）

| 情态动词 | 图式 | 道义情态 | | 认知情态 | |
|---|---|---|---|---|---|
| | | 意义 | 例句 | 意义 | 例句 |
| should | | 所施加的外部力量或权威比较弱，所产生的"义务"之感亦弱化 | I should finish this project now because the boss wants it soon. | 如果所有的数据或已知信息符合要求，那么"我"可以得出结论 X | The court should find in favor of our clients. |
| may | | 外部权威通过移除阻力而许可某一行为 | You may leave whenever you are finished. | 没有任何障碍阻止"我"做出结论 X | The court may find in our favor. |
| might | | may 表义的进一步弱化 | You might want to try another approach. | 或许没有任何障碍阻止"我"做出结论 X | The court might find in our favor. |
| will | | 行动力源于行为者自己的意愿 | If I let go of this apple, it will fall. | 依据"我"的了解，相关信息和数据支持"我"的结论的确定性 | The court will find in favor of our client. |
| would | | 较强的意愿去从事某事情 | I think you would like this movie. | 除去偶发原因，相关信息和数据强烈支持"我"的结论 | Under these circumstances, the court would find in favor of our client. |

（续表）

| 情态动词 | 图式 | 道义情态 | | 认知情态 | |
|---|---|---|---|---|---|
| | | 意义 | 例句 | 意义 | 例句 |
| can | | 行为者自己具有的能力 | Nancy can multiply huge numbers in her head. | 无认知情态用法 | — |
| could | | 行为者自己具有的能力发生弱化，隐含了做事情的可能性。 | You could wash the dishes if you wanted to help. | 相关数据提供比较弱的支撑使"我"可能做出结论 X，但该结论不是非常确定 | The court could find in our favor. |

基于这样的认知图式，Tyler et al.（2010）对英语情态动词的认知教学进行了实证研究。受试为美国一所大学的 64 名学生，其母语涉及汉语、阿拉伯语、土耳其语、波斯语、韩语、西班牙语、葡萄牙语、俄语、哈萨克语和法语，其中一半以上的人以汉语为母语。他们在网络托福考试或同等水平的英语语言能力考试中获得了至少 80 分（相当于在纸质的试卷考试中的 550 分）的成绩，大多数人在美国或其他英语国家居住不到一年。

研究人员将受试分为三组：认知教学组（38 人）、传统教学组（16 人）和参照组（10 人）。认知教学组将进行以认知语法为理念的情态动词教学，传统教学组以传统教学模式进行情态动词讲解，参照组不做任何教学，只参加前测和后测试验，其目的在于确保受试在前后测试中成绩的变化不是因为参加的测试本身有所改变，更多的是教学本身所带来的促进作用的结果。

整个实验过程可简述如下：

研究人员在第一天对认知教学组和传统教学组进行了前测。第二天对两组进行情态动词的教学及配对练习（在模拟的各种情景下恰当地使用这些情态动词）。第三天，两组受试在电脑上进行情态动词的

# 第 4 章　新时代认知语言学的应用与实践

自学模块，目的是对之前的课堂教学成果进行显性的强化，之后两组受试进行后测试验。为了使教学更加集中，研究人员只选取了 could、would、should、must 四个情态动词进行教学讲解。下面看具体的实验实施。

## 1. 试题设计

研究人员准备了 A 版和 B 版两套测试题，在前测试验中，有一半的受试参加 A 版本的测试，另一半受试参加 B 版本的测试，在后测试验中，双方互换测试题目，即参加 A 版本前测的受试在后测试验中以 B 版本进行测试，参加 B 版本前测的受试在后测试验中以 A 版本进行测试。

两套测试题分别为由 40 个短对话或段落组成的测试，每个对话或段落均缺少一个情态动词，受试要从 4 个备选项中选择一个最合格的选项（该合格选项在实验开始前在本族语中进行了 100% 的一致性验证）。在 40 个对话或段落中，有 20 个关于情态动词的物理意义，另 20 个关于其概念认知意义。在选取的 4 个情态动词中，每个情态动词均提供了 4 个物理现实义和 4 个概念认知义的题目。此外，为防止教学情态词的单调性，研究人员在题目中额外设计了 8 个以 might 为选项的题目，下面为试题举例：

### 1）概念认知义

题目简介：从"might、must、should、would"中为下例语境选出最合适的情态动词。

A: I can't believe he's 52! He doesn't look a day older than 20.

B: There's just no way a person that age can look like that without some special help. He _____ have had plastic surgery.（正确选项：must）

### 2）物理现实义

题目简介：从"could、must、should、would"中为下例语境选出最合适的情态动词。

A: I wonder why they haven't delivered the pizza. When did you order it?
B: About an hour ago.
A: That's strange. Usually they deliver in 30 minutes. It _____ be here by now! I wonder if the driver is having trouble finding the house.（正确选项：should）
B: Why don't you try calling them and see what's happening?

为确定两个版本测试的等效性，研究人员将两组的测试顺序作为组间变量，前测成绩为协变量，对测试结果进行了双向协方差分析 [two-way analysis of covariance（ANCOVA）]，结果显示 A 版本的前测组的平均分为 21.9，B 版本的前测组为 22，在协方差分析上两组受试在 A 版本和 B 版本的测试顺序上没有显著的差异，eta-方值也显示测试顺序没有差异，换句话说，两个版本的测试在难度上没有差异。

## 2. 认知教学

在教学试验环节中，研究人员分别对认知教学组和传统教学组进行了 50 分钟的课堂教学。认知教学组中，研究人员从力动态的角度对情态动词进行了讲解，具体阐释情态动词从物理行为域向认知心理域的隐喻性拓展，并向受试展示了每一个情态动词的图式形式（见上表中图式），其目的在于让受试更简单明了地掌握每一个情态动词所体现的生活经验图式，并阐释了"HERE IS NOW，THERE IS THEN"的隐喻机制以解释情态动词的现在形式和过去形式所体现的"确定性"的差异。

紧接着，研究人员以图式为基础对每一个情态动词进行了多种形式的讨论。例如，在讲解 will 时，研究人员伸直手臂以表达前行的驱力，这是 will 在物理行为域中所表现的意义，通过这一演示，研究人员同时讲解 will 的名词义，如"my own free will""She has a lot of willpower."。在讲解 will 在心理认知域中的意义时，研究人员让一名受试走出教室，关上门，然后敲门，并问教室里的受试在多大程度上确信是那名同学在敲门。教室里的受试表示虽然不能看到是那位同学在敲门，但有足够的理由确信是他在敲门，通过这样的演练，研究人员随即

## 第 4 章  新时代认知语言学的应用与实践

向受试讲解了 will 所体现的说话人在认知心理域中的确认度。整个过程中,学生可以随时提问或给出自己的例子。这样的讨论持续大约 50 分钟。

随后,学生两两一组进行模拟场景练习。老师首先给出一个模拟场景,让学生根据场景体会相关情态动词的用法,然后再结合场景就该情态动词进行认知语义分析,如:

场景练习:
You should go to the doctor.
In what context do you use "should?"(对语境句进行下划线)
情境 A:You've been coughing for two weeks. You should go to the doctor. Do you think "should" works for this context? Why or why not?
回答:Yes, "should" works. 其原因在于:By using "should", the speaker (who is acting as the outside authority) is giving a strong suggestion. The speaker is very concerned about his friend's health since he has been sick for so long. "Should" also shows the speaker thinks the listener has some responsibility to follow the suggestion. Anyone who has had a bad cough for two weeks knows going to the doctor is a good idea. The speaker thinks that it is clearly in the listener's best interest to follow this suggestion.

随后,研究人员让学生两两之间思考两个其他场景,并将其对场景中的问题的回答写在纸上(学生可以参考所发的讲义、图式等)。整个过程持续 20 分钟,其中会有两个研究人员在教室走动,对学生的互动活动进行鼓励或提供必要的帮助。

四天后,学生在计算机实验室再次通过电脑复习 should、would、could、must 的用法。随后,计算机会展示 8 个场景,其中 4 个涉及情态动词的物理现实用法,另外 4 个涉及认知概念用法。每个场景配以 3 个问题,下面是以 must 为例的场景:

must 场景:
Consider the forces at play in this use of MUST:
Rachel: Our professor is very strict about meeting deadlines. He said he would not accept any late homework. That means I must get my homework in

by 5 p.m. today or not get any credit.

随后电脑显示：Click on the source of the force shown by Rachel's use of "must":

(1) Rachel's internal desire to do well in the course.
(2) Rachel's respect for the professor and her internal acceptance of his authority.
(3) Rachel's understanding of the professor's right to set strict deadlines and that she has no choice but to follow the rules if she wants to get credit for the homework.（正确选项为 3）

所有受试在完成 50 分钟的电脑自学复习后立即进行后测。

## 3. 传统教学

传统教学通过言语行为活动进行。研究人员让受试观看一则短视频，视频中涉及情态动词在言语行为中的使用，如下面 A 请求 B 帮忙：

A: B, could you help me make this work?
B: Yes, of course, I could.（B again begins to leave.）
A: Wait B, would you help me?

然后，研究人员以传统方式讨论 could 在和 would 在对话中的用法。例如，第一次出现的 could 在本质上具有歧义，既可以表示"请示"（本例所应取意思），也可以表示对"能力"的询问。但 B 显然在回答中取了"能力"之义，因此，在外语学习中，如果对方使用 could 寻求帮助，如果要进行肯定性的回答通常要用 can（如 B 可以说：Yes, of course I can help.）。然后研究人员和学生讨论了 could 和 would 的区别。

在做了课堂视频教学的导引之后，研究人员给学生发了一些关于情态动词在言语行为中的用法总结的讲义，总结涉及 9 个言语行为场景，包括"表达物理能力""寻求/给予许可""做出请求""提供建议""提供意见""表达喜好""表达必要性和义务""表达未来可能性"以及"做出假设"，如下表（表 4-2）为"提供建议"和"做出假设"这两种言语行为的情态动词用法：

## 第4章 新时代认知语言学的应用与实践

表 4-2 情态动词的功能及举例

| Speech Act | Modal | Examples |
|---|---|---|
| Give advice | should | Anne seems to struggle with math and physics. She should get a good tutor. |
|  | ought to | If you are having trouble making friends, you ought to spend more time with rest of us. |
| Make assumption | may | I have tried to call Mary several times, but no one has answered. I may have the wrong number. |
|  | might | She might be at the liberary. She always studies hard for her exams. |

为提高课堂的活跃度，研究人员同样在教学中使用了角色表演的方法，同时让学生就相关情态动词的用法总结提供自己的一些使用例子。这样的讲解持续40分钟。

接着，研究人员让受试进行了三个互动性的活动，其目的在于让受试通过演练来再次熟悉刚才所学习的情态动词在言语行为中的用法。"活动1"为给定命题的对话，受试两两一组，使用合适的情态动词完成一个给定内容的对话；"活动2"中，受试要在一则给定的对话中找出6个运用错误的情态动词，然后使用正确的情态动词表达出来，这同样是两两分组进行。"活动3"为四人一组，受试要通过对话决定收看哪一个电视节目，该活动的目的在于让受试使用表示请求、提供建议或意见或表决等的情态动词进行言语行为活动，从而正确使用情态动词。研究人员在整个过程中控制每一个活动的进行时间，以保证三个活动均能有效开展，能够使用每一个情态动词进行课堂活动。整个活动中受试可以参考讲义进行情态动词用法的正确使用。

四天后，言语行为教学组同样进行了50分钟的机上考试，其目的在于进一步巩固之前所学内容。考试内容为阅读9个段落，每个段落涉及之前讲义中的某一个言语行为活动。然后是回答问题，其中一类问题要求受试根据段落内容选择一个合适的情态动词以描述该段落所表达的言语行为，另一类问题要求受试对段落中几个错误的情态动词进行更正。整个考试过程持续50分钟。这样的过程完成之后，进行了后测试验。

## 4. 后测结果

为在考虑先前知识影响的情况下确定认知教学组是否比传统教学组的效果要好，研究人员使用 SPSS 进行协方差分析（ANCOVA），不同受试间的自变量为"认知教学"和"传统教学"，因变量包括情态动词的后测分数，协变量为情态动词的前测分数。

测试结果满足协方差分析（ANCOVA）假设。各组的前测和后测得分均呈正态分布，偏度和峰度均无显著性差异。根据 ANCOVA 的要求，协变量（前测得分）与教学本身的效果无关。此外，Levene's Test of Equality of Error Variances 不具有差异性（p=0.902），表明没有违背方差齐性（homogeneity of variance）的假设。

认知教学组和言语行为教学组的后测调整平均数（根据前测结果进行调整）分别为 23.3 和 20.6。ANCOVA 显示了教学类型的主要影响：$F(1,53)=7.31$，$p=0.000$，$\eta p2=0.125$。使用 Bonferroni 调整进行多重比较，置信区间为 P=0.5 时，认知教学组和言语行为教学组之间的平均差异为 0.7 到 4.6。因此，从统计分析的结果看，以认知语言理念为导向的教学方法对两组受试间的差异贡献了 12.5%，认知教学组明显优于传统教学组。

### 4.1.4 认知语言学教学实践之评价

认知语言学摆脱了很多传统语法术语而从人类经验的角度进行语言解释，为了尽量模拟人类的生活经验而创造了许多全新的术语，纵然这些术语是对人类生活经验和方式的表达或模拟，但对于未接触过认知语言学的外语教师而言是比较大的挑战，他们在缺乏专业化的认知语言培训的情况下无法自如地将该理论应用于具体的外语教学，诚然，语言的理论分析是纯粹的学术研究，但缺乏对理论的了解与掌握必然造成应用能力的欠缺，从而导致理论分析与实践不能有效结合。如 *Longman Grammar of Spoken and Written English*（Biber et al., 1999）是一本基于实际语料而编著的词典，其中对情态动词的使用方法做了极其细致的描写，但如果教师想要基于认知语言学的理论对其实际语料进行分析，必然要首先了解相关的理论，而这样的理论素养必然需要教师进行专业的认知语言学训练。

此外，基于使用的语法讲授往往很难应用于外语的初学者，他们的认知系统往往并没有建构相关的生活经验图式，同时，如果缺乏对语言系统的了解而只是基于经验图式的讲授，必然会导致一些碎片式的语法学习，无法获知语言的全貌。例如，Sweester（1990）在利用"力动态"概念解释 can 和 may 的区别时指出，can 体现的是行为者自己本身所具有的能力，即这种能力源于行为者自身，而 may 则是某种权威的阻力移除后，使得行为者可以表现出某种"力"。Sweester（1990：53）进一步将 can 比作汽车加油的情形而将 may 比作汽车在车库中被车库门挡住的情形，前者体现的是汽车本身的动力，而后者则是汽车的动力受到了车库门的阻碍。这样的解释在认知语言学研究者看来很清楚明了，但对于语言学习者来说未必如此，正如一位学习者所指出的，"我并不想用'油箱''车库门'这样的方式来理解并决定如何在句子'We ___ drive out because the gate's open. 或，It ___ rain this afternoon.'中进行 can 和 may 的选择"（Tyler，2012：104）。因此，在认知语言学研究中，还应不断探索其理论研究与具体应用的有效结合。

## 4.2 认知语言学在汉语研究中的应用

认知语言学对中国语言学界的影响始于 20 世纪 80 年代末 90 年代初。最初主要是通过一些书评、研究述评和海外文章的翻译向国内学者引荐一些主要的研究成果和观点（束定芳，2018），例如，沈家煊（1993，1994）对句法的象似性问题及 Langacker 认知语法理论的介绍，石毓智（1995）对语言范畴化理论的评价，林书武（1995）对隐喻理论的介绍，以及戴浩一（1988）和王寅（2001）等均对认知语言学进入中国并引起关注起到了积极作用。

随着理论引荐的推进，学者们进一步将相关理论应用于汉语的具体语言现象的研究，产生了大量的研究成果。束定芳（2018）指出，这些成果主要表现为三个方面：一是将认知语言学的相关理论应用于汉语法的研究，在推进认知语言学理论发展的同时，重构汉语语法体系，如沈家煊运用认知语言学理论对汉语的词类体系进行了重新的认识，提出的"名包动"学说引起了汉语界的广泛关注和讨论，对传统汉语语法的语法观念和研究方法产生了很大冲击；二是以陆俭明为代表的传统语法研究者应用认知语言学中最重要的流派之一——构式语法的一些观点和方法，对汉语语法中的一些现象进行了重新审视，拓展了汉语语法研究的内涵和外延；三是以袁毓林、石毓智等为代表的中年学者20多年来，从最初应用认知语言学的一些基本概念和成果解决汉语语法研究中有争议的话题，到后来运用认知语言学的原理和相关理论系统思考汉语语法体系的特点和发展过程。这些研究通过认知语言学的理论主张，对汉语语法背后的认知机制和文化背景进行深入挖掘，为揭示汉语语法和语用的特点提供了更加丰富、更具深度的解释力。

## 4.2.1 认知语法与汉语研究

"认知语法"是由 Langacker（1987，1991）在空间语法（Space Grammar）的基础上提出的最全面、最详尽的语法理论框架，旨在通过人类认知与社会互动的关系及表现而建立起一套直觉上自然、心理上现实、实践上可行的语法描写与解释框架（Langacker，2008：3）。

认知语法认为，语言由一套符号结构（symbolic structure）组成，每一个符号结构融合了其所应有的语义结构和音位结构，词汇和语法结构均是符号结构，其差异仅在于具体或抽象程度的不同，词汇表达了相对具体的概念，语法表达的则是相对抽象的概念，因此，词汇和语法结构是抽象度不同的有意义的符号结构。语言的根本特征就在于其结构的合成性，即由简单的符号结构不断递归而组合成复杂结构。任何一个符号结构的意义表征均是依存于一个更大的概念基体（substrate）之上的，这样的概念基体提供了理解和表征该符号结构的背景知识，不同的概念基体会导致同一符号结构具有的不同的识解结果，因此，识解本质上反映的是说话人或听话人所具有的背景知识对特定符号结构的赋值权重的不同，因此，识解具有主观性（subjectivity），而非绝对的一

# 第 4 章　新时代认知语言学的应用与实践

成不变，因此，符号结构又是象征性的（symbolic），或可称为"象征结构"。

认知语法的"认知性"在于其强调了人对世界的概念化结果在语言中的反映，这种概念化又受人的总体认知能力的影响，因此，语言能力与人类总体的认知能力不可分割，或者说是人类总体认知能力的一部分，其中，范畴化认知能力对语言的影响非常广，特别是对重新认识汉语的语法体系产生了深远影响。

## 1. 范畴化与汉语的词类范畴

范畴化是人对事物进行分类和概念编码的认知能力。从亚里士多德开始的两千多年里，人们认为事物是基于共性特征进行归类的，凡符合某一客观标准或属性的事物归为一类，否则排除在外，这样的范畴化方式称为"标准—属性模式"（criterial-attribute model）（Langacker，1987），是一种"离散范畴观"（沈家煊，2017），这样的范畴观在人类社会中一直占据着主导地位，因此是一种经典范畴化理论（classical view of categorization）（Lakoff，1987：5）。

认知语言学家则根据维特根斯坦"家庭相似性"理论指出，范畴之间没有绝对的界线，一个范畴的内部成员之间也并非绝对的具有完全相同的属性，而是存在着程度不等的相似性，范畴之间不是"非此即彼"的关系，而是具有"连续性"的过渡阶段。这样的范畴观被称为"连续范畴观"，其表现模式有两种，一种为"类典型模式"（prototype model），另一种为"图式模式"（schematicity model）（Langacker，1987），二者本质上是相通的，均认为在范畴化过程中，存在一个标准参照体（S），目标体（T）通过与标准体（S）进行相似性比对而获得标准体（T）的完全允准（full sanction）或部分允准（partial sanction），从而获得成员资格，这样的范畴化过程可表征为（S→T）。但两种认知在标准体的变现形式以及允准方式上有所不同。

"类典型"模式中，一个特定范畴中的标准体即是该范畴的典型成员，目标体（T）通过与该典型成员进行特征比对而获得成员资格，由于目标体与典型成员之间存在不同程度的差异，因此获得部分允准，这种具有"差异"特征的目标体成员进入该范畴的方式称为范畴的延展（extension）。"图式模式"认为，一个特定范畴的标准体并不是某一个典型成员，而是一个对范畴成员的共性特征进行抽象提取的图式（schema），目标体（T）通过与该图式进行相似性比对而获得成员资格，由于该图式是对范畴成员的高度抽象，而目标体（T）在特征表现上比较具体，因此目标体很容易表现出与图式完全拟合的特征而获得完全允准，这种"良好"（well-formedness）成员进入范畴的方式称为"精细化"（elaboration）或"特定化"（specialization）。

沈家煊（2010，2016，2017，2020 等）基于认知语言学的连续范畴观，从汉语的词法、句法、否定、韵律以及"是/有"关系等诸多方面证明了汉语"名词包含动词"的观点。在词法上，汉语的构词以复合为主，字（"词根"）和字（"词根"）的组合构成词语，而每一个字本身可以单独使用，发挥句法功能，如"作业"是由"作"和"业"构成，二者又各自可以独立使用，如"日出而作，日落而息""农忙时业农，闲暇时业商"。而英语构词则以派生为主，严格区分出"词根"和"词缀"两个相对立的结构，如 writer 由词根 write 和词缀 -er 构成，词缀无法独立发挥语法功能。因此，英语的词根和词缀总体上是对立的（有小部分重合），词根是词根，词缀是词缀，二者有着本质的不同。汉语在词的部件构成上并没有绝对的"非 A 即 B"的范畴划分，字即是词，词也可能是字，字和词在范畴上具有连续性。由此类推，汉语在词性划分上亦没有绝对的分界线，与英语有着显著的不同。

英语中的名词是名词，典型的功能是作主语和宾语，动词是动词，典型的功能是作谓语，动词作主语和宾语时要进行形态变化，如"His wife died last year."和"Her death was a shock to him."。汉语则并不严格区分动词和名词，凡是动词均可以当名词使用，发挥名词的语法功能，如下例中的动词均是当名词使用，在句法中作主语或宾语，但形态上并没有发生名物化：

a. 我不怕死，死不可怕。
b. 打是疼，骂是爱。
c. 吃有吃相，站有站相。

d. 你找老婆是找妈还是找抽？抽你没商量。
e. 我想是，是就好。
f. 有总比没有好，大家还是想有。

由此，沈家煊（2015b）指出，汉语中的名词是一个包含动词和形容词在内的大名词类，其"名动包含"格局可示如下图（图4-1）：

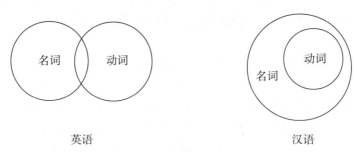

图4-1　汉、英名动词类的不同格局（沈家煊，2015b：138）

换句话说，汉语里动词"构成"了名词的一个次类，动词与名词是一种"构成"关系。"构成"这一属性特征表明汉语的动词可以直接当名词用，无需做任何的形态变化。而英语不同，英语的动词与名词是一种"实现"关系，就是说英语的动词与名词互相独立，动词名用时要进行形态变化，否则不合语法要求（沈家煊，2009b）。

不仅动词在汉语中具有名性表现，其所构成的谓语结构亦不只具有述谓性，也可以具有指称性。如"杀了一头耕牛"在"他杀了一头耕牛"中是谓语结构，指称性不明显，但在"他承认杀了一头耕牛"中则是指称语，成了宾语结构，而整个述谓结构"杀了一头牛"本身并没有任何的形态变化。这样的表述差异在英语中必须通过形态体现述谓和指称的差异，如"He killed a bull."和"He acknowledged killing a bull."。因此，汉语的谓语具有"指—谓"二象性，兼具"指称性"和"述谓性"，谓语属于指称语，是一种动态指称语，可以指称动作、行为、性状等，这正是汉语"名动包含说"的实质（沈家煊，2017b）。

沈家煊（2009a）指出，动词名用更符合"隐喻"的一般规律，人们通常通过具体事物来理解抽象事物，将抽象事物具体化是人类进行"本体隐喻"认知的能力。相比实体而言，动作要更加抽象，因此，通过名词去理解动作可以更容易地对动作进行"实体化"的认知加工,同时保留动词的一些性质,如"这本书的迟迟不出版"中"出版"本为名词,在该句话中为"名用",但其前面依然可以受"不""迟迟"等修饰动词的成分修饰。因此,在汉语中,动词用作名词是一种"构成关系",动词无需进行形态变化即可当名词使用,这样更符合认知的经济性,对中国人而言,"事"就是"物","活动"就是"实体",二者没有本质的区别。因此,汉语的动词本质上是"动态名词",是汉语"大名词"的一个次类。

从"名动包含"的观点进一步引出汉语中的谓语也是指称语、补语也是一种宾语、状语也是一种定语等一系列"类包含"的汉语观(结构的平行性和语法体系的构建),这样,整个汉语的语类体系就分为"大名词"和"摹状词",二者的区分是以汉语"重叠"这一重要的形态手段进行界定的,"大名词"包括事物名词(通常说的"名词")、动作名词(通常说的"动词")、属性名词(通常说的"性质形容词"),"摹状词"则是不同词类基础上经重叠而形成的一类主观性较强的词类,这样的重叠在汉语中具有极强的普遍性和多产性,传统分类中的名词、动词、形容词以及一些临时组合结构均具有重叠的潜能,如(沈家煊,2015a):

丝:河面上漂浮着丝丝霞光。
山水:山山水水地画个不停。
飘:飘飘白雪飞扬在空中。
一颠:车身颠得一颠一颠的。
慢:慢慢地朝前移动。
很烫:很烫很烫地做了碗姜汤。

因此,重叠和单双音节的区分是汉语自身的重要形态,通过这两种形态手段区分出"大名词"和主观性较强的"摹状词",然后在"大名词"内再划分出主观性较强的形容词(词饰)类,并进一步按形容词的单/双音节区分出"定性"饰词和具有主观性的"摹状"饰词。动词内部的分类也是按照主观性强弱区分出非作格动词和非宾格动词(汉语词类主观性)。

## 第 4 章　新时代认知语言学的应用与实践

刘正光、徐皓琪（2019）在"名动包含"的基础上，进一步指出汉民族"时空同态"的语言范畴观，认为汉语中对时间和空间关系的编码与表达并不像欧美分析哲学所强调的"时空分立"观那样将时间和空间分立开来，而是将时空融合，形成一种"同态"的表达方式。例如，在英语中，名词和动词进入句法后必须通过一定的形态手段进行"入场"，否则不合语法，如在句子"The boy kicked the dog."中，名词 boy 和 dog 通过定冠词 the 实现空间定位，获得有定解读，为听者所确认，kick 通过时态标记 -ed 实现在时间上的定位，也获得了"有定"表达。没有入场的表达"boy kick dog"在英语中只是一个悬空的概念，不具有交际意义，不是一个言语表达式。

汉语则不同，其名词和动词入句无需做任何的形态变化，如在"经理拍打着桌子"中，"经理"为有定解读，"桌子"既可以是有定解读，也可以是无定解读，但无论如何，"经理"和"桌子"没有任何辅助的入场标记而直接入句。此外，汉语的名词直接入句构成谓语结构，表达时间意义，如：

a. 今天周一。
b. 一人之下，万人之上。
c. 窗前一盆君子兰。
d. 那张桌子三条腿。

上述句子的谓语均为名词结构，换句话说，在英语句法中以动词实现的时间概念在汉语中通过名词结构就可以实现。名词本质上是一个空间概念，而汉语则通过空间概念实现了对时间概念的表达，体现了一种时空同态的语言表达模式。

汉语的时空同态还体现于汉语的构字方式。汉字在笔顺以及偏旁部首的组合中遵循的是语言线性时间编码原则，同时也具有空间上的编码属性。在空间图像编码中，汉字的结构布局即是对相应的空间要素的临摹，同时也受非线性空间法则的支配。例如，"日"字在汉字的合体字中因其位置的不同而使合体字的意义不同。当"日"在合体字的左边或上边时，通常表示早晨或较早的时间；当"日"在合体字的下边或右边时，一般表示下午、黄昏等较晚的时间，如"晨、旦、早、曦、晰、晞、晗"等均表示时间较早之义,而"普、旧、昏、暮"等均表示时间较晚之义。因此,汉字在空间上的结构布局本身即编码了汉民族对时间关系的认知。

"名动包含"和"时空同态"的语言表达本质上亦是对汉民族在事物认知与概念表达中所采取的连续范畴观的体现,而这种范畴观与中国传统哲学中的"天人合一""体用不二""有生于无"以及"物犹事也"等认识是一脉相承的,是汉民族对世界图像作为"和谐一体"的常态认识。

## 2. 主观化与范畴的词类划分

除范畴化理论外,语言的主观化理论亦对认识汉语的理论体系产生了广泛影响。语言主观化理论是认知语言学近年来比较有影响的理论之一。语言的主观化现象体现的是发话人在言语表达过程中对自我的意识性关注(consciousness of self),即发话人在说出一段话的同时表达了自己对该话语的看法或态度,该现象近年来受到认知功能学派的充分关注(Langacker, 1985, 1990; Lyons, 1982, 1995; Nuyts, 2001; Stein & Wright, 1995; Traugott, 1989; Traugott & Dasher, 2002; 沈家煊, 2001, 2002; 刘正光、李雨晨, 2012; 吴福祥, 2011),并形成了诸多研究范式(Iwasaki, 1993; Nuyts, 2001; Verhagen, 2005; Verstraete, 2001),尤以Traugott(1989, 1995, 2003)所倡导的历时范式和Langacker(1990, 1998, 1999a)所倡导的共时范式为代表。两种范式均涌现出大量的研究成果,并有各自相应的论文集出版,前者以Davidse et al.(2010)为代表,后者则以Athanasiadou et al.(2006)为代表,而较早期的Stein & Wright(1995)以及吴福祥(2011)则是对二者的综合。

Langacker(1995)认为,发话人的看法或态度本质上是在言语情境中的共时视角的解读,是知觉情境中处于"台下"的观察者(发话人)与"台上"的被观察者(事物)之间所形成的非对称性关系而形成的解读视角,"台上"的被观察物具有最大的客观性,而"台下"的发话人具有最大的主观性。一个成分的主观性总是和"场"具有认知关

## 第 4 章　新时代认知语言学的应用与实践

联，相应地，主观化的过程就涉及一个本为客观识解的成分逐渐转化为通过"场"中相关成分的认知参照进行识解。因此，语词主观化的过程就是"客观的识解关系向主观轴转变的重新布局（realignment）"。

Traugott（1982）则认为，语言主观化是一种历时视角下的语用法的语义化，一个语项或结构最初表达的是客观的命题义，由真值义组成，具有"所指的实证性"，经过语法化演变后，逐渐产生了以说话人为参照的表述义，用以表达说话人对其所述内容的态度或视角，而且，主观化的演变具有单向性，很多语词在历时层面会逐渐产生出三种意义：命题义、文本义和表述义，命题义具有客观性，而文本义和表述义具有主观性，其语义演变过程体现出"命题义→（文本义）→表述义"的演变单向性。

共时的视角解读与历时的语义化其实互为补充，因为语词主观义的固化在历时演变的过程中首先是基于"发话人"和"受话人"在言语交际中的视角解读，这种解读最初只是一种临时的语用义，经过语言社团的广泛使用而逐渐固化，并最终成为语词的新义项（Barcelona, 2000; Traugott, 1999; Traugott & Dasher, 2002），新义项一旦形成，便会进一步拓展发话人的共时观察视角。因此，共时层面的语言现象是历时发展的产物，语项在共时层面上的视角选择是受其在历时演变中的语义积淀制约的，一个语项如果在历时层面上没有产生与发话人相关的主观义，就无法在共时层面完成与发话人相关的视角选择。

共时主观化和历时主观化均认为语言表达体现的是发话人在话语中对"自我"的立场、态度和感情的关注，从而在话语中留下自我的印记，这种"自我"主要表现为发话人的视角、发话人的情感和发话人的认识三个方面（Finegan, 1995; 沈家煊, 2001），国内学者围绕这一观点进行了大量的汉语研究，研究对象涉及副词、形容词、动词，尤其以副词为最多（徐以中、杨亦鸣, 2010; 张宝胜, 2003; 邓川林, 2010, 2012; 齐沪扬、李文浩, 2009 等），抑或研究汉语的句法主观性（刘正光, 2011; 刘正光、李雨晨, 2012），以及研究情态范畴（宋文辉, 2005; 方梅, 2005, 2008; 曾立英, 2005; 孙朝奋, 2008）。其中，沈家煊（2001, 2002, 2009）通过对汉语相关语言现象进行分析指出汉语是一个强主观性的语言，并通过主观化理论重构了汉语的词类体系。

沈家煊（2002）从主观化理论的视角分析了汉语"把"字句的主观性，认为"把"字句的语法意义在于体现言者主观"处置"，即说话人认定是主语对"把"后的宾语进行了某种"处置"，是与客观处置相对的一种言者认定，如：

a. 他喝了一碗酒。
b. 他把那碗酒喝了。

a 表示一种客观的"处置"，说话人只是在客观地描述一件事实，没有任何的个人情感和视角的介入，b 则体现了发话人的视角介入，发话人在描述"他喝那碗酒"这一事件的同时，还体现了"那碗酒"与自己的认知"场"在距离上的"亲近"，从而对其具有主观的"移情"效应。"把"的这种与"场"比较"亲近"的视角主观性本质上是源于其表示"握、持"这一客观的动性义的语法化，从而使得发话人可以对"把"后宾语表达"自我"的视角、情感和认识，如：

a. 我吃了野菜。→我把野菜吃了。
b. 我吃过野菜。→*我把野菜吃过。
c. 扔了手榴弹了。→把手榴弹扔了。
d. 他递给了我一支铅笔。我向他借钢笔，他却把一支铅笔递给了我。

a 中"我把野菜吃了"体现了说话人的"现时视角"，体现了说话人在言语交际现场对事件的认定，因为"V 了"是一个和"现在"相联系的概念，而"V 过"并不突显和"现在"的联系，只是客观报道一个经历。c 中客观的"扔了手榴弹了"中的"扔"主要作"抛掷"解，而主观的"把手榴弹扔了"中的"扔"则主要作"抛弃"解，手榴弹为一个受损物，体现了发话人对该手榴弹的"移情"，而"抛掷"的手榴弹并不是受损者，因而不涉及言者移情。d 中前后两句均表达"他给了我一支铅笔"之义，但前一句是对该事件的客观陈述，而"他却把一支铅笔递给了我"表达了说话人"出乎意料"的意味，体现的是说话人对事件不同于其客观表现的"自我"认识，即说话人觉得"他给了我一支铅笔"这件事不应该发生，体现了说话人对该事件的情态判断。

汉语中这种句法的变换表达非常普遍，超出常规表达方式的句子往往体现了发话人的主观性。沈家煊（2009）进一步证明了汉语所具有的主观得失句和主观认同句，如：

a. 王冕死了父亲。
b. 我是日本太太。

a 表达的是主观得失句，说话人认为"王冕死了父亲"对"王冕"来说是一个比较大的损失，而"王冕病了父亲"不能说，是因为"父亲病了"给王冕造成的损失要小，但"王冕母亲昨天刚住院，今天又病了父亲"就可以说，是因为在这种情况下"父亲病了"对"王冕"的影响要大得多。因此，主观得失句使用的前提是"说话人计较事情的得失，并且移情于得失者"（沈家煊，2009：9）。

b 是一种主观认同句，说话人把自己同太太之间通过"是"建立同起关系，从而将自己直接移情于太太，表达自己对太太的一种强烈的移情效应。相反，"我是日本嫂子"不太能说，是因为说话人容易移情于自己的太太，却很难移情于自己的嫂子，很难将自己和她等同起来。

沈家煊（2015）将主观化理论进一步应用于汉语的词类体系研究中，认为汉语的词类体系本身就具有较强的主观性，这种主观性首先表现在汉语对"大名词"和"摹状词"的区分。所谓"大名词"是指汉语中传统上所说的名词、动词和性质形容词均包含于名词范畴，构成汉语的"大名词"，大名词不管是单音节还是双音节，均可以重叠而成为摹状词，摹状词具有较强的主观性，通常表达的是发话人对情状的表述，具有主观评估作用，如：

水：眼睛水水地流着泪；山水：山山水水地画起来；（名词重叠）
跳：头跳跳地痛；指点：别指指点点地说别人；（动词重叠）
慢：慢慢地移动；大方：大大方方地走过来。（形容词重叠）

此外，汉语还一种 XYY 的重叠格式，其中的 X 可以是名词、动词和形容词，如"情切切、路迢迢（名）；笑眯眯、骂不唰唰（动）；静悄悄、软绵绵（形）"。此外，在一些文学作品和方言中也存在大量的重叠表达。

因此，重叠是汉语非常普遍的一种语言表达形式，是汉语固有的一种形态手段，其作用在于将主观性较强的摹状词区分出来，以区别于"大名词"，这是汉语的词类体系中进行的首要区分。在"大名词"内部，汉语则区分了名词（含动作名词，即通常所说的动词）和形容词（属性名词），因为形容词跟名词、动词在韵律结构上形成鲜明的对比，而形容词的本质属性在于表达人对事物性状的认识结果，因而具有较强的主观性。在形容词的内部，汉语则区分了客观性较强的单音节性质形容词和主观性较强的双音节形容词。

## 4.2.2 构式语法理论与汉语研究

### 1. 构式

构式（construction）是语言中普遍存在的一个表达现象，可以用来指词汇层面的结构，如动词的被动结构（be-v-ed）或分词结构（v-ing、v-ed）即可视为一种构式，也可以用来指句法层面的结构，如主谓结构（S-V）、主谓宾结构（S-V-O）和主系表结构（S-be-A）等。

认知语言学家指出，传统上将词汇（特别是动词）视为句子的核心并通过词汇来识解句子意义的方式并不能解释句子的全部意义现象，某些语句形式所具有的意义其实是独立于词项而存在的，这种相对独立于词项（特别是动词）而存在的意义就是构式义，该义与其构式形式构成"形—义"的配对体。例如，英语中的"使役移动构式"的形式为 [ 主语（Subj）+ 谓词（V）+ 宾语（Obj）+ 旁格补语（Obl）]，其义为"X（主语）使得 Y（宾语）移向 Z（方所）"，该构式义可以使进入其中的动词违反其词项义本身的语义限制而成立，如英语中 sneeze 本为不及物动词，但在"Pat sneezed the foam off the cappuccino."中则变为三价动词，具有携带有施事、受事和始源处所三个参与者角色的题元结构，这是因为"使动构式"的构式义赋予了 sneeze 在该构式中的新意义。

作为形义结合的象征单位，构式的形式极包括音位和"形态—句法"特征，意义极包括语义、语用和语篇功能特征等，因此，构式几乎存在于语法分析的各个层面，如词素、词、习语、句子等，如表 4-3 所示：

# 第 4 章 新时代认知语言学的应用与实践

表 4-3　各个层面的构式形义分析

| 构式层面 | 构式的形式 | 构式的意义 | 例示 |
|---|---|---|---|
| 词素 | [ANTI-] | 反 | Anti- |
| 词 | [AND] | 连接关系 | And |
| 习语 | [V Obj] | 动作 V 作用于 Obj | Spill the beans |
| 句子 | [Subj V Obj1 Obj2] | Subj 使 Obj1 得到 Obj2 | He faxed Bill the letter. |

各个层面的构式并不是无序地孤立存在于一个语言中，而是组成了一个高度结构化的层级网络，各级构式之间具有某种相互关系，如"图式—例示"关系、上下义关系、多义关系、同义关系、隐喻/转喻关系等。词和句法之间没有严格的分界线，它们只是不同层面的构式，其差异只体现在内部的复杂程度及各自所描写的音位形式的不同而已，它们的本质是相同的，都是用一定的形式表达一定的意义。例如，句法构式更多地表达的是图式意义，而词则相对具体一些，句法上的抽象图式可以由特定的词汇构式进行填充，如上表中的双宾构式 [Subj V Obj1 Obj2] 可填充为："He faxed Bill the letter." "John gave Mary the flowers."。有时，某一层面上相对具体的构式既是对句法构式的例示，也是对词汇构式的例示，如图 4-2 所示：

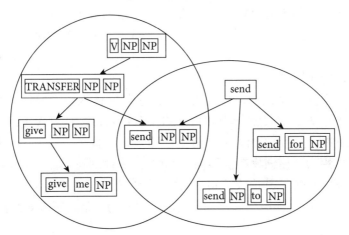

图 4-2　词汇与构式网络——以双及物构式为例（Langacker，1999b：123）

上图中，两圈相交处的 [send NP NP] 既是对双及物构式 [TRANSFER NP NP]（该构式又是对其上位构式 [V NP NP] 的例示）的例示，也是对动词 send 的例示。因为动词本质上突显的是关系，这种关系所涉及的特定元素构成了一个有关动词的用法结构（如右圈中的 [send [for NP]]），而不同元素所组成的不同构架即组成了该动词的构式网络（如右圈中的三个结构所形成的网络），所以，构式 [send NP NP] 既是对句法构式的例示，也是对词汇构式的例示。这同时也表明词汇和句法并无明确的界线，都是不同层面的构式而已，从抽象构式到具体构式呈现一个连续统效应（Langacker，2009：2）。

## 2. 构式语法

在构式认识的基础上，认知语言学家针对转换生成语法所提出的"词汇投射原则"和"句法转换规则"等不足而提出了构式语法理论，代表性的有 Kay & Fillmore 的构式语法、Langacker 的认知语法，Croft 的激进构式语法，以及影响最大的 Goldberg 的构式语法理论。虽然理论偏向有侧重，但上述构式语法学家们对构式的"整体性"的认识是一致的，均认为传统上采取的以词汇为中心的意义解释路子是不充分的，例如，有些习语的意义无法通过转换生成规则从其词汇成分获得，其意义是由买主的整体结构赋予的。因此，构式义具有不可预测性，不能从其组成成分中推知。由于每个构式都是形式和意义的配对体，均具有独特的语法意义，不管是形式还是意义均无法从其组成成分或其他构式中推知当前构式的意义。

构式语法学家认为，构式的意义源于其所体现的经验结构和概念基础，源于人们对日常行为和事件的概念化表达，是对人类经验进行的抽象的图式概括。如人们日常生活的基本经验之一就是"某人对某物施以作用力，使该物产生移动"。这一经验体现在语言中就是所谓的"使役移动构式"。其形式（句法结构）和意义（语义结构）及其对应关系图式如下（如图 4-3）。该构式的固有意义为：某人使得某物移向/出某地。

## 第 4 章 新时代认知语言学的应用与实践

**图 4-3 构式句法结构和语义结构的对应关系**

Goldberg（1995）认为，句法构式具有多义性，其中心义以生活中的具体体验或实际发生的事件为基础，进而以语言中特定的高频动词为体现，如英语中双及物构式的中心义是以 give/pass、throw、bring 等体现的，扩展义则表现了非实际发生的事件，通常以其他动词体现，如 leave、grant/permit、allow/deny、refuse 等。扩展义和中心义之间具有转喻、隐喻等关系。

构式语法研究的一个基本思路是：通过对构式义的分析，研究哪些词项（通常为动词）可以进入相应的句法构式。能够进入相应构式中的动词必须满足该构式的语义/语用制约条件，也就是说，并不是所有具有相似性质的动词都能进入某一构式，如下二句所表现的使动构式：

a. Sam coaxed Bob into the room.

b. *Sam encouraged Bob into the room.

a 句不成立的原因在于，使动构式表达"致使者使历事发生移动"，在整个移动过程，历事是处于被动的地位的，没有任何个人的认知决策；而 encourage 则蕴含了 Bob 具有认知决策这一意义，和构式义产生冲突，因此不合格。

构式语法中，动词和它所存在的构式具有彼此独立又相互关联的关系，这种联系是通过一定的原则进行的。如果一个动词可以进入一个构式，而且其参与者角色和该构式的论元角色符合"语义连贯原则"和"对应原则"，则该动词所突显的参与者角色可以融入构式的论元角色。这也说明了构式和进入构式的动词之间具有互动性，是"自上而下"和"自下而上"双重作用的机制。Goldberg 认为，动词和构式之间的关系主要有以下四类情形：

第一，动词所表现的事件类型是构式所描述的事件类型的一个实例。例如，下列二句均表达了一个双及物构式，但只有 b 合格，因为动词 hand 本质上表现了一类传输事件，而双及物构式也同样表现的是传输义，因此，b 中的 hand 是对双及物事件类型的一个例示，而 a 中的 anger 则不具有这样的功能。

    a. *John angered Bob the pink slip.（本意：John gave Bob a pink slip, causing Bob to become angry.）
    b. John handed Bob the ball.

第二，动词所表现的行为是构式所表现的事件类型中动作的实现手段。如下句中，kick 表现的是双及物构式所表达的传输行为的实现手段，即"John caused Bob to receive the ball by kicking it."。

    John kicked Bob the ball.

第三，动词所表现的事件或行为是构式所表现的事件类型的结果。例如，意动构式（conative）[Subj V Oblat] 表示"X 意图向 Y 做出某行为"。因此，shoot、strike 一类表结果的动词可以进入该构式。如下两例中，动词 shoot、strike 均表达了构式的"意图性结果"，即 John 并没有实际 shoot 或 strike Bob，只是作为行为的意图性结果。

    a. John shot at Bob.
    b. John struck at Bob.

第四，动词所表现的行为是构式所表现的事件类型的前提条件。例如，"John baked Bob a cake."表现了一个潜在的传输行为，但该行为必须是在 bake 的前提下才有可能发生。

从以上的内容可知，构式为交际提供了一个概念框架或有待填入词项内容的图式性结构，而词项为交际提供了具体的概念内容，而一个词项（动词）要想进入该构式，必须在本质上反映构式的某一突显的语义特征，也就是在语义上形成一种转喻关系。

## 3. 构式语法与汉语研究

构式语法理论从"格式塔"整体观的角度研究语言,采用自上而下的思路为语言研究提供了新的视角,解决了以前单纯从词法角度无法解决的问题,为研究各种不同句式产生的原因和理据提供了新的思路,也为拓展汉语研究的广度打开了一扇新的窗户,并随之涌现出大量应用构式语法理论研究汉语语法现象的成果,如张国宪(2009);吴为善、夏芳芳(2011);刘大为(2010);王寅(2011);张克定(2016)等。其中,陆俭明(2004,2006,2009,2010,2016等)通过对构式语法理论的一系列思考,进一步推进了构式语法理论与汉语研究的深入结合,也对构式语法的进一步完善提供了汉语视角上的补充。他(2004:169)指出,每一个语言中的构式均是由以该语言为母语的人在认知域中所形成的意象图式投射至语言里所形成的语义框架,是基于人对客观世界中某一行为或状态的整体认识而形成的句法表达。

一直以来,汉语的语法研究一直强调句法的结构分析(如"主—谓—宾")和语义的解构(如"施—动—受")的重要性,但这样的句法研究策略在汉语中经常遇到一些难以解释的语言现象,如:

a. 台上坐着主席团。
b. 墙上挂着画。
c. 十个人吃了一锅饭。
d. 一锅饭吃了十个人。

陆俭明(2008)指出,不管是从句式变异或动词变异的角度,还是从"轻动词"理论的角度,抑或是动词的"减元/增元"说等均不能有效地解释这一句法现象,因为其缺乏对现实世界客体或状态如何投射至语言中的思考,而只是在论元结构的理论框架下做翻新解释。构式语法理论则从事件的整体性与句法的对应关系角度提供了很好的思路,摆脱了传统以动词为中心进行的语法解释,因为上面"坐""挂""吃"均已不体现相应施事的"施动性",其动词的典型性已经减弱,而整个句式的构式观则提供了更好的解释。a和b不能单纯地按照语义角色分析为"施—动—受"的格局,它本质上体现的是"存在处所—存在方式—存在物"这样的表示"存在"的语义配置关系,在句法上体现为"NPL—

V—着-NP",这样,NP 就不受语义角色的制约,既可以是受事(台上摆着鲜花),也可以是施事(台上坐着来宾),也可以是工具(墙上挂着锯子)。同样,c 和 d 表现了"容纳量—容纳方式—容纳物"这样表示"数量关系"的语义配置,在句法上则体现为"NP1—V—NP2",c 中"十个人"是容纳量,"吃了"是容纳方式,"一锅饭"是容纳物,而在 d 中则变为"一锅饭"为容纳量,"吃了"是容纳方式,"十个人"为容纳物。这样的构式表达具有多产性,如:

a. 十个人坐一条板凳。/一条板凳坐十个人。
b. 一天写了 50 个字。/50 个字写了一天。
c. 五个村走了一天。/一天走了五个村。

上述例子均表达一种容纳关系,其中的"容纳量"和"容纳物"在每例的前后两句中进行互换,这说明,在这种构式中,名词的语义角色并不是非常重要,动词的动性也发生了变化,其前面的名词对其的语义制约亦发生了弱化。

陆俭明(2010)根据构式的整体性以及构式的组成成分之间的关系,进一步修正了构式语法的一些语义表现,提出了三条构式表达所要求的语义和谐律现象:

首先,构式的整体义要与其组成成分之间实现语义和谐。例如,汉语构式"(NP) A(一)点儿"(如"你大方一点儿!")的语法意义表示"要求听话人在某一点上达到说话人所要求的性状"。该构式义决定了能进入该构式的形容词(A)要能表达出说话人希望达及的一个性状,否则不能进入,如通常而言,下面左侧列合格,而右侧列不合格:

谦虚一点儿(现在"骄傲"了),*骄傲一点儿
大方一点儿(现在"小气"了),*小气一点儿
文雅一点儿(现在"粗野"了),*粗野一点儿
安静一点儿(现在"吵闹"了),*吵闹一点儿
安分一点儿(现在"放肆"了),*放肆一点儿

左侧列性状成分为正向量,而右侧为负向量,就正负向量构成的反义对而言,正向量的语义域包含了负向量的语义域,因为事物总是从小

## 第4章　新时代认知语言学的应用与实践

量向大量发展的（类型学手册中有人讲了），例如，"高兴一点儿"隐含了当前"不高兴"的状态，因此，通常而言，正向量是人们更希望获得的性状，体现了人们的"乐观主义"原则。因此，袁毓林（1993）指出能进入该构式的形容词通常具有[+可控]和[+非贬义]的义素。然而，该构式义中"说话人所要求的性状"表明了说话人对性状的"希冀"，因此，性状的"可控"或"非贬义"并非绝对的客观因素，而是取决于说话人对性状的"希冀"，如果说话人希望达到某种性状，则该性状就可以进入该构式。例如，教室里准备举行热闹的晚会，希望大家在晚会开始时更加吵闹一些以营造欢乐的氛围，这种情况下"吵闹一点儿"就非常合理了。这体现了构式义与成分义之间的语义和谐。

其次，构式内部的语词之间语义要和谐。例如，汉语"NP—S—都V了"表示"S对NP的完全处置"，该构式有如下的可接受度差异（NP为话题，S为主语，V为动词）：

a. 那些苹果张三都扔了。
b. ?那个苹果张三都扔了。
c. 那个苹果张三都吃了。
d. *那个樱桃张三都吃了。
e. 那个樱桃小松鼠都吃了。

上述可接受度的差异显然不是因为"那些"和"那个"这样的"单/复"数的差异，因为a和c均可接受，但同为"吃"，d却不可接受，这种差异本质上体现的是构式内部成分之间的语义和谐律。按常理，扔东西是把坏的扔掉，好的留下，体现的是对该东西不同组成成分的分别处理，而"都"的语义强调了对"不同部分"的处理。b的可接受度不高，是因为对单个苹果的处理往往是一次性的完全处理，与"都"所突显的对"不同部分"的处理相矛盾。而"吃"东西往往是一口一口地进行的，是将东西分解为若干组成成分进行处理的，该义项与c中"都"所突显的"不同部分"和谐，而d中吃樱桃是一口可以吃完的，无需进行小口小口地分解，与"都"不和谐，而对e中的小松鼠而言，吃樱桃则是分成小口小口地吃的，因而与"都"的语义又和谐了。因此，构式"NP—S—都V了"要求其成分之间需要达成一种语义和谐，总括副词

"都"与谓语动词、施事及所作用的受事之间需要达成一种事理上的和谐状态。

最后，构式内部的语词与构式外部的语词要语义和谐，如：

a. 在硝烟弥漫的岁月里，他慢慢成长了，从班长、排长升到副营长。

b. 陈若飞没有继续往上飞，相反屡犯错误，从副营长、连长降到排长。

上述"从 X 到 Y"的构式具有量级性质，但 a 和 b 的量级排列正好相反，这是为了和构式外部的语词取得和谐。例如，a 中"成长"使得后面"从 X 到 Y"选择了"班长—排长—副营长"这样的升序，而 b 中"没有继续往上飞"则使得后面的"从 X 到 Y"选择了"副营长—排长—班长"的降序排列。因此，对构式内部成分的选择需要与构式外部的语词达到语义和谐，这体现了构式的篇章效应。

Goldberg（1995）指出，构式表达了一个完型的生活经验图式，但并未进一步阐释其形成和扩展的机制，为此，陆俭明（2016）指出，语言中的构式首先表现为语法构式，这种构式的语法规则比较清晰，具有构式义的可推导性，即能根据其组成成分基本推知其构式义，当新的表达动因或环境促使发话人赋予该语法构式一个新的意义时，临时破坏了构式的推导性而形成了新的构式义，这样的构式义很难根据其成分进行推导，由此产生的不具可推导性的为修辞构式，新的修辞构式在语频的作用下固化于语言社团，则形成了新的语法构式，据此，陆俭明提出了"语法构式→修辞构式→新的语法构式"的构式演化发展过程。换句话说，现有的"语法构式"提供了一定的构式图式，但其表达形式不能完全满足说话人当下的交际需求，于是在交际过程中说话人调用各种因素而临时产出了一些不典型、非常态、使用受到一定情境局限的句子，这是一种构式的压制效应，在该效应下形成的临时表达即是修辞构式，如下例 a 为业已存在的固有表达，是比较规则的语法构式，而 b 则是在 a 基础上的临摹，因而多少具有一种临时的修辞效果。

a. 走来走去/看来看去/考虑来考虑去

b. 吃来吃去还是黄瓜馅儿饺子好吃。

c. 喝来喝去还是燕京啤酒爽口。
d. 扒拉来扒拉去没有一个姑娘老太太看得上的。

这种"修辞构式"通常都是出于即时表达的特殊需要，先在某个人的言辞中最先出现，然后扩散至更大的语言社团。在汉语的发展史中，这些新的语法现象非常普遍，如现代汉语中的动结式、动词拷贝式、"把"字结构等一般都被认为是受汉语本身的发展规律使然，并是最先从某处冒出的"变异"说法，然后"推陈出新"而形成的，并在广泛运用的基础上逐渐固化，从而演变为新的语法构式，如"吃食堂、吃低保、吃父母"等。修辞构式一旦固化，这就完成了"从已有的语法构式到修辞构式，再到新的语法构式"这样的演化发展过程。

构式语法对语言采取自上而下和自下而上相结合的办法，无疑为语法研究提供了新的视角，但其理论尚有需要进一步完善的地方。陆俭明（2016）指出，构式理论有用但不能包打天下，特别是 Goldberg 后来将构式的范围扩大到了语素、词、复合词，认为"含一个语素也是构式"，使得构式的范围过于宽泛，与传统语法中的分析思路所采用的"自下而上"没有区别，只是换了一个名称而已，从而造成了自身不可克服的矛盾。

Goldberg（1995）认为构式义不能从其组成成分中推导出来。但陆俭明（2011）指出，这一观点过于绝对，如果构式义不可推断，那么构式义的来源就无从得知。正如上面的"走来走去"的构式义显然是由其组成成分的组合推导出来的，对该构式而言，其整体意义与从词语中推导出的意义正好相吻合，使得构式得以理解并为修辞构式的产生创造了可能。当然，有些构式意义的理解需要"自上而下"地进行，如一些习语或固定表达式，虽然很难从字面进行推导，但如果进行隐喻推导，其构式义依然能从成分中推知。正如刘大为（2010a）所指出的，构式语法的不可推导性在于强调构式存在的独立性，即构式本身具有意义，该意义可以独立于句子中的词语而存在，但其推导的机制依然存在，而且，词语本身在一定程度上对构式义的产生亦具有一定的压制作用（王寅，2009）。因此，不能绝对地说构式义不具有推导性，语言中既存在不可推导的构式，也存在可推导的构式。这应该是语言的普遍特征，袁毓林（2014）就指出，语言中多数的语句组合是复合性的（complicated），其整个结构体的意义可以直接从其结构成分和结构方式上推导出来，而只有少数的语句组合是复杂性的（complex），其整个结构体的意义不能直接从其结构成分和结构方式上推导出来。但本质上而言，现在的不可推导的构式在其形成之初也是基于推导形成的，只是由于历史的原因导致对其溯源比较困难而已。

### 4.2.3 概念隐喻/转喻理论与汉语研究

概念隐喻、转喻理论经过 40 多年的发展已经成为认知语言学最为成熟的理论分支，其研究的辐射面从最初关注隐喻和转喻的本质、类型和所反映的思维现象，到近年来越来越关注隐喻和转喻的跨学科应用和实证研究，探索概念隐喻底层中的文化、认知和神经机制（Brandt, 2013；Fauconnier & Turner, 2003；Feldman et al., 2009；Gallese & Lakoff, 2005），扩大和进一步挖掘隐喻背后的经验观（Adamson, 2007；Brdar, et al., 2012；Díaz-Vera, 2014；Dirven & Pörings 2009；Ervas, et al., 2017；Fusaroli, 2011；Fusaroli, et al., 2012；Gibbs, 2008；Tylén et al., 2013）。在汉语方面，许多学者开始将隐喻、转喻理论应用于具体的语篇结构和汉语语法体系的研究，进一步推进了汉语的本体研究。

束定芳（2017）摆脱了隐喻一直以来仅仅分析语词层面或小句层面的隐喻现象，而是将隐喻放大至整个语篇中，以期发现整个语篇结构所体现的隐喻现象。语篇隐喻不同于传统的句子层面的隐喻，它是用整个一个语篇或语篇片段构成一个源域，用于说明一个后续的语篇或一个语境中的事件。语篇隐喻不但具备了一般隐喻的特点，同时，由于其喻体为一个自成结构的故事或事件，它又有一些一般隐喻所不具备的使用特点。通过对《百喻经》和《庄子》中的部分语篇隐喻进行分析，指出语篇隐喻和传统的句子隐喻具有一些共性特征，但在表现形式、投射方式和功能上都与一般隐喻有区别，具体表现在：

第一，采用多个语篇源域对应同一个目标域。例如，《百喻经》基

## 第 4 章　新时代认知语言学的应用与实践

本上采用"多对一"的方式来说明一些佛教教义，其所选用的喻体或目标域一般都是日常事物，或比目标域更具形象性和描述性的事物，有时甚至是用杜撰的日常生活故事来阐述同一个生活道理。

第二，语篇隐喻通常有明确的隐喻标志，如《百喻经》中多用"譬""若""如""亦复是尔""亦复如此"等。正是由于有明确的标志，语篇隐喻的源域与目标域之间的距离可以很大，源域的选择也比较自由。

第三，语篇结构在源域的描述上非常详细，但对投射的过程予以省略，形成"总括式映射"的模式，对目标域的解读具有较大的灵活性。

在认知功能方面，语篇隐喻所具有的"以事喻理"特性使得它通常用于政治见解或道德主张，同时，隐喻语篇往往以一类具体事物或其表达的主题说明另一类事物或其表达的主题或道理，可以增强语篇的说服力和感染力，具有举一反三、触类旁通的认知效果。另外，大部分的语篇隐喻可以浓缩为一个成语，在语言中沉淀下来，用来代表或说明相近的一类事物，并表达该文化对该类事物的基本态度，成为文化积累和社会认知的一部分。

语篇隐喻对原有的隐喻研究，包括隐喻的定义、辨认标准、其表现形式和功能等提出了新的挑战，对隐喻研究领域的开拓具有积极的启发意义，值得进一步重视。

在转喻研究方面，很多学者开始运用转喻理论对汉语的语法体系进行思考和解释。袁毓林（2018）指出，转喻作为一种认知思维现象，会在语言的语法体系中发生作用，引起句法层面的词类转变或结构的重组，进而影响到短语或句子的语义解释，这种造成语法后果的转喻就是语法转喻，例如：

a. 来的都是客人。
b. 他年轻力壮，所差的 [ ] 是眼睛不大好。

a 中"来的"转指"来的人"，"来的"在语表形式上精巧短小，"来的人"则相对较长，用"来的"代替"来的人"是用较短的符号串来代替相关的较长符号串，并唤起较长的符号串的意义，其本质上是利用语言符号之间的邻近关系造成的形式转喻。袁毓林（2018）指出，如果仅仅将认识停留在形式转喻上会遇到无法解释的现象，如 b 中"所差的"就无法确定"所差的 N"具体是什么。然而，如果超越简单的形式转喻观念，采用更为深邃的概念转喻的理论视角，就可以说"S 的"在概念上转喻跟 S 在概念上紧密相关的某种概念，这种概念通常可以表达为"S 的 M"一类偏正结构，但并不总是这样的固定形式，例 b 中"所差的"转喻"差（欠缺）"的客体，即"他"身体的某个方面（比如视力）。

因此，认知转喻理论既可以对语法形式与语法意义之间错综复杂的关系作出妥当的、令人信服的解释，同时，转喻思维也会引起词语意义和功能的扭曲与错配，促进语言表达的多样性和简洁性，最突出的莫过于汉语中名动互换的现象，如：

a. 三分懊悔，七分嫉妒。
b. 有两种快，一种是快而不好，一种是又快又好。

此二例中，谓词性成分"懊恼、嫉妒、快"被数量词修饰，"懊悔、嫉妒"由心理过程转指可以度量的心理状态，"快"由事物的性状转指这种性状的表现。它们均发生了概念转喻，在概念层面发生了从行为、动作或性状到事物的转指，这种转指关系可以维持语词原有的词类属性（如 a），也可以改变其语类属性（如 b）：

a. 谦虚（一点儿）没什么不好。
b. 他是"被自杀"死亡。

a 为陈述性谓词做主语，用"谦虚"的性状转指具有这一性状的事物，但其谓词本性并没有因为身处主语位置而丢失，依然可以后附状语性成分，b 用不及物动词"自杀"所表示的结果状态转指编造成这种结果状态的言语行为过程，即由"被自杀"转指"被别人说成自杀"，"自杀"由不及物动词变为及物动词，改变了原有属性。

因此，概念转喻理论遍及语法和修辞领域，对汉语中的词类活用现象、话题与主语的功能等均具有极强的解释力，是研究汉语语法体系不可忽视的一个理论。然而，概念隐喻、转喻理论虽然取得了巨大成功，但随着研究的深入与交叉，面临着一些新的挑战。例如，Fusaroli &

## 第 4 章　新时代认知语言学的应用与实践

Morgagni（2013）认为，经验结构依赖于文化和社会性的体认过程，体认能力及基本感觉运动技能建构了大部分的认知过程，但此二者在很大程度上是交互性的，是人们在幼年阶段进行认知发展时伴随着情感互动的过程。因此，社会文化活动对建构普遍的认知能力起到了重要作用，概念隐喻的经验观不应该被视作一个简单的个体经验行为，相反，应该深入挖掘经验结构背后的社会性的人际交互的文化动态性。

此外，经验结构是概念结构之源，但经验并非固定不变，而是以一种柔性方式在时间维度发生变化。因而隐喻结构亦不是一成不变的，而是随着社会发展而变化，同时也会因说话人在即时语境下的"刻意思维和创造性努力"（deliberate thought and creative effort）而改变。因此，从历时视角分析隐喻的产生、发展和消亡就显得尤为重要。

同时，传统内省式的研究模式对发展概念隐喻理论固然很重要，但概念隐喻理论同时也需要进行语料和实证的研究。由于语料具有现实性，因此，采用语料的分析可以进一步证实以前依赖内隐式的隐喻研究的一些假设和发现，同时以一种量化的方式对隐喻模式进行分析，以发现一些在实际使用中具有突显性的隐喻表达模式，在很大程度上避免研究者的个人主观偏向，从而使得认知语言研究获得更长足的发展（Gibbs, 2013）。例如，Deignan（2006）发现，ANGER IS HEART 要比 ANGER IS A FIERCE ANIMAL 在实际使用中更突显。此外，通过跨语言的隐喻语料研究可以揭示隐喻所具有的系统性及跨语言差异，从而为隐喻的跨文化差异研究提供更丰富的研究视角。例如，Polley（2012）通过语料库调查，发现英语和汉语在对待"HAPPINESS/幸福"的隐喻表达中表现出文化差异，两种语言除了在 HAPPINESS IS LIGHT 和 HAPPINESS IS WARMTH/HEAT 具有共性外，英语中出现的 HAPPINESS IS BEING DRUNK、HAPPINESS IS INSANITY/A DISEASE、HAPPINESS IS A CAPTIVE ANIMAL 和 HAPPINESS IS AN OPPONENT IN A STRUGGLE 的隐喻表达没有出现在汉语中，而汉语中以 HAPPINESS IS THE HEART 和 HAPPINESS IS SWEET 为比较独特的隐喻表达，同样没有出现在英语中。该发现在某种程度上支持了语言相对论的观点，即不同的文化经历会产生不同的世界体验结果，进而导致隐喻表达上的差异。Pragglejaz Group（2007）将大型语料库与隐喻进行结合，建立了显性的隐喻识别程序，对隐喻的机器识别具有一定的促进作用，但该识别程序还只是初级阶段，对隐喻的其他领域（如手语、体势等）还需要进行进一步探索，特别是对语篇隐喻很难进行词汇层面的有效识别。

## 4.3 结语

  本章总结了认知语言学的应用实践及其对汉语研究的影响。认知语言学将语言视为人类基于经验事件来进行概念表达的工具，强调涉身体验式的语言教学，关注"形式"的严谨性和"意义"的交际功能性，从语言的句法、词汇、情态、语气等宏观和微观层面上为语言教学提供了精确细致的解释动因。认知语言学关注语言"形式"和"功能"的关联，认为外语学习不仅要学习语言的形式，还要同时建构与这些形式相关的概念结构和社会认知模式，其提出的一系列关键概念对外语教学产生了极其深远的影响。本章以情态动词的认知教学研究为例，阐释了认知语言学在英语情态动词教学方面的应用。同时，本章也提出要将该理论充分运用于语言教学中，需要对教师进行相关的理论培训。

  随着认知语言学理论引荐的推进，学者们进一步将认知语言学的相关理论应用于汉语语法的研究，产生了大量的研究成果。其中有的研究对汉语语法中的一些现象进行了重新审视，拓展了汉语语法研究的内涵和外延；有的重构汉语语法体系，系统地思考了汉语语法体系的特点和发展过程。这些研究以认知语言学的理论主张为基础，对汉语语法背后的认知机制和文化背景深入挖掘，为揭示汉语语法和语用的特点提供了更加丰富的、更具深度的解释力。本章着重分析了认知语法、构式语法和概念隐喻及转喻理论对汉语研究的影响。未来随着认知语言学的不断发展，相关的语言教学和汉语研究也会有更广阔的发展空间。

# 参考文献

艾琳. 2012. 英汉双关的认知语用研究. 苏州：苏州大学出版社.
白振凯，黄孝善，王荣波，谌志群，王小华. 2016. 基于主题模型的汉语动词隐喻识别. 计算机技术与发展，（11）：67–76.
曹燕黎. 2015. 转喻研究的学科路径、方法及其融合趋势. 现代外语，（2）：269–277.
曹阳. 2012. 交际失败的认知语用阐释. 外语学刊，（6）：93–97.
曹阳. 2017. 交际失败的认知语用研究. 北京：社会科学文献出版社.
陈满华. 2014. 关于构式语法的理论取向及相关问题. 外国语（上海外国语大学学报），（5）：28–35.
陈新仁. 1999. 广告用语中的语用预设. 修辞学习，（1）：38–39.
陈新仁. 2003. 衔接的语用认知解读. 外语学刊，（4）：50–56.
陈新仁. 2011. 新认知语用学——认知语言学视野中的认知语用研究. 外语学刊，（2）：40–44.
程琪龙. 2000. 语言的神经认知——《大脑路径》述评. 当代语言学，（2）：107–110.
程琪龙. 2002. 逼近语言系统. 南京：东南大学出版社.
程琪龙，程倩雯. 2015. 动词和构式之间的关系——词汇构式语法. 外国语（上海外国语大学学报），（3）：2–11.
程晓堂. 2003. 名词化与语用预设. 外语研究，（3）：19–23.
崔中良，王慧莉. 2017. 语用学的身体转向——第二代认知语用学方法论. 外国语文研究，（3）：2–10.
戴浩一. 1988. 时间顺序和汉语语序（黄河译）. 国外语言学，（1）：10–20.
邓川林. 2010. "总"和"老"的主观性研究. 汉语学习，（2）：66–70.
邓川林. 2012. "让/叫"的主观性用法及扩展机制. 语言教学与研究，（1）：60–67.
邓云华，石毓智. 2007. 构式语法理论的进步与局限. 外语教学与研究，（5）：323–330.
董晓明，林正军. 2017.《基于使用的构式语法论元结构》述评. 外语教学与研究，（2）：307–312.
樊玲，周流溪. 2014.《认知语用学：交际的心智加工》述介. 外语教学，（1）：108–110.
范琳，卢植. 2015. 双语语言产出过程中语码转换加工机制——从行为研究到神经认知研究. 外语与外语教学，（1）：38–44.
范振强. 2015. 新认知语用学视域下同语的语境效果和生成动因. 当代外语研究，（7）：12–16.
方梅. 2005. 认证义谓宾动词的虚化——从谓宾动词到语用标记. 中国语文，（6）：495–507.

方梅. 2008. 动态呈现语法理论与汉语用法研究. 沈阳，冯胜利编. 当代语言学理论和汉语研究. 北京：商务印书馆，68–82.

房娜，张炜炜. 2015. 认知社会语言学视角下的语言变异研究——基于近年来研究论文的统计分析. 中国社会语言学，(1)：69–79.

封叶，李霄翔. 2019. 隐喻认知加工的ERP研究综述. 浙江外国语学院学报，(1)：71–78.

冯帅，苏畅，陈怡疆. 2013. 基于百科资源的名词性隐喻识别. 计算机系统应用，(10)：8–14.

付岩. 2020. 构式语法视域下的汉语中动结构. 北京：中国社会科学出版社.

龚鹏程，王文斌. 2014. 体验哲学视域下的隐喻和转喻界面研究. 外语研究，(2)：1–6.

顾鸣镝. 2013. 认知构式语法的理论演绎与应用研究. 上海：上海学林出版社.

顾曰国. 2010. 当代语言学的波形发展主题二：语言、人脑与心智. 当代语言学，12(4)：289–311.

顾曰国. 2013. 论言思情貌整一原则与鲜活话语研究——多模态语料库语言学方法. 当代修辞学，(6)：1–19.

桂诗春，宁春岩. 1997. 语言学方法论. 北京：外语教学与研究出版社.

郭霞. 2013. 现代汉语动趋构式的句法语义研究——认知构式语法视野. 成都：四川大学出版社.

郭夷. 2013.《认知语言学与二语学习：理论基础及实验证据》评介. 现代外语，(3)：323–325.

何兆熊. 2006. 认知语用学：言语交际的认知研究. 上海：上海外语教育出版社.

何自然. 1997. 推理和关联——认知语用学原理撮要. 外语教学，(4)：1–10.

何自然，冉永平. 1998. 关联理论——认知语用学基础. 现代外语，(3)：3–5.

何自然，冉永平. 2001. 语用与认知：关联理论研究. 北京：外语教学与研究出版社.

侯国金. 2015. 构式语法的内外互补. 外语教学，(2)：8–12.

胡璇. 2013. 从关联理论到"广义认知语用学"——近20年国内认知语用学研究回顾与思考. 外语学刊，(3)：60–65.

黄健秦. 2013. "在+处所VP"与"V在+处所"的构式承继关系与语篇关系. 当代修辞学，(4)：62–71.

黄洁. 2011.《语法中的转喻和隐喻》述介. 外语教学与研究，(6)：948–953.

黄洁. 2012a. 国外认知语言学研究的最新动态. 现代外语，(1)：87–94.

黄洁. 2012b.《认知语法导论》介绍. 当代语言学，(2)：208–211.

黄立鹤. 2015. 语料库4.0：多模态语料库建设及其应用. 解放军外国语学院学报，(3)：1–8.

黄孝喜，张华，陆蓓，王荣波，吴铤. 2015. 一种基于词语抽象度的汉语隐喻识别方法. 现代图书情报技术，(4)：34–40.

# 参考文献

黄孝善，李晗雨，王荣波，王小华，谌志群. 2018. 基于卷积神经网络与SVM分类器的隐喻识别. 数据分析与知识发现，(10)：77–83.

贾玉祥，俞士汶. 2011. 基于词典的名词性隐喻识别. 中文信息学报，(2)：99–104.

江晓红. 2006. 语用研究的认知语言学视角. 中国外语，(6)：33–37.

江晓红. 2012. 多学科视角：认知语用研究的演进. 肇庆学院学报，(6)：40–44.

江晓红. 2019. 学龄前儿童转喻能力发展实证研究. 现代外语，(4)：487–500.

姜望琪. 2015. 社会认知语用学——Kecskes语用学理论评介. 外文研究，(1)：1–6.

姜望琪. 2019. 论社会认知语用学视角——以"我不责怪中国"为例. 外语研究，(1)：1–5.

蒋清凤，莫爱屏. 2005. 推理照应的认知语用研究. 西安外国语学院学报，(3)：1–4.

金胜昔，林正军. 2017. 国际转喻研究动态的科学知识图谱分析（2007—2016）. 外语研究，(3)：18–23.

靳洪刚，高飞，陈忠. 2019. 事件相关电位（ERP）技术在第二语言句法习得研究中的应用. 世界汉语教学，33(4)：522–547.

靖璇，任虎林. 2013.《认知语用学——交际大脑过程》述评. 新西部（理论版），(7)：89–90.

匡方涛，文旭. 2002. 隐喻的认知语用学研究. 外语学刊，(4)：42–45.

蓝纯，2001. 导读. J. Taylor. 语言的范畴化：语言学理论中的类典型. 北京：外语教学与研究出版社，F24–39.

李福印，2012. 导读. L. Talmy. 认知语义学（卷I）：概念结构系统. 北京：外语教学与研究出版社，x–xlv.

李恒. 2012.《心智的窗口——隐喻、转喻和概念整合》评介. 现代外语，(4)：430–432.

李恬，牛保义，徐盛桓. 2014. 认知语言学研究热点和发展趋势. 外国语（上海外国语大学学报），(2)：93–96.

廖巧云，徐盛桓. 2012. 心智怎样计算隐喻. 外国语（上海外国语大学学报），35(2)：46–52.

林波. 2002. 交际意图的语用认知新探. 外语教学，(3)：28–33.

林鸿飞，许侃，任惠. 2012. 基于词汇范畴和语义相似的显性情感隐喻识别机制. 大连理工大学学报，(2)：761–766.

林书武. 1995.《隐喻与象似性》简介. 国外语言学，(3)：40–42.

刘大为. 2010a. 从语法构式到修辞构式（上）. 当代修辞学，(3)：7–17.

刘大为. 2010b. 从语法构式到修辞构式（下）. 当代修辞学，(4)：14–23.

刘剑. 2017. 国外多模态语料库建设及相关研究述评. 外语教学，(4)：40–45.

刘剑，胡开宝. 2015. 多模态口译语料库的建设与应用研究. 中国外语，(5)：77–85.

刘建稳，刘春伶. 2016. 基于实证语料的转喻研究——《转喻：语言、思维和交际的捷径》评介. 外语研究，(6)：104–107.

刘玉梅. 2010a. 构式语法研究的新进展——《构式与语言演变》评介. 外语教学与

研究,（4）: 314–316.
刘玉梅. 2010b. Goldberg 认知构式语法的基本观点——反思与前瞻. 现代外语,（2）: 202–209.
刘正光. 2011a. 构式语法研究. 上海: 上海外语教育出版社.
刘正光. 2011b. 主观化对句法限制的消解. 外语教学与研究,（3）: 335–349.
刘正光, 李雨晨. 2012. 主观化与人称代词指称游移. 外国语, 35（6）: 27–35.
刘正光, 徐皓琪. 2019. 英汉时空概念化方式差异：时空分立与时空同态. 外语教学与研究,（6）: 163–175.
刘佐艳. 2019. 俄罗斯认知语言学研究概览. 解放军外国语学院学报,（3）: 93–100.
龙磊, 卢卫中. 2019. 词汇构式模型：构式语法家族的新成员. 外国语（上海外国语大学学报）,（6）: 18–27.
卢植, 丛迎旭. 2015. 认知语言学的新趋势：应用与实证——第四届全国认知语言学与二语习得研讨会综述. 外国语（上海外国语大学学报）,（3）: 109–111.
陆俭明. 2004. 词语句法、语义的多功能性：对"构式语法"理论的解释. 外国语,（2）: 15–20.
陆俭明. 2006. 句法语义接口问题. 外国语,（3）: 30–35.
陆俭明. 2008. 构式语法理论的价值与局限. 南京师范大学文学院学报,（1）: 142–151.
陆俭明. 2009a. 构式与意象图式. 北京大学学报,（3）: 103–107.
陆俭明. 2009b. 构式语块汉语教学. 蔡昌卓编. 多位视野下的汉语教学——第七届国际汉语教学学术研讨会论文集. 桂林: 广西师范大学出版社, 3–8.
陆俭明. 2010. 从构式看语块. 中国语言学,（4）: 67–72.
陆俭明. 2011. 再论构式语块分析法. 语言研究,（2）: 1–7.
陆俭明. 2012. 相同的词语之间语义结构关系的多重性再议. 苏州大学学报（社会科学版）,（4）: 5–11.
陆俭明. 2013. 构式语法理论再议——序中译本《运作中的构式：语言概括的本质》. 外国语（上海外国语大学学报）,（1）: 16–21.
陆俭明. 2016. 从语法构式到修辞构式再到语法构式. 当代修辞学,（1）: 1–9.
陆俭明, 吴海波. 2018. 构式语法理论研究中需要澄清的一些问题. 外语研究,（2）: 1–5.
罗一丽, 张辉. 2018. 认知语言学在中国：回顾、现状与展望——第十届中国认知语言学研讨会综述. 外国语（上海外国语大学学报）,（1）: 96–97.
毛继光. 2014. 认知语言学实证研究概观——《空间意义识解：概念空间接入窗》介评. 外国语（上海外国语大学学报）,（6）: 90–94.
孟伟. 2007. Embodiment、认知科学以及传统意义理论的发展. 心智与计算,（1）: 114–121.
牛保义. 2011. 构式语法理论研究. 上海: 上海外语教育出版社.
牛保义. 2016. 认知语法的具身性. 外语教学,（6）: 1–6.

牛保义. 2017. 认知语法的"语境观". 解放军外国语学院学报,（6）: 78–86.
牛保义. 2018. 认知语言学研究的现状与发展趋势. 现代外语,（6）: 852–863.
牛保义, 申少帅. 2016.《认知语法在文学研究中的应用》述介. 外语教学与研究,（5）: 788–793.
牛保义, 席留生. 2009. 仿拟构式生成的认知语用学解释. 现代外语,（2）: 118–126.
彭帆, 周榕. 2017.《转喻和语言：一个语言加工新理论》评介. 现代外语,（3）: 433–436.
蒲慕明, 徐波, 谭铁牛. 2016. 脑科学与类脑研究概述. 中国科学院院刊, 31（7）: 725–736.
齐沪扬, 李文浩. 2009. 突显度、主观化与短时义副词"才". 语言教学与研究,（5）: 23–30.
冉永平. 2002a. 认知语用学的焦点问题探索. 现代外语,（1）: 49–60.
冉永平. 2002b. 认知语用学探微. 外语学刊,（4）: 36–41.
沈家煊. 1993. 句法的象似问题. 外语教学与研究,（1）: 2–8.
沈家煊. 1994. R.W. Langacker 的认知语法. 国外语言学,（1）: 12–20.
沈家煊. 1995. 有界与无界. 中国语文,（5）: 367–380.
沈家煊. 1999. 转指和转喻. 当代语言学,（1）: 3–15.
沈家煊. 2000. 认知语法的概括性. 外语教学与研究,（1）: 29–33.
沈家煊. 2001. 语言的主观性和主观化. 外语教学与研究,（4）: 268–275.
沈家煊. 2002. 如何处置"处置式"——论"把"字句的主观性. 中国语文,（5）: 387–399.
沈家煊. 2003. 复句三域"行、知、言". 中国语文,（3）: 195–204.
沈家煊. 2009a. 汉语的主观性和汉语语法教学. 语言研究,（1）: 3–12.
沈家煊. 2009b. 我看汉语的词类. 语言科学,（1）: 1–12.
沈家煊. 2010. 英汉否定词的分合和名词的分合. 中国语文,（5）: 387–399.
沈家煊. 2015a. 汉语词类的主观性. 外语教学与研究,（5）: 643–658.
沈家煊. 2015b. 词类的类型学和汉语的词类. 当代语言学,（2）: 127–145.
沈家煊. 2016. 名词和动词. 北京：商务印书馆.
沈家煊. 2017a. 从语言看中西方的范畴观. 中国社会科学,（7）: 131–143.
沈家煊. 2017b. "结构的平行性"和语法体系的构建——用"类包含"讲汉语语法. 华东师范大学学报（哲学社会科学版）,（4）: 1–11.
沈家煊. 2020. 有关思维模式的英汉差异. 现代外语,（1）: 1–17.
石毓智. 1995.《女人、火、危险事物——范畴提示了思维的什么奥秘》评价. 国外语言学,（2）: 17–22.
舒华, 周仁来, 韩在柱, 阎鸣. 2012. 心理学实验方法：科学心理学发展的根本. 中国科学院院刊,（1）: 199–208.
束定芳. 2001. 我看外语教学改革. 国外外语教学,（1）: 8–11.

束定芳. 2002. 论隐喻的运作机制. 外语教学与研究,（2）: 98–106.
束定芳. 2004a. 隐喻研究中的若干问题与研究方向. 束定芳主编. 语言的认知研究. 上海: 上海外语教育出版社, 428–441.
束定芳. 2004b. 外语教学改革: 问题与对策. 上海: 上海外语教育出版社.
束定芳. 2008. 认知语义学. 上海: 上海外语教育出版社.
束定芳. 2009. 中国认知语言学二十年——回顾与反思. 现代外语,（3）: 248–256.
束定芳. 2012. 近10年来国外认知语言学最新进展与发展趋势. 外语研究,（1）: 36–44.
束定芳. 2013, 认知语言学研究方法. 上海: 上海外语教育出版社.
束定芳. 2017. 语篇隐喻的结构特点与认知功能——以《百喻经》和《庄子》为例. 外语教学与研究,（3）: 335–344.
束定芳. 2018a. "有+零度（中性）名词"结构的认知和语用阐释. 当代修辞学,（6）: 48–54.
束定芳. 2018b. 认知语言学在中国: 引进与发展. 外语教学与研究,（6）: 820–822.
宋文辉. 2005. 主观性与施事的意愿性强度. 中国语文,（6）: 508–513.
苏畅, 付泽等. 2019. 基于动态分离的隐喻识别方法. 软件学报,（11）: 3340–3354.
苏畅, 王晓梅等. 2017. 基于相关性约束的隐喻理解方法. 软件学报,（12）: 3167–3182.
孙朝奋. 2008. 主观化理论与现代汉语把字句研究. 沈阳, 冯胜利编. 当代语言学理论和汉语研究. 北京: 商务印书馆, 375–393.
唐耀彩. 2016. 社会认知语用学视角下的误解研究. 天津外国语大学学报,（1）: 19–23.
田晓星, 彭庆华. 2013. 当代语用学的发展趋势——以认知语用学为个例分析. 怀化学院学报,（1）: 93–95.
田笑语, 张炜炜. 2019. 剑桥认知语言学手册评介. 外国语（上海外国语大学学报）,（3）: 102–106.
田臻. 2012. 汉语存在构式与动词关联度的实证研究. 语言教学与研究,（3）: 58–65.
田臻. 2014. 英汉存在构式与动词语义互动的实证研究. 上海: 上海外语教育出版社.
田臻, 唐树华. 2013. 近十年来语料库法在认知语言学研究中的应用. 现代外语,（4）: 427–433.
完权. 2011.《构式语法中的认知音系学》介绍. 当代语言学,（1）: 82–84.
汪徽, 辛斌, 张辉. 2015. 认知语言学新趋势: 学科融合与范式多元——首届"认知语言学与语用学（理论与应用）"国际学术研讨会述评. 外国语（上海外国语大学学报）,（3）: 105–108.
王德亮. 2016.《认知语言学: 量化转向》述介. 当代语言学,（2）: 312–316.
王馥芳. 2015. 认知语言学方法论反思性批评. 外语研究,（1）: 5–11.
王馥芳. 2017. 生态语言学和认知语言学的相互借鉴. 中国外语,（5）: 47–55.
王馥芳. 2019. 话语构建的社会认知语言学研究. 现代外语,（3）: 306–315.

王红孝. 2017. 主体性，多维性，约等于——心智哲学视域下转喻本质. 中国外语，（1）：51–58.

王天翼，王寅. 2012. 认知社会语言学. 中国外语，9（2）：44–53.

王文斌. 2007a. 隐喻的认知构建与解读. 上海：上海外语教育出版社.

王文斌. 2007b. 论隐喻解读中的主体间性和隐喻间性. 外语学刊，（1）：56–60.

王小潞. 2009. 汉语隐喻认知与 ERP 神经成像. 北京：高等教育出版社.

王寅. 2001. Lakoff & Johnson 笔下的认知语言学. 外国语，（4）：15–21.

王寅. 2007. 认知语言学. 上海：上海外语教育出版社.

王寅. 2009. 构式压制、词汇压制和惯性压制. 外语与外语教学，（12）：5–9.

王寅. 2011. 构式语法研究 - 上下卷. 上海：上海外语教育出版社.

王寅. 2012. 指称论新观：命名转喻论——从摹状论、因果论到转喻论. 外语教学，（6）：1–5.

王寅. 2013. 新认知语用学——语言的认知—社会研究取向. 外语与外语教学，（1）：1–4.

王寅. 2015. 语用学之理论前沿——简论普遍语用学和新认知语用学. 外国语文，（5）：52–58.

王正，张德禄. 2016. 基于语料库的多模态语类研究——以期刊封面语类为类. 外语教学，（5）：15–20.

王治敏. 2008. 名词隐喻的计算研究及识别实验. 语言教学与研究，（2）：68–74.

尉万传. 2016.《语言与时间：认知语言学方法》评介. 外语教学与研究，（2）：311–316.

魏晓敏，刘正光，李晓芳. 2018. 应用认知语言学三十年. 外语教学与研究，（2）：230–240.

魏在江. 2001.《认知语用学概论》评介. 外语教学，（4）：89–90.

魏在江. 2003. 预设研究的多维思考. 外语教学，（2）：32–35.

魏在江. 2008. 认知参照点与语用预设. 外语学刊，（3）：93–97.

魏在江. 2014. 语用预设的认知语用研究. 上海：上海外语教育出版社.

文旭. 2004. 反讽话语的认知语用研究. 北京：中国社会科学出版社.

文旭. 2014. 语用学事业：哲学、文化与认知视野. 当代外语研究，（6）：54–58.

文旭. 2018. 语用学研究：认知语用学. 浙江外国语学院学报，（2）：1.

文旭. 2019a. 基于"社会认知"的社会认知语言学. 现代外语，（3）：293–305.

文旭. 2019b. 社会认知语言学. 现代外语，（3）：293.

文旭，杨坤. 2015. 构式语法研究的历时取向——历时构式语法论纲. 中国外语，（1）：26–34.

文旭，杨旭. 2016. 构式化：历时构式语法研究的新路径. 现代外语，（6）：731–741.

翁依琴. 2003.《认知语用学概论》的若干特点. 外语教学与研究，（1）：78–79.

吴福祥. 2011. 汉语主观性与主观化研究. 北京：商务印书馆.

吴淑琼. 2012. 国外语法转喻研究述评. 外语研究，（1）：45–53.

吴为善. 2016. 构式语法与汉语构式. 上海：学林出版社.
吴为善，夏芳芳. 2011. "A 不到哪里去"的构式解析、话语功能及其成因. 中国语文，(4)：326–333.
项成东. 2018. 隐喻和转喻对语法的影响. 外语教学，(1)：32–38.
谢翠平，刘承宇. 2015a. 历史认知语言学：复杂性范式的兴起. 外语与外语教学，(2)：32–37.
谢翠平，刘承宇. 2015b.《历史认知语言学》介绍. 当代语言学，(2)：244–247.
谢楠，张笛. 2017. 汉语儿童多模态口语语料库建设研究. 外语电化教学，(5)：53–60.
熊学亮. 1999. 认知语用学概论. 上海：上海外语教育出版社.
徐盛桓. 2005. 语用推理的认知研究. 中国外语，(5)：10–16.
徐盛桓. 2007. 认知语用学研究论纲. 外语教学，(3)：1–6.
徐盛桓. 2014. 隐喻的起因、发生和建构. 外语教学与研究，46(3)：364–374+479–480.
徐盛桓. 2016. 镜像神经元与身体——情感转喻解读. 外语教学与研究，(1)：3–16.
徐以中，杨亦鸣. 2005. 副词"都"的主观性、客观性及语用歧义. 语言研究，(3)：24–29.
徐以中，杨亦鸣. 2010. "就"与"才"的歧义及相关语音问题研究. 语言研究，30(1)：51–59.
徐章宏. 2004. "花园路径现象"的认知语用学解释. 广东外语外贸大学学报，(3)：16–19.
许文瑾，陈煜. 2019.《认知语用学》述评. 外国语言文学，(3)：326–331.
严辰松. 2006. 构式语法论要. 解放军外国语学院学报，(4)：6–11.
严辰松. 2008. 伦纳德·泰尔米的宏事件研究及其启示. 外语教学，(5)：9–12.
杨春雷，姜霞. 2017.《基于语符的构式语法》介绍. 当代语言学，(3)：462–464.
杨昆. 2020. 中国英语学习者英语主语丢失现象的认知语用学研究. 西安外国语大学学报，(1)：38–42.
杨亦鸣. 2012. 神经语言学与当代语言学的学术创新. 中国语文，(6)：549–560.
杨玉芳. 2016. 心理语言学. 北京：科学出版社.
杨芸. 2008. 汉语隐喻识别与解释计算模型研究. 厦门：厦门大学博士学位论文.
么孝颖. 2008. 仿拟话语的认知语用研究. 北京：国防工业出版社.
叶浩生. 2012. 具身认知、镜像神经元与身心关系. 广州大学学报（社会科学版），(3)：32–36.
俞东明，曲政. 2006. 原型理论与认知语用学说略. 中国外语，(5)：28–30.
俞珏，张辉. 2019. 中国英语学习者英语短语动词加工的神经认知研究. 外语教学与研究，(6)：838–849.
袁毓林. 1993. 现代汉语祈使句研究. 北京：北京大学出版社.
袁毓林. 2014. 概念驱动和句法制导的语句构成和意义识解——以"白、白白（地）"句的语义解释为例. 中国语文，(5)：402–417.

袁毓林. 2018. 汉语中的概念转喻及其语法学后果. 语言教学与研究,（1）：30–43.
曾国才. 2015a.《语言、思维与大脑中的转喻》介绍. 当代语言学,（3）：372–374.
曾国才. 2015b. 认知语言学前沿动态——对话句法学初探. 现代外语,（6）：842–848.
曾立英. 2005."我看"与"你看"的主观化. 汉语学习,（2）：15–22.
张宝胜. 2003. 副词"还"的主观性. 语言科学,（5）：71–76.
张伯江. 1999. 现代汉语的双及物结构式. 中国语文,（3）：175–184.
张懂. 2018.《基于语料库的构式语法研究路径》述评. 外语教学与研究,（3）：463–467.
张懂. 2019. 语料库量化方法在构式语法研究中的应用. 现代外语,（1）：134–145.
张国宪. 2009. "在 + 处所"构式的动词标量取值及其意义浮现. 中国语文,（4）：346–358.
张辉. 2016. 熟语表征与加工的神经认知研究. 上海：上海外语教育出版社.
张辉. 2018. "认知语言学研究"主持人按语. 山东外语教学,（2）：10–23.
张辉, 卞京. 2017. 二语构式加工的神经认知机制研究——中国英语学习者对英语 way 构式加工的个案研究. 外国语（上海外国语大学学报）,（4）：64–72.
张辉, 杨艳琴. 2018. 认知语言学的"三个轴线"与"三个平面". 山东外语教学,（2）：10–23.
张辉, 杨艳琴. 2019. 批评认知语言学：理论基础与研究现状. 外语教学,（3）：1–11.
张辉, 张艳敏. 2020. 批评认知语言学：理论源流、认知基础与研究方法. 现代外语,（5）：628–640.
张辉, 周红英. 2010. 认知语言学的新发展——认知社会语言学——兼评 Kristiansen & Dirven（2008）的《认知社会语言学》. 外语学刊,（3）：36–42.
张克定. 2014.《牛津构式语法手册》述介. 外语教学与研究,（1）：134–138.
张克定. 2016. 汉语处所主语形容词谓语构式的认知机制和聚焦过程. 现代外语,（1）：11–21.
张天伟. 2019. 认知社会语言学前沿述评：趋势与特点. 外语教学, 40（3）：26–31.
张炜炜. 2019. 概念隐喻、转喻研究的热点问题与方法探讨. 外语教学,（4）：20–27.
张炜炜, 刘念. 2015. 认知语言学研究的"实证周期". 外语研究,（3）：18–23.
张炜炜, 刘念. 2016. 认知语言学定量研究的几种新方法. 外国语（上海外国语大学学报）,（1）：71–79.
张翼. 2014a. 汉语无空位关系结构：认知语法视角. 现代外语,（3）：331–339.
张翼. 2014b. "方式"和"结果"的再审视：认知语法视角. 外语研究,（3）：20–25.
张翼. 2019. 构式交替：基于"基线/加工"模式的解释. 中国外语,（2）：33–38.
赵红艳等. 2011. 基于机器学习与语义知识的动词隐喻识别. 南京师范大学学报（3）：59–64.
赵卫. 2013. 意识流语篇回指释义认知语用研究. 济南：山东大学出版社.
周蔚. 2017. 自然阅读的脑成像研究及其与眼动技术结合. 心理科学进展,（10）：1656–1663.

周洋. 2016. 从构式语法看语言演变——《构式化与构式变异》评介. 外国语（上海外国语大学学报），（1）：104–108.

朱军. 2010. 汉语构式语法研究. 北京：中国社会科学出版社.

朱琳. 2015. 镜像神经元和构式语法. 当代语言学，（3）：284–292.

朱永生，苗兴伟. 2000. 语用预设的语篇功能. 外国语（上海外国语大学学报），（3）：25–30.

Abeles, M. 1991. *Corticonics Neural Circuits of the Cerebral Cortex*. Cambridge: Cambridge University Press.

Adamson, T. 2007. Cognition and conflation: Addressing a paradox in cognitive linguistics. *Cognitive Semiotics*, (1): 87–101.

Adolphs, S. & Carter, R. 2013. *Spoken Corpus Linguistics: From Monomodal to Multimodal*. New York: Routledge.

Allen, J. & Teng, C. M. 2017. Broad coverage, domain generic deep semantic parsing. In *Proceedings of the AAAI Spring Symposium, Computational Construction Grammar and Natural Language Understanding*, 108–115.

Allen, K., Pereira, F., Botvinick, M. & Goldberg, A. E. 2012. Distinguishing grammatical constructions with fMRI pattern analysis. *Brain and Language*, (123): 174–182.

Alonso, I., Plaza, S. M. & Porto, M. D. 2015. Multimodal digital storytelling: Integrating information, emotion and social cognition. In Sanz, M. J. P. (ed.) *Multimodality and Cognitive Linguistics*. Amsterdam & Philadelphia: John Benjamins.

Ambridge, B. 2013. How do children restrict their linguistic generalizations? An (Un-)grammaticality judgment study. *Cognitive Science*, (37): 508–543.

Anton, E., Dunabeitia, J. A., Estevez, A., Hernandez, J. A., Castillo, A., Fuentes, L. J. & Carreiras, M. 2014. Is there a bilingual advantage in the ANT task? Evidence from children. *Frontiers in Psychology*, (5): 398.

Arbib, M. A., Gasser, B. & Barrès, V. 2014. Language is handy but is it embodied? *Neuropsychologia*, (55): 57–70.

Athanasiadou, A., Canakis, C. & Cornillie, B. (eds.) 2006. *Subjectification: Various Paths to Subjectivity*. Berlin & New York: Mouton de Gruyter.

Atkinson, D., Okada, H. & Talmy, S. 2011. Ethnography and discourse analysis. In Hyland, K. & B. Paltridge. (eds.) *The Continuum Companion to Discourse Analysis*. London: Continuum, 85–100.

Attardo, S., Pickering, L., Lomotey, F. & Menjo, S. 2013. Multimodality in conversational humor. *Review of Cognitive Linguistics*, 11(2): 400–414.

Baayen, R. 2011. Corpus linguistics and naive discriminative learning. *Brazilian*

*Journal of Applied Linguistics*, (11): 295–328.

Bara, B. G. 2010. *Cognitive Pragmatics: The Mental Processes of Communication*. Boston: MIT Press.

Barcelona, A. 2000. On the plausibility of claiming a metonymic motivation for conceptual metaphor. In Barcelona, A. (ed.) *Metaphor and Metonymy at the Crossroads*. Berlin: Mouton de Gruyter, 32–58.

Barnden, J. 2016. Mixed metaphor: Its depth, its breadth, and a pretence-based approach. In Gibbs, R.W. (ed.) *Mixing Metaphor*. Amsterdam & Philadelphia: John Benjamins, 75–112.

Beaudoin-Ryan, L. & Goldin-Meadow, S. 2014. Teaching moral reasoning through gesture. *Developmental Science*, 17(6): 984–990.

Beger, A. 2011. Deliberate metaphors? An exploration of the choice and functions of metaphors in US-American college lectures. *Metaphorik.de*, (20): 39–60.

Beger, A. 2019. *The Role of (Deliberate) Metaphor in Communicating Knowledge in Academic Discourse*. Berlin: Peter Lang.

Beller, S., Brattebø, K., Lavik, K., Reigstad, R. & Bender, A. 2015. Culture or language: What drives effects of grammatical gender? *Cognitive Linguistics*, 26(2): 331–359.

Bencini, G. M. L. & Goldberg, A. E. 2000. The contribution to argument structure constructions to sentence meaning. *Journal of Memory and Language*, (43): 640–651.

Bergen, B. K. & Chang, N. 2005. Embodied construction grammar in simulation-based language understanding. In Östman, J.-O. & M. Fried. (eds.) *Construction Grammar(s): Cognitive and Cross-Language Dimensions*. Amsterdam & Philadelphia: Johns Benjamins, 147–190.

Berlin, B. & Kay, P. 1969. *Basic Color Terms: Their Universality and Evolution*. Berkeley & Los Angeles: University of California Press.

Bialystok, E. 2016. How hazy views become full pictures. *Language, Cognition and Neuroscience*, 31(3): 328–330.

Bialystok, E., Craik, F. I. M., Green, D. W. & Gollan, T. H. 2009. Bilingual minds. *Psychological Science in the Public Interest*, 10(3): 89–129.

Bialystok, E., Craik, F. I., Klein, R. & Viswanathan, M. 2004. Bilingualism, aging, and cognitive control: Evidence from the Simon task. *Psychology and Aging*, 19(2): 290–303.

Biber, D. 1988. *Variation across Speech and Writing*. Cambridge: Cambridge University Press.

Biber, D. & Conrad, S. 2009. *Register, Genre, and Style*. Cambridge: Cambridge

University Press.
Biber, D., Johansson, S., Leech, G., Conrad, S. & Finegan, E. 1999. *Longman Grammar of Spoken and Written English*. Harlow: Longman.
Birke, J. & Sarkar, A. 2006. A clustering approach for the nearly unsupervised recognition of nonliteral language. In *Proceedings of EACL–06*, 329–336.
Birner, B. & Ward, G. 1994. Uniqueness, familiarity, and the definite article in English. *Berkeley Linguistics Society*, (20): 93–102.
Boas, H. C. (ed.) 2010. *Contrastive Studies in Construction Grammar*. Amsterdam & Philadelphia: John Benjamins.
Boas, H. C. 2016. Frames and constructions for the study of oral poetics. In Antovic, M. & C. Pagan Canovas. (eds.) *Oral Poetics and Cognitive Science*. Berlin & Boston: Mouton de Gruyter, 99–124.
Boas, H. C. & Sag, I. A. (eds.) 2012. *Sign-based Construction Grammar*. Stanford: CSLI Publications.
Bod, R. 2009. From exemplar to grammar: A probabilistic analogy based model of language learning. *Cognitive Science*, (33): 752–793.
Boers, F. 2000. Enhancing metaphoric awareness in specialised reading. *English for Specific Purposes*, (19): 137–147.
Boers, F. & Demecheleer, M. 1997. A few metaphorical models in (western) economic discourse. In Liebert, W. A., Redeker, G. & L. Waugh. (eds.) *Discourse and Perspective in Cognitive Linguistics*. Amsterdam: John Benjamins, 115–129.
Borkent, M. 2017. Mediated characters: Multimodal viewpoint construction in comics. *Cognitive Linguistics*, 28(3): 539–563.
Boroditsky, L. 2000. Metaphoric structuring: Understanding time through spatial metaphors. *Cognition*, 75(1): 1–28.
Boutonnet, B., Athanasopoulos, P. & Thierry, G. 2012. Unconscious effects of grammatical gender during object categorization. *Brain Research*, 1479: 72–79.
Bowden, H. W., Steinhaver, K., Sanz C. & Ullman, M. T. 2013. Native like brain processing of syntax can be attained by university foreign language learners. *Neuropsychologia*, 51(13): 2492–2511.
Brandt, L. 2013. Line, metaphor and the communicative mind. *Journal of Cognitive Semiotics*, 5(1-2): 37–72.
Brandt, L. & Brandt P. A. 2005. Making sense of a blend: A cognitive semiotic approach to metaphor. *Annual Review of Cognitive Linguistics*, (3): 216–249.
Brdar, M., Raffaelli, I. & Žic, F. M. (eds.) 2012. *Cognitive Linguistics between Universality and Variation*. Newcastle: Cambridge Scholars.

Brône, G. & Zima, E. 2014. Towards a dialogic construction grammar: Ad hoc routines and resonance activation. *Cognitive Linguistics*, 25(3): 457–495.

Brône, G., Oben, B., Jehoul, A., Vranjes, J. & Feyaerts, K. 2017. Eye gaze and viewpoint in multimodal interaction management. *Cognitive Linguistics*, 28(3): 449–483.

Brown, A. & Chen, J. 2013. Construal of manner in speech and gesture in Mandarin, English, and Japanese. *Cognitive Linguistics*, 24(4): 605–631.

Bryant, J. 2004. Towards cognitive, compositional construction grammar. ROMAND 2004 Workshop on Robust Methods in Analysis of Natural Language Data, Geneva.

Buchweitz, A. & Prat, C. S. 2013. Pushing the boundaries of language in the bilingual brain: A reply to commentary on "The bilingual brain: Flexibility and control in the human cortex". *Physics of Life Reviews*, 10(4): 454–456.

Burin, D. I., Acion, L., Kurczek, J., Duff, M. C., Tranel, D. & Jorge, R. E. 2014. The role of ventromedial prefrontal cortex in text comprehension inferences: Semantic coherence or socio-emotional perspective?. *Brain and Language*, (129): 58–64.

Cacciari, C., Bolognini, N., Senna, I., Pellicciari, M. C., Miniussi, C. & Papagno, C. 2011. Literal, fictive and metaphorical motion sentences preserve the motion component of the verb: A TMS study. *Brain and Language*, (119): 149–157.

Caffarra, S., Molinaro, N., Davidson, D. & Carreiras, M. 2015. Second language syntactic processing revealed through event-related potentials: An empirical review. *Neuroscience and Biobehavioral Reviews*, (51): 31–47.

Cameron, L. 1999. Operationalising "metaphor" for applied linguistic research. In Cameron, L. & G. Low. (eds.) *Researching and Applying Metaphor*. Cambridge: Cambridge University Press, 3–28.

Cameron, L. 2003. *Metaphor in Educational Discourse*. London: Continuum.

Cameron, L. 2010. The discourse dynamics framework for metaphor. In Cameron, L. & R. Maslen. (eds.) *Metaphor Analysis*. London: Equinox, 77–94.

Cameron, L. 2016. Mixed metaphors from a discourse dynamics perspective: A non-issue?. In Gibbs, R.W. (ed.) *Mixing Metaphor*. Amsterdam & Philadelphia: John Benjamins, 17–30.

Cap, P. 2006. *Legitimization in Political Discourse: A Cross-disciplinary Perspective on the Modern US War Rhetoric*. Newcastle: Cambridge Scholars.

Cap, P. 2013. *Proximization: The Pragmatics of Symbolic Distance Crossing*. Amsterdam: John Benjamins.

Cap, P. 2015. Crossing symbolic distances in political discourse space: Evaluative rhetoric within the framework of proximization. *Critical Discourse Studies*, *12*(3): 313–329.

Cap, P. 2017. *The Language of Fear: Communicating Threat in Public Discourse*. London: Springer.

Carston, R. 2010. Metaphor: Ad hoc concepts, literal meaning and mental images. *Proceedings of the Aristotelian Society*, *110*(3): 297–323.

Casasanto, D. & Jasmin, K. 2012. The hands of time: Temporal gestures in English speakers. *Cognitive Linguistics*, *23*(4): 643–674.

Caschera, M., D'ulizia, A., Ferri, F. & Grifoni, P. 2014. An Italian multimodal corpus: The building process. In Meersman R., Panetto, H., Mishra, A., Valencia-Garcia, R., Soares, A., Ciuciu, I., Ferri, F., Weichhart, G., Moser, T., Bezzi, M. & Chan, H. (eds.) *On the Move to Meaningful Internet Systems: OTM 2014 Workshops*. New York: Springer, 557–566.

Celce-Murcia, M. & Larsen-Freeman, D. 1999. *The Grammar Book: An ESL/EFL Teacher's Course*. Boston: Heinle and Heinle.

Channell, J. 2000. Corpus-based analysis of evaluative lexis. In Hunston, S. & G. Thompson. (eds.) *Evaluation in Text*. Oxford: Oxford University Press, 38–55.

Charteris-Black, J. 2004. *Corpus Approaches to Critical Metaphor Analysis*. New York: Palgrave Macmillan.

Charteris-Black, J. 2011. *Politicians and Rhetoric: The Persuasive Power of Metaphor*. New York: Palgrave Macmillan.

Charteris-Black, J. 2016. The "dull roar" and the "burning barbed wire pantyhose": Complex metaphor in accounts of chronic pain. In Gibbs, R.W. (ed.) *Mixing Metaphor*. Amsterdam & Philadelphia: John Benjamins, 155–178.

Charteris-Black, J. & Musolff, A. 2003. "Battered Hero" or "Innocent Victim"? A comparative study of metaphors for euro trading in British and German financial reporting. *English for Specific Purposes*, (22): 153–176.

Chen, J. Y. & O'Seaghdha, P. G. 2013. Do Mandarin and English speakers think about time differently? Review of existing evidence and some new data. *Journal of Chinese Linguistics*, (41): 338–358.

Chen, Y. & Jing-Schmidt, Z. 2014. The Mandarin LVS construction: Verb lexical semantics and grammatical aspect. *Cognitive Linguistics*, *25*(1): 1–27.

Chilton, P. 2004. *Analysing Political Discourse: Theory and Practice*. London: Routledge.

Chilton, P. & Lakoff, G. 1995. Foreign policy by metaphor. In Schafner C. & A. L.

Wenden. (eds.) *Language and Peace[CSE]*. Aldershot: Dartmouth, 37–59.

Chui, K. 2011. Conceptual metaphors in gesture. *Cognitive Linguistics*, 22(3): 437–458.

Cibelli, E., Xu, Y., Austerweil, J. L., Griffiths, T. L. & Regier, T. 2016. The Sapir-Whorf hypothesis and probabilistic inference: Evidence from the domain of color. *Plos One*, 11(8): e0161521.

Cienki, A. 2013. Image schemas and mimetic schemas in cognitive linguistics and gesture studies. *Review of Cognitive Linguistics*, 11 (2): 417–432.

Cienki, A. 2017. Analysing metaphor in gesture: A set of metaphor identification guidelines for gesture(MIG-G). In Semino, E. & Z. Demjén. (eds.) *The Routledge Handbook of Metaphor and Language*. London: Routledge, 131–147.

Cienki, A. & Müller, C.(eds.) 2008. *Metaphor and Gesture*. Amsterdam & Philadelphia: John Benjamins.

Citron, F. M., Cacciari, C., Funcke, J. M., Hsu, C. T. & Jacobs, A. M. 2019. Idiomatic expressions evoke stronger emotional responses in the brain than literal sentences. *Neuropsychologia*, (131): 233–248.

Citron, F. M., Güsten, J., Michaelis, N. & Goldberg, A. E. 2016. Conventional metaphors in longer passages evoke affective brain response. *NeuroImage*, (139): 218–230.

Claes, J. 2014. Competing constructions: The pluralization of presentational haber in Dominican Spanish. *Cognitive Linguistics*, 26(1): 1–30.

Claes, J. 2017. Probabilistic grammar: The view from cognitive sociolinguistics. *Journal of General Linguistics*, (1): 1–30.

Clark, L. & Trousdale, G. 2009. The role of token frequency in phonological change: Evidence from TH-fronting in east-central Scotland. *English Language and Linguistics*, (1): 33–56.

Clark, L. & Watson, K. 2011. Testing claims of a usage-based phonology with Liverpool English t-to-r. *English Language and Linguistics*, (3): 523–547.

Cook, S. W., Duffy, R. G. & Fenn, K. M. 2013. Consolidation and transfer of learning after observing hand gesture. *Child Development*, 84 (6): 1863–1871.

Corballis, M. C. 2015. Mirror neurons theory of. In Wright, J. D. (ed.) *International Encyclopedia of the Social & Behavioral Sciences* (2nd ed.). Amsterdam: Elsevier, 582–588.

Courtin, C., Jobard, G., Vigneau, M., Beaucousin, V., Razafimandimby, A., Hervé, P. Y., Mellet, E., Zago, L., Petit, L., Mazoyer, B. & Tzourio-Mazoyer, N. 2011. A common neural system is activated in hearing non-signers to process French sign language and spoken French. *Brain Res Bull*, (84): 75–87.

Croft, W. 2001. *Radical Construction Grammar*. Oxford: Oxford University Press.

Croft, W. 2009. Toward a social cognitive linguistics. In Evans V. & S. Pourcel. (eds.) *New Directions in Cognitive Linguistics.* Amsterdam: John Benjamins, 395–420.

Croft, W. & Cruse, D. A. 2004. *Cognitive Linguistics.* Cambridge: Cambridge University Press.

Dąbrowska, E. & Divjak, D. 2015. *Handbook of Cognitive Linguistics.* Berlin: Mouton de Gruyter.

Dąbrowska, E. 2016. Cognitive Linguistics' seven deadly sins. *Cognitive Linguistics,* 27(4): 479–491.

Dancygier, B. 2015. *The Language of Stories: A Cognitive Approach.* New York: Cambridge University Press.

Dancygier, B. 2017. Cognitive Linguistics and the study of textual meaning. In Dancygier B. (ed.) *The Cambridge Handbook of Cognitive Linguistics.* New York: Cambridge University Press, 607–22.

Dancygier, B. & Vandelanotte, L. 2017. Internet memes as multimodal constructions. *Cognitive Linguistics, 28*(3): 565–598.

Davidse, K., Vandelanotte, L. & Cuyckens, H. (eds.) 2010. *Subjectification, Intersubjectification and Grammaticalization.* Berlin: Walter de Gruyter.

De Bruin, A., Treccani, B. & Della Sala, S. 2015. Cognitive advantage in bilingualism: An example of publication bias? *Psychological Science,* 26(1): 99–107.

De Beule, J. & Steels, L. 2005. Hierarchy in fluid construction grammar. In Furbach, U. (ed.) *KI 2005: Advances in Artificial Intelligence. Lecture Notes in Computer Science, vol 3698.* Berlin & Heidelberg: Springer.

De Groot, A. M. 2011. *Language and Cognition in Bilinguals and Multilinguals: An Introduction.* New York & Hove: Psychology Press.

De Groot, F., Huettig, F. & Olivers, C. N. L. 2016. Revisiting the looking at nothing phenomenon: Visual and semantic biases in memory search. *Visual Cognition,* (24): 226–245.

De Knop, S., Frank B. & De Rycker, T. (eds.) 2010. *Fostering Language Teaching Efficiency Through Cognitive Linguistics.* Berlin: Mouton de Gruyter.

De Knop, S. & Gilquin, G. 2016. *Applied Construction Grammar.* Berlin: Mouton de Gruyter.

De La Fuente, J., Santiago, J., Román, A., Dumitrache, C. & Casasanto, D. 2014. When you think about it, your past is in front of you: How culture shapes spatial conceptions of time. *Psychological Science,* (25): 1682–1690.

De La riva López, E. M., Francis, W. S. & García, J. 2012. Repetition priming within and between languages in verb generation: Evidence for shared verb concepts. *Memory*, (4): 358–373.

Deignan, A. 2006. *Metaphor in Corpus Linguistics*. Amsterdam: John Benjamins.

Desai, R. H., Binder, J. R., Conant, L. L., Mano, Q. R. & Seidenberg, M. S. 2011. The neural career of sensory-motor metaphors. *Journal of Cognitive Neuroscience*, 23(9): 2376–2386.

Díaz-Vera, E. J. 2014. *Metaphor and Metonymy across Time and Cultures: Perspectives on the Sociohistorical Linguistics of Figurative Language*. Berlin & München & Boston: Mouton de Gruyter.

Dirven, R. & Pörings, R. 2009. *Metaphor and Metonymy in Comparison and Contrast*. Berlin & New York: Mouton de Gruyter.

Dirven, R. & Verspoor, M. 1998. *Cognitive Exploration of Language and Linguistics*. Amsterdam: John Bebjamins.

Divjak, D. & Arppe, A. 2013. Extracting prototypes from exemplars. What can corpus data tell us about concept representation?. *Cognitive Linguistics*, 24 (2): 221–274.

Divjak, D., Dąbrowska, E. & Arppe, A. 2016. Machine meets man: Evaluating the psychological reality of corpus-based probabilistic models. *Cognitive Linguistics*, 27(1): 1–33.

Divjak, D., Levshina, N. & Klavan, J. 2016. Cognitive Linguistics: Looking back, looking forward. *Cognitive Linguistics*, 27(4): 447–463.

Divjak, D., Levshina, N. & Klavan, J. 2016. Cognitive linguistics: Looking back, looking forward. *Cognitive Linguistics*, 27(4): 447–464.

Downing, L. H. M. & Mujic, B. K. 2011. Mulitimodal metonymy and metaphor as complex discourse resources for creativity in ICT advertising discourse. *Review of Cognitive Linguistics*, 9(1): 153–178.

Du Bois, J. 2014. Towards a dialogic syntax. *Cognitive Linguistics*, 25(3): 359–410.

Du Bois, J., Hobson, R. & Hobson, J. 2014. Dialogic resonance and intersubjective engagement in autism. *Cognitive Linguistics*, 25(3): 411–441.

Duffy, S. & Feist, M. 2014. Individual differences in the interpretation of ambiguous statements about time. *Cognitive Linguistics*, 25(1): 29–54.

Dunmire, P. 2011. *Projecting the Future through Political Discourse: The Case of the Bush Doctrine*. Amsterdam: John Benjamins.

Dunn, J. 2013. How linguistic structure influences and helps to predict metaphoric meaning. *Cognitive Linguistics*, 24(1): 33–66.

Dunn, J. 2018. Finding variants for construction-based: A corpus-based approach to regional CxGs. *Cognitive Linguistics*, 29(2): 275–311.

El Refaie, E. 2013. Cross-modal resonances in creative multimodal metaphors: Braking out of conceptual prisons. *Review of Cognitive Linguistics*, *11*(2): 236–249.

Ellis, N. C. & Cadierno T. 2009. Constructing a second language: Introduction to the special section. *Annual Review of Cognitive Linguistics, Special Section: Constructing a Second Language*, (7): 111–139.

Ellis, N. C., O'Donnell, M. & Römer, U. 2014. The processing of verb-argument constructions is sensitive to form, function, frequency, contingency and prototypicality. *Cognitive Linguistics*, *25*(1): 55–98.

Ellis, N. C., Römer, U. & O'Donnell, M. B. 2016. *Usage-based Approaches to Language Acquisition and Processing: Cognitive and Corpus Investigations of Construction Grammar*. Malden: Wiley-Blackwell.

Ellis, R. 2015. Oxford: *Understanding Second Language Acquisition (2nd ed.)*. Oxford: Oxford University Press.

Ellis, R. & Shintani N. 2014. *Exploring Language Pedagogy through Second Language Acquisition Research*. London: Routledge.

Emmorey, K. & Özyürek, A. 2014. Language in our hands: Neural underpinnings of sign language and co-speech gesture. In Gazzaniga, M. S. & G. R. Mangun. (eds.) *The Cognitive Neurosciences*. Cambridge: MIT Press, 657–666.

Engberg-Pedersen, E. 2011. Cognitive foundations of topic-comment and foreground-background structures: Evidence from sign languages, cospeech gesture and homesign. *Cognitive Linguistics*, *22*(4): 691–718.

Enrique, B. 2005. Social cognition: Variation, language, and culture in a cognitive linguistic typology. In Ruiz de Mendoza, F. & S. Peña. (eds.) *Cognitive Linguistics: Internal Dynamics and Interdisciplinary Interaction*. Berlin: Mouton de Gruyter, 191–224.

Ernst, T. 1981. Grist for the linguistic mill: Idioms and "extra" adjectives. *Journal of Linguistic Research*, *1*(3): 51–68.

Ervas, F., Gola, E. & Rossi, M. G. (eds.) 2017. *Metaphor in Communication, Science and Education*. Berlin: Mouton De Gruyter.

Eskildsen, S. W. & Cadierno, T. 2015. Advancing usage-based approaches to L2 studies. In Cadierno, T. & S. W. Eskildsen. (eds.) *Usage-based Perspectives on Second Language Learning*. Berlin: Mouton de Gruyter, 1–16.

Espuny, J., Jiménez-ortega, L., Casado, P., Fondevila, S., Muñoz, F., Hernández-gutiérrez, D. & Martín-loeches, M. 2018. Event-related brain potential correlates of words' emotional valence irrespective of arousal and type of task. *Neuroscience Letters*, *670*(1): 83–88.

Evans, V. & Green, M. 2006. *Cognitive Linguistics: An Introduction*. London:

Lawrence Erlbaum.
Fairclough, N. 1995. *Critical Discourse Analysis: The Critical Study of Language*. London: Longman.
Fairclough, N. 2001. *Language and Power (2nd ed.)*. Harlow: Longman.
Fanelli, G., Gall, J., Romsdorfer, H., Weise, T. & Van Gool, L. 2010. 3D vision technology for capturing multimodal corpora: Chances and challenges. In Kipp M., Martin, J. C., Paggio, P. & Heylen D. (eds. ) *Proceedings of LREC*. Valletta: ELRA, 1-4.
Fass, D. M. 1991. A method for discriminating metonymy and metaphor by computer. *Computer Linguistics, 17*(1): 49-90.
Fauconnier, G. 1985. *Mental Spaces*. Cambridge: The MIT Press.
Fauconnier, G. 1990a. Domains and connections. *Cognitive Linguistics 1*(1): 151-174.
Fauconnier, G. 1990b. Invisible meaning. *Berkeley Linguistics Society*, (16): 390-404.
Fauconnier, G. 1994. *Mental Spaces*. Cambridge: Cambridge University Press.
Fauconnier, G. 1997. *Mappings in Thought and Language*. Cambridge: Cambridge University Press.
Fauconnier, G. 2007. Mental spaces. In Geeraerts, D. & H. Cuyckens. (eds.) *The Oxford Handbook of Cognitive Linguistics*. Oxford: Oxford University Press, 371-376.
Fauconnier, G. & Sweetser, E. 1996. *Spaces, Worlds and Grammar*. Chicago: The University of Chicago Press.
Fauconnier, G. & Turner, M. 1995. Conceptual integration and formal expression. *Journal of Metaphor and Symbolic Activity, 10*(3): 183-204.
Fauconnier, G. & Turner, M. 1996. Blending as a central process of grammar. In Goldberg, A. (ed.) *Conceptual Structure, Discourse and Language*. Stanford: CSLI Publications, 113-130.
Fauconnier, G. & Turner, M. 1998. Principles of conceptual integration. In koening, J. P. (ed.) *Discourse and Cognition*. Stanford: CSLI Publications, 269-283.
Fauconnier, G. & Turner, M. 2002. *The Way We Think—Conceptual Blending and the Mind's Hidden Complexities*. New York: Basic Books.
Fauconnier, G. & Turner, M. 2003. Polysemy and conceptual blending. In Nerlich, B., Herman, V., Todd Z. & D. Clarke (eds.) *Polysemy: Flexible Patterns of Meaning in Mind and Language*. Berlin & New York: Mouton de Gruyter, 79-94.
Fedorenko, E. & Thompson-Schill, S. L. 2014. Reworking the language network. *Trends in Cognitive Sciences, 18*(3): 120-126.
Feist, M. & Duffy, S. 2015. Moving beyond "Next Wednesday": The interplay of lexical semantics and constructional meaning in an ambiguous metaphoric

statement. *Cognitive Linguistics, 26*(4): 633–656.

Feldman, J., Dodge, E., & Bryant, J. 2009. A neural theory of language and embodied construction grammar. In Heine, B. & H. Narrog (eds.) *The Oxford Handbook of Linguistic Analysis*. Oxford: Oxford University Press, 111–138.

Feng, D. & O'Halloran, K. L. 2013. The multimodal representation of emotion in film: Integrating cognitive and semiotic approaches. *Semiotica*, (197): 79–100.

Feyaerts, K., Oben, B., Lackner, H. & Papousek, I. 2017. Alignment and empathy as viewpoint phenomena: The case of amplifiers and comical hypotheticals. *Cognitive Linguistics, 28*(3): 485–509.

Fillmore, C. J. 1976. Frame semantics and the nature of language. *Annals of the New York Academy of Sciences: Conference on the Origin and Development of Language and Speech*, (280): 20–32.

Fillmore, C. J. 1982. Frame semantics. In Linguistics Society of Korea (ed.) *Linguistics in the Morning Calm*. Seoul: Hanshin Publishing Co., 111–137.

Fillmore, C. J. 1985. Frames and the semantics of understanding. *Quaderni di Semantica, 6*(2): 222–254.

Fillmore, C. J., Kay, P. & O'Connor, M. C. 1988. Regularity and idiomaticity in grammatical constructions: The case of "let alone". *Language, 64*(3): 501–538.

Finegan, E. 1995. Subjectivity and subjectivisation: An introduction. In Stein, D. & S. Wright. (eds.) *Subjectivity and Subjectivisation*. Cambridge: Cambridge University Press.

Florent, P. 2015. *Argument Structure in Usage-based Construction Grammar*. Amsterdam: John Benjamins.

Flowerdew, J. & Richardson, J. E. 2017. Introduction. In Flowerdew, J. & J. E. Richardson. (eds.) *The Routledge Handbook of Critical Discourse Studies*. New York: Routledge, 1–10.

Fonteyn, L., Heyvaert, L. & Zhang, C. 2015. How do gerunds conceptualize events? A diachronic study. *Cognitive Linguistics, 26*(4): 583–612.

Forceville, C. 1996. *Pictorial Metaphor in Advertising*. London & New York: Routledge.

Forceville, C. 2002. The identification of target and source in pictorial metaphors. *Journal of Pragmatics*, (34): 1–14.

Forceville, C. 2008. Metaphor in pictures and multimodal representations. In Gibbs R. W. (ed.) *The Cambridge Handbook of Metaphor and Thought*. Cambridge: Cambridge University Press, 462–482.

Forceville, C. 2010. Why and how study metaphor, metonymy, and other tropes in multimodal discourse?. In Caballero, R. & M. J. Pinar. (eds.) *Ways and Modes of Human Communication*. Cuenca: Edicionesde la Universidad de Castilla-La Mancha, 57–76.

Forceville, C. 2015. Visual and multimodal metaphor in film: Charting the field. In Fahlenbrach K. (ed.) *Embodied Metaphors in Film, Television, and Video Games: Cognitive Approaches*. London: Routledge, 17–32.

Forceville, C. 2016. Mixing in pictorial and multimodal metaphors?. In Gibbs R.W. (ed.) *Mixing Metaphor*. Amsterdam & Philadelphia: John Benjamins, 223–240.

Forceville, C. & Urios-Aparisi, E. (eds.) 2009. *Multimodal Metaphor*. Berlin & New York: Mouton de Gruyter.

Foucart, A. & Frenck-Mestre, C. 2012. Can late L2 learners acquire new grammatical features? Evidence from ERPs and eye-tracking. *Journal of Memory and Language*, (66): 226–248.

Franco, K., Geeraerts, D., Speelman, D. & Hout, R. 2019. Concept characteristics and variation in lexical diversity in two Dutch dialect areas. *Cognitive Linguistics*, 30(1): 205–242.

Frank, R. M., Dirven, R., Ziemke, T. & Bernárdez, E. (Eds.) 2008. *Body, Language and Mind. Vol. 2: Sociocultural Situatedness*. Berlin & New York: Mouton de Gruyter.

Frey, A., Ionescu, G., Lemaire, B., López-Orozco, F., Baccino, T. & Guérin Dugué, A. 2013. Decision-making in information seeking on texts: An eye fixation-related potentials investigation. *Frontiers in Systems Neuroscience*, (7): 39.

Friederici, A. D. 1995. The time course of syntactic activation during language processing: A model based on neurological and neurophysiological data. *Brain and Language*, (50): 259–281.

Friederici, A. D. 1997. Neurophysiological aspects of language processing. *Clinical Neuroscience*, (4): 64–72.

Friesen, D. C., Latman, V., Calvo, A. & Bialystok, E. 2015. Attention during visual search: The benefit of bilingualism. *International Journal of Bilingualism*, (19): 693–702.

Frommer, J., Michaelis, B., Roster, D., Wendemuth, A., Friesen, R., Haase, M., Kunze, M., Andrich, R., Lange, J., Panning, A. & Siegert, I. 2012. Towards emotion and affect detection in the multimodal LAST MINUTE corpus. In Kipp, M., Calzolari, N., Choukri, K., Declerck, T., Dogan, M., Maegaard, B., Mariani, J., Moreno, A., Odijk, J. & Piperidis, S. (eds.) *Proceedings of LREC*.

Istanbul: ELRA, 3064–3069.

Fuoli, M. & Hart, C. 2018. Trust building strategies in corporate discourse: An experimental study. *Discourse & Society*, 29(5): 514–552.

Fusaroli, R. 2011. The social horizon of embodied language and material symbols. *Versus*, (112–113): 95–120.

Fusaroli, R., Demuru, P. & Borghi, A. M. 2012. The intersubjectivity of embodiment. *Journal of Cognitive Semiotics*, 4(1): 1–5.

Fusaroli, R. & Morgagni, S. 2013. Conceptual metaphor theory: Thirty years after. *Cognitive Semiotics*, (5): 1–2.

Gallese, V. & Goldman, A. 1998. Mirror neurons and the simulation theory of intelligence. *Trends in Cognitive Science*, (2): 439–450.

Gallese, V. & Lakoff, G. 2005. The brain's concepts the role of the sensory-motor system in conceptual knowledge. *Cognitive Neuropsychology*, (22): 455–479.

Gao, S., Zika, O., Rogers, R. D. & Thierry, G. 2015. Second language feedback abolishes the "hot hand" effect during even-probability gambling. *Journal of Neuroscience*, (35): 5983–5989.

Garoufi, K., Staudte, M., Koller, A. & Crocker, M. W. 2016. Exploiting listener gaze to improve situated communication in dynamic virtual environments. *Cognitive Science*, 40(7): 1671–1703.

Garrido, J. 2011. Motion metaphors in discourse construction. *Review of Cognitive Linguistics*, 9(1): 107–129.

Gedigian, M., Bryant, J., Narayanan, S. & Ciri, B. 2006. Catching metaphors. In *Proceedings of the 3rd Workshop on the Scalable Natural Language Understanding*. New York: Association for Computational Linguistics, 41–48.

Geeraerts, D. 2003. Cultural models of linguistic standardization. In Dirven R., Frank R. & M. Pütz. (eds.) *Cognitive Models in Language and Thought: Ideology, Metaphors and Meanings*. Berlin & New York: Mouton de Gruyter, 25–68.

Geeraerts, D. 2006. A rough guide to cognitive linguistics. In Geeraerts D. (ed.) *Cognitive Linguistics: Basic Reading*. Berlin & New York: Mouton de Gruyter, 1–28.

Geeraerts, D. 2008. Methodology in cognitive linguistics. In Kristiansen, G., Achard, M., Dirven R. & F. J. Ruiz de Mendoza Ibáñez. (eds.) *Cognitive Linguistics*. Berlin & New York: Mouton de Gruyter, 21–50.

Geeraerts, D. 2016. The sociosemiotic commitment. *Cognitive Linguistics*, (4): 527–542.

Geeraerts, D. & Cuyckens, H. (eds.) 2007. *The Oxford Handbook of Cognitive Linguistics*. Oxford: Oxford University Press.

# 参考文献

Geeraerts, D., Kristiansen, G. & Peirsman, Y. (eds.) 2010. *Advances in Cognitive Sociolinguistics*. Berlin & New York: Mouton de Gruyter.

Gibbons, A. 2011. *Multimodality, Cognition, and Experimental Literature*. Berlin & New York: Mouton de Gruyter.

Gibbs, R. 2005. Literal and nonliteral meanings are corrupt ideas: A view from psycholinguistics. In Coulson S. & B. Lewandowska. (eds.) *Literal Non-literal Distinction*. Berlin: Peter Lang, 221–238.

Gibbs, R. 2006. *Embodiment and Cognitive Science*. New York: Cambridge University Press.

Gibbs, R. W. 1999. Taking metaphor out of our heads and putting it into the cultural world. In Gibbs, R.W. & G. J. Steen. (eds.) *Metaphor in Cognitive Linguistics: Selected Papers from the 5th International Cognitive Linguistics Conference*. Amsterdam/Philadelphia: John Benjamins, 145–166.

Gibbs, R.W. 2008. *The Cambridge Handbook of Metaphor and Thought*. Cambridge: Cambridge University Press.

Gibbs, R. W. 2013. Walking the walk while thinking about the talk: Embodied interpretation of metaphorical narratives. *Journal of Psycholinguist Research*, 42(4): 363–378.

Gibbs, R. W. (ed.) 2016. *Mixing metaphor*. Amsterdam & Philadelphia: John Benjamins.

Giora, R., Fein, O., Kronrod, A., Elnatan, I., Shuval, N. & Zur, A. 2004. Weapons of mass distraction: Optimal innovation and pleasure ratings. *Metaphor and Symbol*, 19(2): 115–141.

Giora, R., Raphaely, M., Fein, O. & Livnat, E. 2014. Resonating with contextually inappropriate interpretations in production: The case of irony. *Cognitive Linguistics*, 25(3): 443–455.

Goatly, A. 1997. *The Language of Metaphors*. London: Routledge.

Goatly, A. 2007. *Washing the Brain: Metaphor and Hidden Ideology*. Amsterdam & Philadelphia: John Benjamins.

Goddard, C. 2004. The ethnopragmatics and semantics of "active metaphors". *Journal of Pragmatics*, (36): 1211–1230.

Gola, E. & Ervas, F. (eds.) 2016. *Metaphor and Communication*. Amsterdam: John Benjamins.

Goldberg, A. E. 1995. *Constructions: A Construction Grammar Approach to Argument Structure*. Chicago: The University of Chicago Press.

Goldberg, A. E. 2005. Argument realization: The role of constructions, lexical semantics and discourse factors. In Östman, J.-O. & M. Fried. (eds.) *Construction Grammars: Cognitive Grounding and Theoretical Extensions*.

Amsterdam: John Benjamins, 17–43.

Goldberg, A. E. 2006. *Constructions at Work: The Nature of Generalization in Language*. Oxford: Oxford University Press.

Goldberg, A. E. 2019. *Explain Me This: Creativity, Competition, and the Partial Productivity of Constructions*. Princeton: Princeton University Press.

Gonzalez Marquez, M., Mittelberg, I., Coulson, S. & Spivey, M. J. (eds.) 2007. *Methods in Cognitive Linguistics*. Amsterdam: John Benjamins.

Grady, J. E. 1997a. *Foundations of Meaning: Primary Metaphors and Primary Scenes*. University of California at Berkeley.

Grady, J. E. 1997b. Theories are buildings revisited. *Cognitive Linguistics*, (8): 267–290.

Grant, A., Fang, S. & Li, P. 2015. Second language lexical development and cognitive control: A longitudinal fMRI study. *Brain and Language*, (144): 35–47.

Gréa, P. 2017. Inside in French. *Cognitive Linguistics*, 28(1): 77–130.

Gries, S. T. 1999. Particle movement: A cognitive and functional approach. *Cognitive Linguistics*, (2): 105–145.

Gries, S. T. 2001. A multifactorial analysis of syntactic variation: Particle movement revisited. *Journal of Quantitative Linguistics*, (8): 33–50.

Gries, S. T. 2010. Behavioral profiles: A fine-grained and quantitative approach in corpus-based lexical semantics. *The Mental Lexicon*, 5(3): 323–346.

Gries, S. T. 2012. Corpus linguistics, theoretical linguistics, and cognitive psycholinguistics: Towards more and more fruitful exchanges. In Mukherjee, J. & M. Huber. (eds.) *Corpus Linguistics and Variation in English: Theory and Description*. Amsterdam: Rodopi, 41–63.

Gries, S. T. 2013. Sources of variability relevant to the cognitive sociolinguist, and corpus as well as psycholinguistic methods and notions to handle them. *Journal of Pragmatics*, (6): 5–16.

Gries, S. T. & Bernaisch T. 2016. Exploring epicentres empirically: Focus on South Asian Englishes. *English World-Wide*, 37(1): 1–25.

Griffin, C. L. 2012. *Invitation to Public Speaking (4th ed.)*. Boston: Wadsworth Publishing.

Grisoni, L., Miller, M. C. & Pulvermüller, F. 2017. Neural correlates of semantic prediction and resolution in sentence processing. *Journal of Neuroscience*, 37(18): 4848–4858.

Grondelaers, S., Speelman, D. & Geeraerts, D. 2007. A case for a cognitive corpus linguistics. In Gonzalez-Marquez, M., Irene M., Seana C. & M. J. Spivey. (eds.) *Methods in Cognitive Linguistics*. Amsterdam: John Benjamins, 149–169.

Grondelaers, S., Speelman, D. & Geeraerts, D. 2008. National variation in the use of er "there": Regional and diachronic constraints on cognitive explanations. In Kristiansen, G. & R. Dirven. (eds.) *Cognitive Sociolinguistics*. Berlin: Mouton de Gruyter, 153–203.

Group, P. 2007. MIP: A method for identifying metaphorically used words in discourse. *Metaphor and Symbol*, (22): 1–39.

Guilbeault, D. 2017. How politicians express different viewpoints in gesture and speech simultaneously. *Cognitive Linguistics*, 28(3): 417–447.

Gumperz, J. & Hymes, D. 1972. *Directions in Sociolinguistics: The Ethnography of Communication*. New York: Holt, Rinehart & Winston.

Guy, G. R. 2013. The cognitive coherence of sociolects: How do speakers handle multiple sociolinguistic variable?. *Journal of Pragmatics*, (6): 63–71.

Hafri, A., Trueswell, J. C. & Strickland, B. 2018. Extraction of event roles from visual scenes is rapid, automatic, and interacts with higher-level visual processing. In *Proceedings of the 38th Annual Conference of the Cognitive Science Society*.

Hanks, P. 1996. Contextual dependency and lexical sets. *International Journal of Corpus Linguistics*, (1): 75–98.

Harder, P. 2010. *Meaning in Mind and Society. A Functional Contribution to the Social Turn in Cognitive Linguistics*. Berlin & New York: Mouton de Gruyter.

Harrison, C. 2017. *Cognitive Grammar in Contemporary Fiction*. Amsterdam: John Benjamins.

Hart, C. 2010. *Critical Discourse Analysis and Cognitive Science: New Perspectives on Immigration Discourse*. Basingstoke: Palgrave Macmillan.

Hart, C. 2013a. Event-construal in press reports of violence in political protests: A cognitive linguistic approach to CDA. *Journal of Language and Politics*, 12(3): 400–423.

Hart, C. 2013b. Constructing contexts through grammar: Cognitive models and conceptualization in British newspaper reports of political protests. In Flowerdew, J. (ed.) *Discourse and Contexts*. London: Continuum, 159–184.

Hart, C. 2014a. *Discourse, Grammar and Ideology: Functional and Cognitive Perspectives*. London: Bloomsbury.

Hart, C. 2014b. Construal operations in online press reports of political protests. In Hart C. & P. Cap. (eds.) *Contemporary Critical Discourse Studies*. London: Bloomsbury, 167–188.

Hart, C. 2015. Discourse. In Dabrowska E. & D. Divjak. (eds.) *Handbook of Cognitive Linguistics*. Berlin: Mouton de Gruyter, 322–346.

Hart, C. 2016. Event-frames affect blame assignment and perception of aggression: An experimental case study in CDA. *Applied Linguistics, 39*(3): 400–421.

Hart, C. 2017a. Cognitive linguistic critical discourse studies. In Flowerdew, J. & J. E. Richardson. (eds.) *The Routledge Handbook of Critical Discourse Studies*. New York: Routledge, 77–91.

Hart, C. 2017b. Metaphor and intertextuality in media framings of the (1984–1985) British miners' strike: A multimodal analysis. *Discourse & Communication, 11*(1): 3–30.

Hart, C. 2018. Riots engulfed the city: An experimental study investigating the legitimating effects of fire metaphors in discourses of disorder. *Discourse and Society, 29*(3): 279–298.

Hart, C. 2019. Introduction. In Hart, C. (ed.) *Cognitive Linguistic Approaches to Text and Discourse: From Poetics to Politics*. Edinburgh: Edinburgh University Press, 1–19.

Hart, C. 2021. Animals vs. armies: Resistance to extreme metaphors in anti-immigration discourse. *Journal of Language and Politics, 20*(2): 226–253.

Hart, C. & Marmol, Q. J. 2021. What can cognitive linguistics tell us about language-image relations? A multidimensional approach to intersemiotic convergence in multimodal texts. *Cognitive Linguistics, 32*(4): 529–562.

Hart, C. & Winter, B. 2021. Gesture and legitimation in the anti-immigration discourse of Nigel Farage. *Discourse & Society*. doi:10.1177/09579265211048560.

Hartmann, S. 2018. Derivational morphology in flux: A case study of word-formation change in German. *Cognitive Linguistics, 29*(1): 77–119.

Hayase, N. 2011. The cognitive motivation for the use of dangling participles in English. In Panther, K. & G. Radden. *Motivation in Grammar and the Lexicon*. Amsterdam & Philadelphia: John Benjamins, 89–106.

Heine, L. 2011. Non-coordination-based ellipsis from a construction grammar perspective: The case of the coffee construction. *Cognitive Linguistics, 22*(1): 55–80.

Heintz, I., et al. 2013. Automatic extraction of linguistic metaphors with LDA topic modeling. In *Proceedings of the First Workshop on Metaphor in NLP*. Atlanta: Association for Computation Linguistics, 58–66.

Henderson, J. M., Luke, S. G., Schmidt, J. & Richards, J. E. 2013. Co registration of eye movements and event-related potentials in connected-text paragraph reading. *Frontiers in Systems Neuroscience*, (7): 28.

Herman, W. & Corinne, O. 2017. Signed languages. In Dancygier, B. (eds.) *The Cambridge Handbook of Cognitive Linguistics*. Cambridge: Cambridge University

Press, 99–117.

Hijazo-Gascón, A., Cadierno, T. & Ibarretxe-Antunano, I. 2016. Learning the placement caused motion construction in L2 Spanish. In De Knop, S. & G. Gilquin. (eds.) *Applied Construction Grammar*. Berlin: Mouton de Gruyter, 185–210.

Hilpert, M. 2014. From hand-carved to computer-based: Noun-participle compounding and the upward strengthening hypothesis. *Cognitive Linguistics*, 26(1): 113–147.

Hinkel, E. & Sandra, F. 2002. From theory to practice: A teacher's view. In Hinkel, E. & S. Fotos. (eds.) *New Perspectives on Grammar Teaching in Second Language Classrooms*. London: Lawrence Erlbaum, 1–13.

Hinnell, J. 2018. The multimodal marking of aspect: The case of five periphrastic auxiliary constructions in North American English. *Cognitive Linguistics*, 29(4): 773–806.

Hoffmann, T. 2017. Multimodal constructs—multimodal constructions? The role of constructions in the working memory. *Linguistics Vanguard*, 3(s1): special issue.

Hoffmann, T., Horsch, J. & Brunner, T. 2018. The more data, the better: A usage-based account of the English comparative correlative construction. *Cognitive Linguistics*, 30(1): 1–36.

Hoffmann, T. & Trousdale, G. (eds.) 2013. *Handbook of Construction Grammar*. Oxford: Oxford University Press.

Hollmann, W. 2013. Constructions in cognitive sociolinguistics. In Hoffmann, T. & G. Trousdale. (eds.) *The Oxford Handbook of Construction Grammar*. Oxford: Oxford University Press, 491–509.

Hollmann, W. 2017. Cognitive sociolinguistics. In Dancygier, B. (ed.) *The Cambridge Handbook of Cognitive Linguistics*. Cambridge: Cambridge University Press, 533–548.

Hollmann, W. & Siewierska, A. 2007. A construction grammar account of possessive constructions in Lancashire dialect: Some advantages and challenges. *English Language and Linguistics*, (2): 407–424.

Hollmann, W. & Siewierska, A. 2011. The status of frequency, schemas, and identity in cognitive sociolinguistics: A case study on definite article reduction. *Cognitive Linguistics*, 22(1): 25–54.

Holme, R. 2009. *Cognitive Linguistics and Second Language Teaching*. Basingstoke: Palgrave Macmillan.

Hsu, C. T., Jacobs, A. M. & Conrad, M. 2015. Can Harry Potter still put a spell on us in a second language? An fMRI study on reading emotion-laden literature in late bilinguals. *Cortex*, (63): 282–295.

Hummel, M. 2018. Baseline elaboration and echo-sounding at the adjective adverb interface. *Cognitive Linguistics, 29*(3): 407–452.

Hunston, S. & Thompson, G. (eds.) 2000. *Evaluation in Text*. Oxford: Oxford University Press.

Hymes, D. 1974. *Foundations of Sociolinguistics: An Ethnographic Approach*. Philadelphia: University of Pennsylvania Press.

Iwasaki, S. 1993. *Subjectivity in Grammar and Discourse*. Amsterdam & Philadelphia: John Benjamins.

Izutsu, M. N. & Izutsu, K. 2017. Regularity outside argument structure: Sequential ordering in final position. A paper presented at 15th International Pragmatics Conference. Belfast, Northern Ireland.

Jansegers, M., Vanderschueren, C. & Enghels, R. 2015. The polysemy of the Spanish verb sentir: A behavioral profile analysis. *CogL, 26*(3): 381–421.

Janzen, T. 2017. Composite utterances in a signed language: Topic constructions and perspective-taking in ASL. *Cognitive Linguistics, 28*(3): 511–538.

Jaworski, A. & Coupland, N. 1999. *The Discourse Reader*. New York: Routledge.

Jewitt, C., Bezemer, J. & O'Halloran, K. 2016. *Introducing Multimodality*. London: Routledge.

Johnson, D. C. 2013. *Language Policy*. New York: Palgrave Macmillan.

Johnson, M. 1981. *Philosophical Perspectives on Metaphor*. Minneapolis: University of Minnesota Press.

Johnson, M. 1987. *The Body in the Mind: The Bodily Basis of Meaning, Imagination and Reason*. Chicago: The University of Chicago Press.

Johnson, M. A., Turk-Browne, N. B. & Goldberg, A. E. 2013. Prediction plays a key role in language development as well as processing. *Behavioral and Brain Sciences, 36*(4): 360.

Johnson, M. A., Turk-Browne, N. B. & Goldberg, A. E. 2016. Neural systems involved in processing novel linguistic constructions and their visual referents. *Lang Cogn Neurosci, 31*(1): 129–144.

Jongejan, B. 2010. Automatic face tracking in Anvil. *Proceedings of LREC*. Valletta: ELRA, 154–156.

Juana, I., Arrese, M., Haßler, G. & Carretero, M. (eds.) 2017. *Evidentiality Revisited: Cognitive Grammar, Functional and Discourse-pragmatic Perspectives*. Amsterdam & Philadelphia: John Benjamins.

Kaan, E., Harris, A., Gibson, E. & Holcomb, P. 2000. The P600 as an index of syntactic integration difficulty. *Language and Cognitive Processes*, (15): 159–201.

Kaan, E., Kirkham, J. & Wijnen, F. 2016. Prediction and integration in native and second-language processing of elliptical structures. *Bilingualism: Language and Cognition*, (19): 1–18.

Kacinik, N. 2014. Sticking your neck out and burying the hatchet: What idioms reveal about embodied simulation. *Frontiers in Human Neuroscience*, 8(689): 1–14.

Kappelhoff, H. & Müller, C. 2011. Multimodal metaphor and expressive movement in speech, gesture, and feature film. *Metaphor and the Social World*, 1(2): 121–153.

Kasher, A. 1991. Pragmatics and the modularity of the mind. In Steven, D. (ed.) *Pragmatics: A Reader*. Oxford: Oxford University Press, 567–582.

Kasher, A. (ed.) 1998. *Pragmatics: Critical Concepts, Vol. VI: Pragmatics, Grammar, Psychology, Sociology*. London: Routledge.

Kecskés, I. 2010. The paradox of communication: Socio-cognitive approach to pragmatics. *Pragmatics and Society*, 1(1): 50–73.

Kemmerer, D. 2015. *Cognitive Neuroscience of Language: An Introduction*. New York: Psychology Press.

Kensy, C. & Susan, G. 2017. Gesture, language, and cognition. In Dancygier B. (ed.) *The Cambridge Handbook of Cognitive Linguistics*. Cambridge: Cambridge University Press, 118–134.

Keuper, K., Zwanzger, P., Nordt, M., Eden, A., Laeger, I., Zwitserlood, P., Kissler J., Junghöfer, M. & Dobel, C. 2014. How "love" and "hate" differ from "sleep": Using combined electro/magnetoencephalographic data to reveal the sources of early cortical responses to emotional words. *Human Brain Mapp*, (35): 875–888.

Kimmel, M. 2009. Metaphors of the EU constitutional debate. *Metaphorik.de*, (17), 49–100.

Kimmel, M. 2010. Why we mix metaphors (and mix them well): Discourse coherence, conceptual metaphor, and beyond. *Journal of Pragmatics*, (42): 97–115.

King, B. 1989. *The Conceptual Structure of Emotional Experience in Chinese*. Columbus: Ohio State University.

Kintch, W. 2000. Metaphor comprehension: A computational theory. *Psychonomic Bulletin and Review*, (7): 257–266.

Knoeferle, P. & Guerra, E. 2016. Visually situated language comprehension. *Language & Linguistics Compass*, 10(2): 66–82.

Knop, S. & Mollica, F. 2016. Construction-based analysis of German ditransitive phraseologisms for language pedagogy. In Knop, S. & G. Gilquin. (eds.) *Applied Construction Grammar*. Berlin & Boston: Mouton de Gruyter, 53–88.

Koch, P. 1999. Frame and contiguity: On the cognitive bases of metonymy and certain types of word formation. In Panther, K.-U. & G. Radden. (eds.) *Metonymy in Language and Thought*. Amsterdam: John Benjamins, 139–167.

Kok, K. I. & Cienki, A. 2016. Cognitive grammar and gesture: Points of convergence, advances and challenges. *Cognitive Linguistics*, 27(1): 67–100.

Koller, V. 2004. *Metaphors and Gender in Business Media Discourse: A Critical Cognitive Study*. Hampshire: Palgrave Macmillan.

Koppensteiner, M., Stephan, P. & Jäschke, J. P. M. 2016. Moving speeches: Dominance, trustworthiness and competence in body motion. *Personality and Individual Differences*, (94): 101–106.

Kornrumpf, B., Niefind, F., Sommer, W. & Dimigen, O. 2016. Neural correlates of word recognition: A systematic comparison of natural reading and rapid serial visual presentation. *Journal of Cognitive Neuroscience*, 28(9): 1374–1391.

Kousaie, S. & Phillips, N. A. 2012. Aging and bilingualism: Absence of a "bilingual advantage" in Stroop interference in a nonimmigrant sample. *The Quarterly Journal of Experimental Psychology*, 65(2): 356–369.

Kövecses, Z. 2000. *Metaphor and Emotion: Language, Culture, and Body in Human Feeling*. Cambridge: Cambridge University Press.

Kövecses, Z. 2002/2010. *Metaphor: A Practical Introduction*. New York: Oxford University Press.

Kövecses, Z. 2005. *Metaphor in Culture: Universality and Variation*. New York: Cambridge University Press.

Kövecses, Z. 2008. Conceptual metaphor theory: Some criticisms and alternative proposals. *Annual Review of Cognitive Linguistics*, (6): 168–184.

Kövecses, Z. 2009. Metaphor, culture, and discourse: The pressure of coherence. In Musolff, A. & J. Zinken. (eds.) *Metaphor and Discourse*. London: Palgrave Macmillan.

Kövecses, Z. 2010. A new look at metaphorical creativity in cognitive linguistics. *Cognitive Linguistics*, 21(4): 663–697.

Kövecses, Z. 2016. A view of "mixed metaphor" within a conceptual metaphor theory framework. In Gibbs R.W. (ed.) *Mixing Metaphor*. Amsterdam & Philadelphia: John Benjamins, 3–16.

Kövecses, Z. 2017. Context in cultural linguistics: The case of metaphor. In Sharifian F. (ed.) *Advances in Cultural Linguistics*. Singapore: Springer Nature, 307–323.

Kövecses, Z. 2017. Levels of metaphor. *Cognitive Linguistics*, 28(2): 321–347.

Kövecses, Z. 2020. *Extended Conceptual Metaphor Theory*. Cambridge: Cambridge

University.

Köymen, B. & Kyratzis, A. 2014. Dialogic syntax and complement constructions in toddlers' peer interactions. *Cognitive Linguistics, 25*(3), 497–521.

Krennmayr, T. 2011. *Metaphor in Newspapers.* LOT Dissertation Series, Vol. 276, Utrecht.

Kress, G. 1989. *Linguistic Processes in Sociocultural Practice (2nd ed.)* Oxford: Oxford University Press.

Kress, G. & Van Leeuwen, T. 1996. *Reading Images the Grammar of Visual Design.* New York: Routledge.

Kress, G. & Van Leeuwen, T. 2001. *Multimodal Discourse: The Modes and Media of Contemporary Communication.* London: Arnold Publishers.

Kretzschmar, F., Schlesewsky, M. & Staub, A. 2015. Dissociating word frequency and predictability effects in reading: Evidence from coregistration of eye movements and EEG. *Journal of Experimental Psychology: Learning, Memory and Cognition, 41*(6): 1648–1662.

Kreye, R. 2012. Love is like a stove—it burns when it's hot: A corpus-linguistic view on the (non-)creative use of love-related metaphors in pop songs. In Hoffmann, S., Rayson P. & G. Leech. (eds.) *English Corpus Linguistics: Looking Back, Moving Forward.* Amsterdam: Rodopi, 103–115.

Krishnakumaran, S. & Zhu, X. J. 2007. Hunting elusive metaphors using lexical resources. In *Proceedings of the Workshop on Computational Approaches to Figurative Language.* Rochester, NY Association for Computational Linguistics, 13–20.

Kristiansen, G. 2003. How to do things with allophones: Linguistic stereotypes as cognitive reference points in social cognition. In Dirven, R., Frank, R. & M. Pütz. (eds.) *Cognitive Models in Language and Thought.* Berlin: Mouton de Gruyter, 69–120.

Kristiansen, G. 2006. Towards a usage-based cognitive phonology. *International Journal of English Studies,* (2): 107–140.

Kristiansen, G. 2008. Style-shifting and shifting styles: A socio-cognitive approach to lectal variation. In Kristiansen G. & R. Dirven. (eds.) *Cognitive Sociolinguistics.* Berlin: De Gruyter Mouton, 45–88.

Kristiansen, G. & Dirven, R. (eds.) 2008. *Cognitive Sociolinguistics: Language Variation, Cultural Models, Social System.* Berlin & New York: Mouton de Gruyter.

Kristiansen, G., Franco, K., De Pascale, S., Rosseel, L. & Zhang, W. 2021. *Cognitive Sociolinguistics Revisited.* Berlin & New York: Mouton de Gruyter.

Kristiansen, G. & Geeraerts, D. 2007. On non-reductionist intercultural pragmatics and methodological procedure. In Istvan, K. & R. H. Laurence. (eds.) *Explorations in Pragmatics. Linguistic, Cognitive and Intercultural Aspects*. Berlin & New York: Mouton de Gruyter, 257–285.

Kristiansen, G. & Geeraerts, D. 2013. Contexts and usage in cognitive sociolinguistics: Introduction. *Journal of Pragmatics*, (6): 1–4.

Kroll, J. F. & Bialystok, E. 2013. Understanding the consequences of bilingualism for language processing and cognition. *Journal of Cognitive Psychology*, (25): 497–514.

Krzyżanowski, M. 2011. Ethnography and critical discourse analysis: Towards a problem-oriented research dialogue. *Critical Discourse Studies*, 8(4): 231–238.

Kuchinke, L., Krause, B., Fritsch, N. & Briesemeister, B. B. 2014. A familiar font drives early emotional effects in word recognition. *Brain and Language*, (137): 142–147.

Kuno, S. & Kaburaki, E. 1977. Empathy and syntax. *Linguistic Inquiry*, (8): 627–672.

Kutas, M. & Hillyard, S. A. 1980. Reading senseless sentences: Brain potentials reflect semantic incongruity. *Science*, 207(4427): 203–205.

Kwok, V., Niu, Z., Kay, P., Zhou, K., Mo, L., Jin, Z., So, K. & Tan, L. H. 2011. Learning new color names produces rapid increase in gray matter in the intact adult human cortex. *Proceedings of the National Academy of Sciences*, 108(16): 6686–6688.

Labov, W. 1973. The boundaries of words and their meaning. In Bailey C.-J. N. & R. W. Shuy. (eds.) *New Ways of Analyzing Variation in English*. Washington D.C.: Georgetown University Press, 340–373.

Lacey, S., Stilla, R. & Sathian, K. 2012. Metaphorically feeling: Comprehending textural metaphors activates somatosensory cortex. *Brain and Language*, (120): 416–421.

Lakoff, G. 1987a. *Women, Fire, and Dangerous Things: What Categories Reveal about the Mind*. Chicago and London: The University of Chicago Press.

Lakoff, G. 1987b. Cognitive models and prototype theory. In Neisser, U. (ed.) *Emory Symposia in Cognition, 1. Concepts and Conceptual Development: Ecological and Intellectual Factors in Categorization*. Cambridge: Cambridge University Press, 63–100.

Lakoff, G. 1990. The invariance hypothesis: Is abstract reason based on image-schemas? *Cognitive Linguistics* 1(1): 39–74.

Lakoff, G. 1991. Cognitive vs generative linguistics: How commitments influence results. *Language and Communication*, 11(1/2): 53–62.

Lakoff, G. 1993. The contemporary theory of metaphor. In Ortony A. *Metaphor and Thought*. Cambridge: Cambridge University Press, 202–251.

Lakoff, G. 2005. Cognitive linguistics: What it is and where it is going. *Journal of Foreign Languages*, (2): 2–22.

Lakoff, G., Espenson, J. & Schwartz, A. 1991. *Master Metaphor List: Second Draft Copy (2nd ed.)*. Berkeley: Cognitive Linguistics Group, University of California, Berkeley.

Lakoff, G. & Johnson, M. 1980. *Metaphors We Live by*. Chicago: The University of Chicago Press.

Lakoff, G. & Johnson, M. 1999. *Philosophy in the Flesh: The Embodied Mind and Its Challenge to Western Thought*. New York: Basic Books.

Lakoff, G. & Johnson, M. 2003. *Metaphors We Live by (2nd, revised ed.)*. Chicago: The University of Chicago Press.

Lakoff, G. & Turner, M. 1989. *More Than Cool Reason: A Field Guide to Poetic Metaphor*. Chicago: The University of Chicago Press.

Lam, K. J. Y., Bastiaansen, M. C. M., Dijkstra, T. & Ruesche-meyer, S. A. 2017. Making sense: Motor activation and action plausibility during sentence processing. *Language Cognition & Neuroscience*, 32(5), 590–600.

Lamb, S. M. 1999. *Pathways of the Brain: The Neurocognitive Basis of Language*. Amsterdam & Philadelphia: John Benjamins.

Langacker, R. W. 1982. Space grammar, analysability, and the English passive. *Language*, (58): 22–80.

Langacker, R. W. 1985. Observations and speculations on subjectivity. In Haiman J. (ed.) *Iconicity in Syntax*. Amsterdam & Philadelphia: Johns Benjamins, 109–150.

Langacker, R. W. 1987. *Foundations of Cognitive Grammar Vol. 1: Theoretical Prerequisites*. Stanford: Stanford University Press.

Langacker, R. W. 1990a. *Concept, Image, and Symbol: The Cognitive Basis of Grammar*. Berlin: Mouton de Gruyter.

Langacker, R. W. 1990b. Subjectification. *Cognitive Linguistics*, (1): 5–38.

Langacker, R. W. 1991. *Foundations of Cognitive Grammar Vol. 2: Descriptive Application*. Stanford: Stanford University Press.

Langacker, R. W. 1993. Reference-point constructions. *Cognitive Linguistics*, (4): 1–38.

Langacker, R. W. 1995. Subjectification in grammaticalization. In Stein, D. & S. Wright. (eds.). *Subjectivity and Subjectivisation: Linguistic Perspectives*. Cambridge: Cambridge University Press, 31–54.

Langacker, R. W. 1998. On subjectification and grammaticalization. In Koenig, J.-P.

(ed.) *Discourse and Cognition: Bridging the Gap*. Stanford: CSLI, 71–89.

Langacker, R. W. 1999a. On subjectification and grammaticization. In Koenig J.-P. (ed.) *Discourse and Cognition: Bridging the Gap*. Stanford: CSLI Publications, 1–89.

Langacker, R. W. 1999b. *Grammar and Conceptualization*. Berlin: Mouton de Gruyter.

Langacker, R. W. 2007. Cognitive grammar. In Geeraerts D. & H. Cuyckens. (eds.) *The Oxford Handbook of Cognitive Linguistics*. New York: Oxford University Press, 421–462.

Langacker, R. W. 2008. *Cognitive Grammar: A Basic Introduction*. Oxford: Oxford University Press.

Langacker, R. W. 2009. *Investigations in Cognitive Grammar*. Berlin: Mouton de Gruyter.

Langacker, R. W. 2012. Elliptic coordination. *Cognitive Linguistics*, 23(3): 555–599.

Langacker, R. W. 2016. Baseline and elaboration. *Cognitive Linguistics*, 27(3): 405–439.

Larsen-Freeman, D. 1996. The role of linguistics in language teacher education. In Alatis J., Straehle C., Gallenburger, B. & M. Ronkiin (eds.)*Proceedings of the 1995 Georgetown Roundtable*. Washington D.C.: Georgetown University Press.

Law, J. 2018. Conceptualizations of time in French depuis "since, for" constructions. *Cognitive Linguistics*, 29(2): 163–195.

Lederer, J. 2019. Lexico-grammatical alignment in metaphor construal. *Cognitive Linguistics*, (301): 165–203.

Lee, M. G. & Barnden, J. A. 2001. Reasoning about mixed metaphors with an implemented AI system. *Metaphor and Symbol*, 16(1/2): 29–42.

Leech, G. N. 1969. *A Linguistic Guide to English Poetry*. London: Longman.

Lemke, J. L. 1998. Multiplying meaning: Visual and verbal semiotics in scientific text. In Martin J. R. & R. Veel. (eds.) *Reading Science: Critical and Functional Perspectives*. London: Routledge, 87–113.

Lemmens, M. & Sahoo, K. 2018. Rise and be surprised: Aspectual profiling and mirativity in Odia light verb constructions. *Cognitive Linguistics*, 30(1): 123–164.

Leuthold, H., Filik, R., Murphy, K. & Mackenzie, I. G. 2012. The on-line processing of socio-emotional information in prototypical scenarios: Inferences from brain potentials. *Social Cognitive and Affective Neuroscience,* (7): 457–466.

Leuthold, H., Kunkel, A., Mackenzie, I. G. & Filik, R. 2015. Online processing of moral transgressions: ERP evidence for spontaneous evaluation. *Social Cognitive and Affective Neuroscience*, (10): 1021–1029.

Levshina, N. 2016. When variables align: A Bayesian multinomial mixed-effects model of English permissive constructions. *Cognitive Linguistics, 27*(2): 235–268.

Levshina, N., Geeraerts, D. & Speelman, D. 2013. Towards a 3D-grammar: Interaction of linguistic and extralinguistic factors in the use of Dutch causative constructions. *Journal of Pragmatics,* (6): 34–48.

Lewis, T. & Stickles, E. 2016. Gestural modality and addressee perspective influence how we reason about time. *Cognitive Linguistics, 28*(1): 45–76.

Li, H. & Cao, Y. 2018. Time will tell: Temporal landmarks influence metaphorical associations between space and time. *Cognitive Linguistics, 29*(4): 677–701.

Li, L. & Sporleder, C. 2009. Classifier combination for contextual idiom detection without labelled data. In *Proceedings of EMNLP 2009.* Singapore: Association for Computational Linguistics, 315–323.

Li, Ono. (eds.) 2019. *Multimodality in Chinese Interaction.* Berlin: Mouton de Gruyter.

Lichtenberk, F., Vaid, J. & Chen, H. 2011. On the interpretation of alienable vs. inalienable possession: A psycholinguistic investigation. *Cognitive Linguistics, 22*(4): 659–689.

Lincoln, Y. & E, Guba. 1985. *Naturalistic Inquiry.* Beverly Hills: Sage.

Liu, D. 2013. Salience and construal in the use of synonymy: A study of two sets of near-synonymous nouns. *Cognitive Linguistics, 24*(1): 67–113.

Liu, D. & Espino, M. 2012. Actually, genuinely, really, and truly: A corpus-based behavioral profile study of the near-synonymous adverbs. *International Journal of Corpus Linguistics,* (17): 198–228.

Liu, N. & Bergen, B. 2016. When do language comprehenders mentally simulate locations?. *Cognitive Linguistics, 27*(2): 181–203.

Lonergan, J. E. & Gibbs, R. W. 2016. Tackling mixed metaphors in discourse: New corpus and psychological evidence. In Gibbs, R.W. (ed.) *Mixing Metaphor.* Amsterdam & Philadelphia: John Benjamins, 57–74.

Lönneker, B. 2004. Lexical databases as resources for linguistic creativity: Focus on metaphor. In *Proceedings of the LREC 2004 Workshop on Language Resources for Linguistic Creativity.* Lisbon, Portugal, 9–16.

López-Varela, A. 2013. Intermedial cognitive semiotics: Some examples of multimodal cueing in virtual environments. *Review of Cognitive Linguistics, 11*(2): 388–401.

Luk, G. E., Bialystok, F., Craik, I. M. & Grady, C. L. 2011. Lifelong bilingualism maintains white matter integrity in older adults. *Journal of Neuroscience, 31*(46): 16808–16813.

Lyons, J. 1982. Deixis and subjectivity: Longor, ergo sum?. In Jarvella, R. J. & W. Klein. (eds.) *Speech, Place, and Action: Studies in Deixis and Related Topics.* New

York: John Wiley & Sons, 101-124.

Lyons, J. 1995. *Linguistic Semantics: An Introduction*. Cambridge: Cambridge University Press.

Macdonald, M. 2014. Review of the book *Proximization: The Pragmatics of Symbolic Distance Crossing* by Piotr Cap. *Lodz Papers in Pragmatics*, 10(2): 275-279.

Madlener, K., Skoruppa, K. & Behrens, H. 2017. Gradual development of constructional complexity in German spatial language. *Cognitive Linguistics*, 28(4): 757-798.

Mandler, J. M. 2004. *The Foundations of Mind: Origins of Conceptual Thought*. Oxford: Oxford University Press.

María, J. P. (ed.) 2015. *Multimodality and Cognitive Linguistics*. Amsterdam & Philadelphia: John Benjamins.

Mark, T. 2017. Opening commentary: Polytropos and communication in the wild. In Dancygier B.(ed.) *The Cambridge Handbook of Cognitive Linguistics*. Cambridge: Cambridge University Press, 93-98.

Martin, A., Schurz, M., Kronbichler, M. & Richlan, F. 2015. Reading in the brain of children and adults: A meta-analysis of 40 functional magnetic resonance imaging studies. *Human Brain Mapping*, 36(5): 1963-1981.

Martin, J. H. 1994. MetaBank: A knowledge-base of metaphoric language convention. *Computer Intelligence*, 10(2): 134-139.

Martínez, R. A. & Wilcox, S. 2018. Pointing and placing: Nominal grounding in Argentine sign language. *Cognitive Linguistics*, (30): 121-185.

Mason, Z. 2004. CorMet: A computational, corpus-based conventional metaphor extraction system. *Computational Linguistics*, 30(1): 23-44.

Mazzone, M. 2018. *Cognitive Pragmatics: Mindreading, Inferences, Consciousness*. Berlin & Boston: Mouton de Gruyter.

Meir, I., Padden, C., Aronoff, M. & Sandler, W. 2013. Competing iconicities in the structure of languages. *Cognitive Linguistics*, 24(2): 309-343.

Mesch, J., Raanes, E. & Ferrara, L. 2015. Co-forming real space blends in tactile signed language dialogues. *Cognitive Linguistics*, 26(2): 261-287.

Meulman, N., Wieling, M., Sprenger, S. A., Stowe, L. & Schmid, M. S. 2015. Age effects in L2 grammar processing as revealed by ERPs and how (not) to study them. *PLoS ONE*, (10): e0143328.

Michaelis, L. A. 2004. Type shifting in construction grammar: An integrated approach to aspectual coercion. *Cognitive Linguistics*, (15): 1-67.

Mihalcea, R., Pérez-Rosas, V. & Burzo, M. 2013. Automatic detection of deceit in verbal communication. *Proceedings of the 2013 Acm International Conference* on *Multimodal Interaction*. New York: Association for Computing Machinery, 131–134.

Mittelberg, I. 2008. Piercean semiotics meets conceptual metaphor: Iconic modes in gestural representations of grammar. In Andrea, T., Yiyoung K. & T. Mari (eds.) *Language in the Context of Use: Discourse and Cognitive Approaches to Language*. Berlin: Mouton de Gruyter, 301–320.

Morales, J., Calvo, A. & Bialystok, E. 2013. Working memory development in monolingual and bilingual children. *Journal of Experimental Child Psychology*, (114): 187–202.

Moreno-Fernández, F. 2017. *A Framework for Cognitive Sociolinguistics*. New York & London: Routledge.

Morgan-Short, K. 2014. Electrophysiological approaches to understanding second language acquisition: A field reaching its potential. *Annual Review of Applied Linguistics*, (34): 15–36.

Morgan-Short, K., Steinhauer K., Sanz, C. & Ullman, M. 2012. Explicit and implicit second language training differently affect the achievement of native-language brain potentials. *Journal of Cognitive Neuroscience*, 24(4): 933–947.

Mukamel, R., Ekstrom, A. D., Kaplan, J., Iacoboni, M. & Fried, I. 2010. Single-neuron responses in humans during execution and observation of actions. *Current Biology*, 20(8): 750–756.

Müller, C. 2013. *Body, Language, Communication: An International Handbook on Multimodality in Human Communication*. Berlin: Mouton de Gruyter.

Müller, C. 2016. Why mixed metaphors make sense. In Gibbs, R.W. (ed.) *Mixing Metaphor*. Amsterdam & Philadelphia: John Benjamins, 31–56.

Müller, C., Bressem, J. & Ladewig, S. H. 2013. Towards a grammar of gesture: A form-based view. In Müller, C., Cienki, A., Fricke, E., Ladewig, S. H., McNeill, D. & S. Teßendorf. (eds.) *Body-Language-Communication: An International Handbook on Multimodality in Human Interaction*. Berlin & Boston: Mouton de Gruyter, 707–733.

Musolff, A. 2006. Metaphor scenarios in public discourse. *Metaphor & Symbol*, 21(1): 23–38.

Musolff, A. 2016. *Political Metaphor Analysis: Discourse and Scenario*. London: Bloomsbury.

Nacey, S. 2013. *Metaphors in Learner English*. Amsterdam: John Benjamins.

Narayanan, S. 1997. *Knowledge-Based Action Representations for Metaphor and Aspect (KARMA)*. Berkeley: University of California at Berkeley.

Nelson, J. A. 1995. Gender, metaphor and the definition of economics. *Economics* and *Philosophy*, (8): 103–125.

Newman, A. J., Supalla, T., Hauser, P., Newport, E. L. & Bavelier, D. 2010. Dissociating neural subsystems for grammar by contrasting word order and inflection. *Proceedings of the National Academy of Sciences of the United States of America*, (107): 7539–7544.

Newman, A. J., Supalla, T., Fernandez, N., Newport, E. L. & Bavelier, D. 2015. Neural systems supporting linguistic structure, linguistic experience, and symbolic communication in sign language and gesture. *Proceedings of the National Academy of Sciences of the United States of America*, (112): 11684–11689.

Niemeier, S. & Reif, M. 2008. Applying cognitive grammar to tense-apsect teaching. In de Knop S. & T. de Rycker. (eds.) *Cognitive Approaches to Pedagogical Grammar: A Volume in Honour of Rene Dirven*. New York: Mouton de Gruyter, 325–356.

Nilsson, A. 2015. Embodying metaphors: Signed language interpreters at work. *Cognitive Linguistics*, 27(1): 35–65.

Ningelgen, J. & Auer, P. 2017. Is there a multimodal construction based on non-deictic so in German?. *Linguistics Vanguard*, 3(s1): 1–15.

Nuyts, 2001. *Epistemic Modality, Language and Conceptualization*. Amsterdam & Philadelphia: John Benjamins.

O'Halloran, K. L., Podlasov, A., Chua, A. & Marissa, K. L. E. 2012. Interactive software for multimodal analysis. *Visual Communication*, 11(3): 363–381.

Paap, K. R. & Greenberg, Z. I. 2013. There is no coherent evidence for a bilingual advantage in executive processing. *Cognitive Psychology*, 66(2): 232–258.

Pagan Canovas, C., Valenzuela, J., Alcaraz C.D., Olza, I. & Ramscar, M. 2020. Quantifying the speech-gesture relation with massive multimodal datasets: Informativity in time expressions. *PLoS ONE*, 15(6): e0233892.

Palmer, G. B. 1996. *Toward a Theory of Cultural Linguistics*. Austin: University of Texas Press.

Panther, K. U. & Thornburg, L. 2004. The role of conceptual metonymy in meaning construction. *Metaphorik.de*, (6): 91–116.

Panther, K.-U. & Thornburg, L. 1999. The POTENTIALITY FOR ACTUALITY metonymy in English and Hungarian. In Panther, K.-U. & G. Radden. (eds.) *Metonymy in Language and Thought*. Amsterdam & Philadelphia: John Benjamins, 333–357.

Pápay, K., Szeghalmy, S. & Szekrenyes, I. 2011. HuComTech multimodal corpus annotation. *Argumentum*, (7): 330–347.

Passolunghi, M. C. & Lanfranchi, S. 2012. Domain-specific and domain-general precursors of mathematical achievement: A longitudinal study from kindergarten to first grade. *British Journal of Educational Psychology*, (82): 42–63.

Perek, F. 2014. Rethinking constructional polysemy: The case of the English conative construction. In Glynn, D. & J. Robinson. (eds.) *Corpus Methods for Semantics: Quantitative Studies in Polysemy and Synonymy*. Amsterdam: John Benjamins.

Perek, F. & Hilpert, M. 2017. A distributional semantic approach to the periodization of change in the productivity of constructions. *International Journal of Corpus Linguistics*, 22(4): 490–520.

Pérez-Hernández, L. 2015. Approaching the utopia of a global brand: The relevance of image schemas as multimodal resources for the branding industry. In Sanz, M. J. P. (ed.) *Multimodality and Cognitive Linguistics*. Amsterdam & Philadelphia: John Benjamins, 61–78.

Pérez-Sobrino, P. & Littlemore, J. 2017. Facing methodological challenges in multimodal metaphor research. In Baicchi A. & E. Pinelli. (eds.) *Cognitive Modeling in Language and Discourse across Cultures*. Cambridge: Cambridge Scholars UP.

Polley, C. A. 2012. *Metaphors for Happiness in English and Mandarin Chinese*. Honolulu: University of Hawaii at Manoa.

Ponsonnet, M. 2017. Conceptual representations and figurative language in language shift. *Cognitive Linguistics*, 28(4): 631–671.

Popa, D. E. 2013. Multimodal metaphors in political entertainment. *Review of Cognitive Linguistics*, 11(2): 303–319.

Preston, D. R. 2013. The influence of regard on language variation and change. *Journal of Pragmatics*, (6): 93–104.

Pütz, M. 2014. *Language, Cognition and Ideology in Namibia: Arguing for a Cognitive Sociolinguistics Approach*. Hong Kong: The Hong Kong Institute of Education.

Pütz, M., Robinson, J. A. & Reif, M. (eds.) 2014. *Cognitive Sociolinguistics: Social and Cultural Variation in Cognition and Language Use*. Amsterdam: John Benjamins.

Radden, G. 2002. How metonymic are metaphors?. In Dirven, R. & R. Pörings. (eds.) *Metaphor and Metonymy in Comparison and Contrast*. Berlin & New York: Mouton de Gruyter, 407–433.

Radden, G. & Kövecses, Z. 1999. Towards a theory of metonymy. In Panther, K.-U. & G. Radden. (eds.) *Metonymy in Language and Thought*. Amsterdam & Philadelphia: John Benjamins, 17–59.

Rai, S., et al. 2019. Understanding metaphors using emotions. *New Generation*

Computing, (37): 5–27.
Regier, T. & Xu, Y. 2017. The Sapir-Whorf hypothesis and inference under uncertainty. *WIREs Cognitive Science, 8*(6): 1440.
Reif, M., Robinson, J. A. & Pütz, M. (eds.) 2013. *Variation in Language and Language Use: Sociolinguistic, Socio-cultural and Cognitive Perspective.* Frankfurt: Peter Lang.
Reijnierse, W. G., Burgers, C., Krennmayr, T. & Steen, G. 2018a. Metaphor in communication: The distribution of potentially deliberate metaphor across register and word class. *Corpora, 14*(3): 301–326.
Reijnierse, W. G., Burgers, C., Krennmayr, T. & Steen, G. 2018b. On metaphorical views, dynamite, and doodlings: Functions of domain adjectives in metaphorical domain constructions. *Review of Cognitive Linguistics, 16*(2): 431–454.
Reijnierse, W. G., Burgers, C., Krennmayr, T. & Steen, G. 2018c. DMIP: A method for identifying potentially deliberate metaphor in language use. *Corpus Pragmatics, 2*(2): 129–147.
Reisigl, M. & Wodak, R. 2001. *Discourse and Discrimination: Rhetorics of Racism and Anti-Semitism.* London: Routledge.
Richlan, F. 2014. Functional neuroanatomy of developmental dyslexia: The role of orthographic depth. *Frontiers in Human Neuroscience,* (8): 347.
Richlan, F., Gagl, B., Hawelka, S., Braun, M., Schurz, M., Kronbichler, M. & Hutzler, F. 2014. Fixation-related fmri analysis in the domain of reading research: Using self-paced eye movements as markers for hemodynamic brain responses during visual letter string processing. *Cerebral Cortex,* (24): 2647–2656.
Risse, S. & Kliegl, R. 2011. Adult age differences in the perceptual span during reading. *Psychology and Aging, 26*(2): 451–460.
Robinson, P. & Ellis, N. C. (eds.) *Handbook of Cognitive Linguistics and Second Language Acquisition.* New York: Routledge.
Romer, U., O'Donnell, M. B. & Ellis, N. C. 2014. Second language learner knowledge of verb-argument constructions: Effects of language transfer and typology. *The Modern Language Journal,* (98): 952–975.
Rosch, E. 1975. Cognitive representations of semantic categories. *Journal of Experimental Psychology: General,* (104): 193–233.
Rosch, E. 1978. *Cognition and Categorization.* New York: Lawrence Erlbaum.
Rosch, E. & Mervis, C. B. 1975. Family resemblances: Studies in the internal structure of categories. *Cognitive psychology,* (7): 573–605.
Röthlisberger, M., Grafmiller, J. & Szmrecsanyi, B. 2017. Cognitive indigenization

effects in the English dative alternation. *Cognitive Linguistics, 28*(4): 673–710.

Ruth-Hirrel, L. & Wilcox, S. 2018. Speech-gesture constructions in cognitive grammar: The case of beats and points. *Cognitive Linguistics, 29*(3): 453–493.

Sakreida, K., Scorolli, C., Menz, M. M., Heim, S., Borghi, A. M. & Binkofski, F. 2013. Are abstract action words embodied? An fMRI investigation at the interface between language and motor cognition. *Frontiers in Human Neuroscience, 7*(3): 125.

Samur, D., Lai, V. T., Hagoort, P. & Willems, R. M. 2015. Emotional context modulates embodied metaphor comprehension. *Neuropsychologia,* (78): 108–114.

Sanz, M. J. P. (ed.) 2015. *Multimodality and Cognitive Linguistics*. Amsterdam & Philadelphia: John Benjamins.

Schäfer, R. 2018. Abstractions and exemplars: The measure noun phrase alternation in German. *Cognitive Linguistics, 29*(4): 729–771.

Schindler, S. & Kissler, J. 2016. Selective visual attention to emotional words: Early parallel frontal and visual activations followed by interactive effects in visual cortex. *Human Brain Mapping, 37*(10): 3575–3587.

Schmid, H. & Küchenhoff, H. 2013. Collostructional analysis and other ways of measuring lexico-grammatical attraction: Theoretical premises, practical problems and cognitive underpinnings. *Cognitive Linguistics, 24*(3): 531–577.

Schnefeld, D. 2013 It is…quite common for theoretical predictions to go untested(BNC_CMH): A register-specific analysis of the English go un-V-en construction. *Journal of Pragmatics,* (6): 17–33.

Schneider, N. & Tsarfaty, R. 2013. Design patterns in fluid construction grammars: Book review. *Journal of Computational Linguistics, 39*(2): 447–453.

Schönefeld, D. 2015. A constructional analysis of English un-particle constructions. *Cognitive Linguistics, 26*(3): 423–466.

Schuster, S., Hawelka, S., Hutzler, F., Kronbichler, M. & Richlan, F. 2016. Words in context: The effects of length, frequency, and predictability on brain responses during natural reading. *Cerebral Cortex,* (26): 3889–3904.

Semino, E. 2008. *Metaphor in Discourse*. Cambridge: Cambridge University Press.

Semino, E. 2016. A corpus-based study of "mixed metaphor" as a metalinguistic comment. In Gibbs, R.W. (ed.) *Mixing Metaphor*. Amsterdam & Philadelphia: John Benjamins, 203–222.

Shane, L., Christoph, S. & Yuki, K. 2013. To dash or to dawdle: Verb-associated speed of motion influences eye movements during spoken sentence comprehension. *Plos ONE,* (8): e67187.

Sharifian, F. 2015. Cultural linguistics. In Sharifian, F. (ed.) *The Routledge Handbook of Language and Culture*. London: Routledge.

Shen, Y. & Balaban, N. 1999. Metaphorical (in)coherence in discourse. *Discourse Processes*, 28(2): 139–153.

Shi, X. 2017. *What Is Discourse Research?*. Shanghai: Shanghai Foreign Language Education Press.

Shutova, E. 2010. Models of metaphor in NLP. In *Proceedings of the 48th Annual Meeting of the Association for Computational Linguistics*. Uppsala, Sweden, 11–16.

Shutova, E. & Teufel, S. 2010. Metaphor corpus annotated for source-target domain mappings. In *Proceedings of LREC 2010*. Valletta, Malta.

Shutova, E., Sun, L. & Korhonen, A. 2010. Metaphor identification using verb and noun clustering. In *Proceedings of Coling*. Beijing, China, 1002–1010.

Shutova, E., Sun, L., Gutierrez E., Lichtenstein, P. & Narayanan, S. 2017. Multilingual metaphor processing: Experiments with semi-supervised and unsupervised learning. *Computational Linguistics*, 43(1): 71–123.

Siewierska, A. 1988. *Word Order Rules*. London: Croom Helm.

Simó, J. 2011. Metaphors of blood in American English and Hun-garian: A cross-linguistic corpus investigation. *Journal of Pragmatics*, (43): 2897–2910.

Slobin, D. 2004. The many ways to search for a frog: Linguistic typology and the expression of motion events. In Strömqvist, S. & L. Verhoeven. (eds.) *Relating Events in Narrative: Typological and Contextual Perspectives*. Mahwah: Lawrence Erlbaum, 219–257.

Small, S. L., Buccino, G. & Solodkin, A. 2012. The mirror neuron system and treatment of stroke. *Dev Psychobiol*, 54(3): 293–310.

Smet, H., D'hoedt, F., Fonteyn, L. & Goethem, K. 2018. The changing functions of competing forms: Attraction and differentiation. *Cognitive Linguistics*, 29(2): 197–234.

Smirnova, E., Sommerer, L. & Gildea, S. 2015. *Diachronic Construction Grammar*. Amsterdam: John Benjamins.

Soukup, B. 2013. Austrian dialect as a metonymic device: A cognitive sociolinguistic investigation of speaker design and its perceptual implications. *Journal of Pragmatics*, (6): 73–82.

Speed, L. J. & Vigliocco, G. 2014. Eye movements reveal the dynamic simulation of speed in language. *Cognitive Science*, (38): 367–382.

Sperber, D. 1995. How do we communicate?. In Brockman J. & K. Matson. (eds.) *How Things Are: A Science Toolkit for the Mind*. New York: Morrow, 191–199.

Sperber, D. & Wilson, D. 1986/1995/2001. *Relevance: Communication and Cognition*.

Oxford: Blackwell.

Spranger, M. 2017. Usage-based grounded construction learning—A computational model. In *AAAI Spring Symposium 2017 on Construction Grammar*.

Steels, L. 2004. Constructivist development of grounded construction grammar. In *Proceedings ACL 2004*. Barcelona Spain, 9–16.

Steels, L. (ed.) 2011. *Design Patterns in Fluid Construction Grammar*. Amsterdam: John Benjamins.

Steen, G. J. 2007. *Finding Metaphor in Grammar and Usage: A Methodological Analysis of Theory and Research*. Amsterdam: John Benjamins.

Steen, G. J. 2008. The paradox of Metaphor: Why we need a three-dimensional model for metaphor. *Metaphor & Symbol*, 23(4): 213–241.

Steen, G. J. 2010. When is metaphor deliberate? In Johannesson N. & D. Minugh. (eds.) *Selected Papers from the Stockholm 2008 Metaphor Festival*. Stockholm: University of Stockholm, 47–65.

Steen, G. J. 2011. The contemporary theory of metaphor—Now new and improved!. *Review of Cognitive Linguistics*, 9(1): 26–64.

Steen, G. J. 2015. Developing, testing and interpreting deliberate metaphor theory. *Journal of Pragmatics*, (90): 67–72.

Steen, G. J. 2016. Mixed metaphor is a question of deliberateness. In Gibbs R.W. (ed.) *Mixing Metaphor*. Amsterdam & Philadelphia: John Benjamins. 113–132.

Steen, G. J. 2017. Attention to metaphor: Where embodied cognition and social interaction can meet, but may not often do so. In Hampe, B. (ed.) *Metaphor. Embodied Cognition and Discourse*. Cambridge: Cambridge University Press, 279–296.

Steen, G. J., Dorst, A., Herrmann, B., Kaal, A., Krennmayr, T. & Pasma, T. 2010. *A Method for Linguistic Metaphor Identification*. Amsterdam: John Benjamins.

Stefanowitsch, A. 2019. A usage-based perspective on public discourse: Towards a critical cognitive linguistics. *Yearbook of the German Cognitive Linguistics Association*, 7(1): 177–200.

Stefanowitsch, A. & Gries, S. T. 2003. Collostructions: Investigating the interaction between words and constructions. *International Journal of Courpus Linguistics*, (8): 209–243.

Stein, D. & S, Wright. 1995. *Subjectivity and Subjectivisation*. Cambridge: Cambridge University Press.

Steinhauer, K. 2014. Event-related potentials (ERPs) in second language research: A brief introduction to the technique, a selected review, and an invitation to reconsider critical periods in L2. *Applied Linguistics*, 35(4): 393–417.

Stockwell, P. 2002. *Cognitive Poetics: An Introduction*. London: Routledge.
Stockwell, P. 2007. Toward a critical cognitive linguistics?. In Combrink, A. & I. Biermann. (eds.) *Poetics, Linguistics and History*. London: Nottingham University Press, 510–528.
Stockwell, P. 2015. Poetics. In Dąbrowska E. & D. Divjak. (eds.) *Handbook of Cognitive Linguistics*. Berlin: Walter de Gruyter, 432–452.
Stubbs, M. 2001. *Words and Phrases: Corpus Studies of Lexical Semantics*. Oxford: Blackwell.
Stubbs, M. 1996. *Text and Corpus Analysis*. Oxford: Blackwell.
Stukker, N. 2019. Genre as a factor determining the viewpoint-marking quality of verb tenses. Special Issue: Time and Viewpoint in Narrative Discourse, Guest Editors: Kobie van Krieken, José Sanders and Eve Sweetser. *Cognitive Linguistics*, 30(2): 305–325.
Sullivan, K. & Bui, L. 2016. With the future coming up behind them: Evidence that time approaches from behind in Vietnamese. *Cognitive Linguistics*, 27(2): 205–233.
Sweester, E. 1990. *From Etymology to Pragmatics. Metaphorical and Cultural Aspects of Semantic Structure*. Cambridge: Cambridge University Press.
Sweetser, E. 1999. Compositionality and blending: Semantic composition in a cognitively realistic framework. In Janssen, T. & G. Redeker. (eds.) *Cognitive Linguistics: Foundations, Scope and Methodology*. Berlin: Mouton de Gruyter, 129–162.
Sweetser, E. 2017. Metaphor and metonymy in advertising: Building viewpoint in multimodal multi-space blends. *Journal of Pragmatics*, (122): 65–76.
Szmrecsanyi, B., Grafmiller, J., Heller, B. & Röthlisberger M. 2016. Around the world in three alternations: Modeling syntactic variation in varieties of English. *English World-Wide*, 37(2): 109–137.
Tajima, Y. & Duffield, N. 2012. Linguistic versus cultural relativity: On Japanese-Chinese differences in picture description. *Recall*, 23(4): 675–709.
Talmy, L. 1976. Semantic causative types. In Shibatani, M. (ed.) *Syntax and Semantics 6: The Grammar of Causative Constructions*. New York: Academic Press, 41–116.
Talmy, L. 1978a. Figure and ground in complex sentences. In Greenberg J. H. (ed.) *Universals of Human Language (Vol. 4): Syntax*. Stanford: Stanford University Press, 419–430.
Talmy, L. 1978b. Relations between subordination and coordination. In Greenberg, J. H. (ed.) *Universals of Human Language (Vol. 4): Syntax*. Stanford:

Stanford University Press, 487–513.

Talmy, L. 1985. Lexicalization patterns: Semantic structure in lexical forms. In T. Shopen. (ed.) *Language Typology and Syntactic Description*. Cambridge: Cambridge University Press, 36–149.

Talmy, L. 1988. Force dynamics in language and thought. *Cognitive Sciences*, (12): 49–100.

Talmy, L. 2000a. *Toward a Cognitive Semantics (Vol. I): Concept Structuring Systems*. Cambridge: The MIT Press.

Talmy, L. 2000b. *Toward a Cognitive Semantics (Vol. II): Typology and Process in Concept Structuring*. Cambridge: MIT Press.

Talmy, L. 2007. Forward. In Gonzalez-Marquez M., Mittelberg I., Coulson, S. & M. J. Spivey. (eds.) *Methods in Cognitive Linguistics*. Amsterdam: John Benjamins.

Talmy, S. 2008. The cultural productions of the ESL student at Tradewinds High: Contingency, multi-directionality and identity in L2 socialization. *Applied Linguistics*, 29(4): 619–644.

Taylor, J. R. 1989. *Linguistic Categorization: Prototypes in Linguistic Theory*. Oxford: Oxford University Press.

Taylor, J. R. 2002. *Cognitive Grammar*. Oxford: Oxford University Press.

Taylor, J. R. 2003. *Linguistic Categorization*. Oxford: Oxford University Press.

Tempel, K., Kuchinke, L., Urton, K., Schlochtermeier, L. H., Kappelhoff, H. & Jacobs, A. M. 2013. Effects of positive pictograms and words: An emotional word superiority effect?. *Journal of Neurolinguistics*, 26(6): 637–648.

Terai, A. & Nakagawa, M. 2007. A neural network model of metaphor understanding with dynamic interaction based on a statistical language analysis: Targeting a human-like model. *International Journal of Neural System*, 17(4): 265–274:

Teubert, W. & Cermakova, A. 2009. *Corpus Linguistics: A Short Introduction. Guided by Wang Haihua*. Beijing: World Publishing Corporation.

Thomas, J. 1995. *Meaning in Interaction: An Introduction to Pragmatics*. London: Longman.

Tognini-Bonelli, E. 2001. *Corpus Linguistics at Work*. Amsterdam & Philadelphia: John Benjamins.

Tolentino, L. C. & Tokowicz, N. 2014. Cross-language similarity modulates effectiveness of second language grammar instruction. *Language Learning*, (64): 279–309.

Tomasello, M. 1999. *The Cultural Origins of Human Cognition*. Cambridge: Harvard University Press.

Tomasello, M. 2000. First steps toward a usage-based theory of language acquisition. *Cognitive Linguistics*, 11(1-2): 61–82.

Tomasello, M. 2008. *Origins of Human Communication*. Cambridge: MIT Press.

Tomasello, M. 2015. The usage-based theory of language acquisition. In Bavin, E. & L. Naigles. (eds.) *The Cambridge Handbook of Child Language (Cambridge Handbooks in Language and Linguistics)*. Cambridge: Cambridge University Press, 89–106.

Traugott, E. C. 1982. From propositional to textual and expressive meanings. Some semantic—pragmatic aspects of grammaticalization. In Lehmann W. P. & Y. Malkiel. (eds.) *Perspectives on Historical Linguistics*. Amsterdam & Philadelphia: John Benjamins, 245–271.

Traugott, E. C. 1989. On the rise of epistemic meanings in English: An example of subjectification in semantic change. *Language*, (65): 31–55.

Traugott, E. C. 1995. Subjectification in grammaticalization. In Stein D. & S. Wright. (eds.) *Subjectivity and Subjectivisation*. Cambridge: Cambridge University Press, 31–54.

Traugott, E. C. 1999. The rhetoric of counter-expectation in semantic change: A study in subjectification. In Blank A. & P. Koch. (eds.) *Historical Semantics and Cognition*. Berlin & New York: Mouton de Gruyter, 177–196.

Traugott, E. C. 2003. From subjectification to intersubjectification. In Hickey R. (ed.) *Motives for Language Change*. Cambridge: Cambridge University Press, 124–139.

Traugott, E. C. & Dasher, R. B. 2002. *Regularity in Semantic Change*. Cambridge: Cambridge University Press.

Troyer, M., Curley, L., Miller, L., Saygin, A. & Bergen, B. 2014. Action verbs are processed differently in metaphorical and literal sentences depending on the semantic match of visual primes. *Frontiers in Human Neuroscience*, 8(982): 1–16.

Trudgill, P. 2004. Linguistic and social typology: The Austronesian migrations and phoneme inventories. *Linguistic Typology*, (3): 305–320.

Trudgill, P. 2011. *Sociolinguistic Typology: Social Determinants of Linguistic Complexity*. Oxford: Oxford University Press.

Turner, M. & Fauconnier G. 1995. Conceptual integration and formal expression. *Journal of Metaphor and Symbolic Activity*, 10(3): 183–204.

Turney, P., Neuman, Y., Assaf, D. & Cohen, Y. 2011. Literal and metaphorical sense identification through concrete and abstract context. In *Proceedings of the Conference on Empirical Methods in Natural Language Processing*, EMNLP'11, Stroudburg, PA, USA. Association of Computational Linguistics, 680–690.

Tylén, K., Fusaroli, R., Bundgaard, P. & Østergaard, S. 2013. Making sense together: A dynamical account of linguistic meaning making. *Semiotica*, (194): 39–62.

Tyler, A. 2008. Cognitive linguistics and second language instruction. In Robinson, P. & N. Ellis. (eds.) *Handbook of Cognitive Linguistics and Second Language Acquisition*. London: Routledge, 456–488.

Tyler, A. 2010. Usage-based approaches to language and their applications to second language learning. *Annual Review of Applied Linguistics*, (30): 270–291.

Tyler, A. 2012. Cognitive linguistics and second language learning: Theoretical basics and experimental evidence. *Australian Journal of Linguistics*, *37*(1): 121–122.

Tyler, A., Mueller, C. & Ho, V. 2010. Applying cognitive linguistics to learning the semantics of English *to*, *for*, and *at*: An experimental investigation. *Vigo International Journal of Applied Linguistics*, (8): 181–206.

Tylor, J. R. 1995. *Linguistic Categorization: Prototype in Linguistic Theory*. Oxford: Oxford University Press.

Ungerer, F. & Schmid, H. J. 2001. *An Introduction to Cognitive Linguistics*. Beijing: Foreign Language Teaching and Research Press.

van Bergen, G. & Flecken, M. 2017. Putting things in new places: Linguistic experience modulates the predictive power of placement verb semantics. *Journal of Memory and Language*, (92): 26–42.

van der Auwera, J. & Nuyts J. 2010. Cognitive linguistics and linguistic typology. In Geeraerts, D. & H. Cuyckens. (eds.) *The Oxford Handbook of Cognitive Linguistics*. Oxford: Oxford University Press, 1074–1091.

van Dijk, T. A. 2008. *Discourse and Context: A Sociocognitive Approach*. Cambridge: Cambridge University Press.

van Dijk, T. A. 2014. *Discourse and Knowledge: A Sociocognitive Approach*. London: Cambridge University Press.

van Krieken, K., Sanders, J. & Sweetser, E. 2019. Linguistic and cognitive representation of time and viewpoint in narrative discourse. Special Issue: Time and Viewpoint in Narrative Discourse, Guest Editors: Kobie van Krieken, José Sanders and Eve Sweetser. *Cognitive Linguistics*, *30*(2): 243–251.

van Leeuwen, T. 1996. The representation of social actors. In Caldas-Coulthard, C. R. & M. Coulthard. (eds.) *Text and Practices: Readings in Critical Discourse Analysis*. London & New York: Routledge, 32–70.

van Trijp, R. 2013. A comparison between fluid construction grammar and sign-based construction grammar. *Constructions and Frames*, *5*(1): 88–116.

Verhagen, A. 2001. Subordination and discourse segmentation revisited, or:

Why matrix clauses may be more dependent than complements. In Sanders T., Schilperoord, J. & W. Spooren. (eds.) *Text Representation: Linguistic and Psycholinguistic Aspects*. Amsterdam: John Benjamins, 337–357.

Verhagen, A. 2005. *Constructions of Intersubjectivity: Discourse, Syntax, and Cognition*. Oxford: Oxford University Press.

Verstraete, J. 2001. Subjective and objective modality: Interpersonal and ideational functions in the English modal auxiliary system. *Journal of Pragmatics*, (33): 1505–1528.

Verveckken, K. 2012. Towards a constructional account of high and low frequency binominal quantifiers in Spanish. *Cognitive linguistics*, 23(2): 421–478.

Vukovic, R. K. & Lesaux, N. K. 2013. The language of mathematics: Investigating the ways language counts for children's mathematical development. *Journal of Experimental Child Psychology*, 115(2): 227–244.

Waldron, E. J. & Hernandez, A. E. 2013. The role of age acquisition on past tense generation in Spanish-English bilinguals: An fMRI study. *Brain and Language*, (125): 28–37.

Wallentin, M., Nielsen, A. H., Vuust, P., Dohn, A., Roepstorff, A. & Lund, T. E. 2011. Amygdala and heart rate variability responses from listening to emotionally intense parts of a story. *NeuroImage*, (58): 963–973.

Wallington, A., Barnden, J., Buchlovsky, P., Fellows, L. & Glasbey, S. 2003. *Metaphor Annotation: A Systematic Study*. Birmingham: The University of Birmingham.

Wang, L., Bastiaansen, M. & Yang, Y. F. 2015. The influence of emotional salience on the integration of person names into context. *Brain Research*, (1609): 82–92.

Wardhaugh, R. & Fuller, J. M. 2015. *An Introduction to Sociolinguistics*. Chichester & Malden: Wiley-Blackwell.

Wei, W., Lu, H., Zhao, H., Chen, C. S., Dong, Q. & Zhou, X. L. 2012. Gender differences in children's arithmetic performance are accounted for by gender differences in language abilities. *Psychological Science*, 23(3): 320–330.

Widdowson, H. G. 2004. *Text, Context, Pretext: Critical Issues in Discourse Analysis*. Oxford: Blackwell.

Wilcox, S. & Occhino, C. 2016. Constructing signs: Place as a symbolic structure in signed languages. *Cognitive Linguistics*, 27(3): 371–404.

Wilcox, S. & Xavier, A. 2013. A framework for unifying spoken language, signed language, and gesture. *Todas as Letras*, 15(1): 88–110.

Wittgenstein, L. 1953. *Philosophical Investigations*. Oxford: Blackwell.

Wodak, R. & Meyer M. (eds.) 2009. *Methods of Critical Discourse Analysis (2nd ed.)*. London: Sage.

Wolf, H.-G. & Polzenhagen, F. 2009. *World Englishes: A Cognitive Sociolinguistic Approach*. Berlin & New York: Walter de Gruyter.

Wu Z. J. & Yu H. 2013. Ethnography and critical discourse analysis. *Foreign Languages and Their Teaching*, (4): 14–19.

Yan, B. & Zhang, H. 2018. Critical cognitive analysis of Sino-US trade war discourses: The perspective of proximization theory. *Foreign Languages Research*, (6): 16–22.

Yang, F. P., Bradley, G. K., Huq, M., Wu, D. L. & Drawczyk, D. C. 2013. Contextual effects on conceptual blending in metaphors: An even-related potential study. *Journal of Neurolinguistics*, 26(2): 312–326.

Yang, X. D. & Ding, J. X. 2016. Research of ethnography from the perspective of critical discourse analysis. *Foreign Languages and Their Teaching*, (2): 19–24.

Yoon, J. & Gries, S. (eds.) 2016. *Corpus-based Approaches to Construction Grammar*. Amsterdam: John Benjamins.

Yu, N. 1995. Metaphorical expressions of anger and happiness in English and Chinese. *Metaphor and Symbolic Activity*, (10): 59–92.

Yu, N. 2011. Beijing Olympics and Beijing opera: A multimodal metaphor in a CCTV Olympics commercial. *Cognitive Linguistics*, 22(3): 595–628.

Yu, N. & Jia, D. 2016. Metaphor in culture: LIFE IS A SHOW in Chinese. *Cognitive Linguistics*, 27(2): 147–180.

Yusa, N., Koizumi M., Kim J., Kimura N., Uchida S., Yokoyama S., Miura N., Kawashima R. & Hagiwara, H. 2011. Second-language instinct and instruction effects: Nature and nurture in second-language acquisition. *Journal of Cognitive Neuroscience*, 23(10): 2716–2730.

Zhang, H. & Di, W. 2016. Making intelligence more transparent: A critical cognitive analysis of US strategic intelligence reports on Sino-US relation. *Journal of Language and Politics*, 15(1): 63–93.

Zhang, H. & Jiang, L. 2008. Integration of cognitive linguistics and critical discourse analysis. *Foreign Language Research*, (5): 12–19.

Zhang, H. & Luo, Y. L. 2017. A critical cognitive analysis of strategic intelligence discourse—A perspective from cognitive grammar. *Foreign Languages Research*, (6): 4–10.

Zhang, H. & Yan, B. 2019. A critical cognitive linguistic analysis of political conflict discourses: A case study based on discourses of Syrian war. *Foreign Languages and Their Teaching*, (4): 14–27.

Zhang, H. & Yang, Y. Q. 2018. "Three axes" and "three dimensions" in cognitive linguistics: A survey of the 14th Cognitive Linguistics Conference. *Shandong Foreign Language Teaching*, (2): 10–23.

Zhang, H. & Yang, Y. Q. 2019. Critical cognitive linguistics: Theoretical basis and research situation. *Foreign Language Education*, (3): 1–11.

Zhang, T. W. 2016. A study of discourse system construction in politicians speech: A case study from proximization theory approach. *Foreign Languages in China*, (5): 28–35.

Zhang, W., Geeraerts, D. & Speelman, D. 2015. Visualizing onomasiological change: Diachronic variation in metonymic patterns for woman in Chinese. *Cognitive Linguistics*, 26(2): 289–330.

Zhang, X. 2017. Second language users restriction of linguistic generalization errors: The case of English un-prefixation development. *Language Learning*, 67(3): 569–598.

Zhao, J., Zhou, Y., Li, Z., Wang, W. & Chang, K. W. 2018. Learning gender-neutral word embeddings. *Proceedings of the 2018 Conference on Empirical Methods in Natural Language Processing*. Brussels, 4847–4853.

Zhao, Q. B., Li, Y., Shang, X. L., Zhou, Z. J. & Han, L. 2014. Uniformity and nonuniformity of neural activities correlated to different insight problem solving. *Neuroscience*, (270): 203–211.

Zhong, W., Li, Y., Huang, Y., Li, H. & Mo, L. 2018. Is the lateralized categorical perception of color a situational effect of language on color perception?. *Cognitive Science*, 42(1): 350–364.

Zinken, J., Hellsten, I. & Nerlich B. 2008. Discourse metaphors. In Frank R. M., Dirven R., Ziemke T. & E. Bernárdez. (eds.) *Body, Language, and Mind (Vol. 2): Sociocultural Situatedness*. Berlin: Mouton de Gruyter, 363–386.

Zinken, J. & Musolff, A. 2009. A discourse-centered perspective on metaphorical meaning and understanding. In Zinken, J. & A. Musolff. (eds.) *Metaphor and Discourse*. Hampshire: Palgrave Macmillan, 1–11.

# 术 语 表

| | |
|---|---|
| absence | 缺席 |
| Abundance Hypothesis | 裕足假设 |
| accessibility | 可及性 |
| action correlation event | 行为相关事件 |
| affective experience | 情感经验 |
| affordance | 示能性 |
| amenability | 顺从性 |
| amplifier | 强势词 |
| analogy | 类比 |
| anaphoric reference | 前指照应 |
| asocial | 去社会 |
| awareness | 意识 |
| audiolingualism | 视听教学法 |
| base | 基体 |
| baseline and elaboration | 基线与加工理论 |
| basic-level category | 基本层次范畴 |
| behavioral profile analysis | 行为特征分析方法 |
| biological/neurological reality | 生物/神经现实性 |
| blended space | 合成空间 |
| categorization | 范畴化 |
| causation event | 因果事件 |
| causal-chain windowing | 致使链聚焦 |
| caused motion construction | 使役移动构式 |
| classical view of categorization | 经典范畴化理论 |
| co-event | 协事件 |
| coercion effect | 强制效应 |
| cognitive commitment | 认知承诺 |
| cognitive grammar | 认知语法 |
| cognitive model | 认知模型 |
| cognitive plausibility | 认知可能性 |
| cognitive reality | 认知现实性 |
| cognitive sociolinguistics | 认知社会语言学 |
| coherent referent situation | 连贯指称场景 |

| | |
|---|---|
| collocation analysis | 搭配分析方法 |
| Comical Hypothesis | 滑稽假设 |
| communicative ground | 交流场 |
| composition | 组合 |
| comprehension-based instruction | 基于理解的语言教学 |
| Conceptual Blending Theory | 概念整合理论 |
| conceptual element | 概念元素 |
| Conceptual Metaphor Theory | 概念隐喻理论 |
| Conceptual Metonymy Theory | 概念转喻理论 |
| conceptual pathway | 概念通道 |
| conceptual primitive | 概念基元 |
| conceptual slicing | 概念切除 |
| conceptual structuring system | 概念建构系统 |
| conceptualization | 概念化 |
| configurational system | 构型系统 |
| consciousness | 意识 |
| Constitutive Principle | 组构原则 |
| construal | 识解 |
| constructicon | 构式库 |
| construction-centered view | 构式中心论 |
| Construction Grammar | 构式语法 |
| constructional schematicity | 构式图式性 |
| convention | 常规 |
| convergence | 汇流 |
| coordination | 合作 |
| corpus-based | 基于语料库的 |
| corpus-driven | 语料库驱动的 |
| correlation metaphor | 关联隐喻 |
| criterial–attribute model | "标准—属性"模式 |
| critical metaphor analysis | 批评隐喻分析 |
| cross-space mapping | 跨空间映射 |
| cultural model | 文化模型 |
| cyclic event | 循环事件 |
| decontexted | 去语境 |
| decontextualization | 去语境化 |
| deductive model | 演绎模式 |
| deixis | 指示 |
| deletion | 省略 |

| | |
|---|---|
| deliberate metaphor | 蓄意隐喻 |
| Deliberate Metaphor Identification Procedure, DMIP | 识别潜在蓄意隐喻的方法 |
| dialogic resonance | 对话共鸣 |
| dialogic syntax | 对话句法理论 |
| Diffusion Tensor Imaging, DTI | 弥散张量成像 |
| discourse participant | 语篇参与者 |
| dynamic construal | 动态识解 |
| dynamic modulation | 动态调变 |
| elaboration | 扩展；精细化 |
| Embodied Construction Grammar | 体验构式语法 |
| embodied mind | 涉身心智 |
| embodied response | 涉身回应 |
| empathy | 主观移情 |
| empirical turn | 经验转向 |
| epistemic necessity | 认识需要 |
| event frame | 事件框架 |
| Event-related Potentials, ERPs | 事件相关电位 |
| explicit instruction | 显性讲授 |
| family resemblance | 家族相似性 |
| Fluid Construction Grammar | 流变构式语法 |
| focusing | 注意力 |
| force-dynamic system | 力动态系统 |
| force dynamics | 力动态 |
| foreground | 前景化 |
| Frame Semantics | 框架语义学 |
| frequency effect | 频率效应 |
| full sanction | 完全允准 |
| functional magnetic resonance imaging, fMRI | 功能性磁共振 |
| generic space | 类属空间 |
| Graded Salience Hypothesis | 等级凸显假说 |
| gradual accommodation | 逐渐适应 |
| hierarchy | 层级性 |
| human scale | 人类尺度 |
| Identification Principle | 识别原则 |
| image schema | 意象图式 |
| immediate scope | 直接辖域 |
| impersonal objects | 非人性的对象 |
| implicit instruction | 隐性讲授 |

| | |
|---|---|
| inductive model | 归纳模式 |
| input space | 输入空间 |
| instantiation | 例示 |
| intentionality | 意图 |
| interdiscursivity | 话语间性 |
| internet memes | 网络模因 |
| interrelationship event | 相互关系事件 |
| interrelationship windowing | 相互关系聚焦 |
| intersubjective engagement | 主体间参与 |
| intertextuality | 互文性 |
| Invariance Principle | 不变原则 |
| joint action | 共同行动 |
| language mixture | 语言混合 |
| lankmark | 界标 |
| levels of metaphor | 隐喻层级理论 |
| lexicalization pattern | 词化模式 |
| lexico-conceptual pact | 词汇概念约定 |
| linguistic intersection | 语言交叉 |
| macro event | 宏事件 |
| Magnetoencephalography, MEG | 脑磁图 |
| main event | 主事件 |
| mapping of attention | 注意映射 |
| maximal scope | 最大辖域 |
| meaning chain | 语义链 |
| meaning construction | 语义建构 |
| meaning negotiation | 意义协商 |
| meaning potential | 意义潜势 |
| mental modality | 心智模块 |
| mental representation | 心理表征 |
| Mental Space Theory | 心理空间理论 |
| metalinguistic belief | 元语言信念 |
| metaphor composition | 隐喻构图 |
| metaphor pastiche | 隐喻混合 |
| metaphoric structuring | 隐喻式构造 |
| metaphorical folk model | 隐喻民俗模型 |
| metaphormania | 隐喻狂热 |
| mimetic schema | 模拟图式 |
| mirror neuron | 镜像神经元 |

| | |
|---|---|
| monitor model | 监控模型 |
| monocentric structure | 单一中心结构 |
| motion Event | 位移事件 |
| motivation | 理据性 |
| motoric mental imagery | 运动心理意象 |
| multidimensional scaling | 多因素分析方法 |
| multifactorial analysis | 多因素分析方法 |
| multimodal communication | 多模态交际 |
| negation | 否定 |
| network model | 网络模型 |
| non-arbitrariness | 非任意性 |
| on-line construction | 在线构建 |
| optimization | 优化 |
| partial sanction | 部分允准 |
| participant event | 参与者事件 |
| participant–interaction windowing | 参与者—互动聚焦 |
| pattern of attention | 注意模式 |
| perspectival system | 视角系统 |
| perspective | 视角 |
| perspective changing | 视角变换 |
| perspective point | 视点 |
| phase windowing | 相聚焦 |
| polycentric structure | 多中心结构 |
| Positron Emission Tomography, PET | 正电子发射断层扫描 |
| preemption | 占位 |
| primary metaphor | 基础隐喻 |
| Principle of Access | 可及原则 |
| priority | 优先性 |
| Probabilistic Grammar | 概率语法 |
| Processing Hypothesis | 加工假设 |
| profile | 侧面 |
| prominence | 突显 |
| prototype | 原型 |
| proximity | 邻近性 |
| Proximity Hypothesis | 邻近假设 |
| radial category | 辐射范畴 |
| rationalist model | 理性主义模型 |
| readiness | 稳定性 |

|  |  |
|---|---|
| realization event | 实现事件 |
| reciprocal construction | 交互构式 |
| recontextualization | 再语境化 |
| recursion | 递归 |
| reduction | 减缩 |
| reference point construction | 参照点结构 |
| referential opacity | 指称晦暗 |
| romantic model | 浪漫主义模型 |
| rule-based | 基于规则的 |
| Sapir–Whorf Hypothesis | 萨尔丕—沃尔夫假说 |
| schematic system | 图式系统 |
| schematization | 抽象 |
| self-spaced reading paradigm | 自定步数阅读范式 |
| sequential scanning | 顺序扫描 |
| seriality | 序列性 |
| Sign-Based Construction Grammar | 基于符号的构式语法 |
| situated communication | 情境化交际 |
| situation | 情景 |
| situational coordinate | 情景坐标 |
| situational necessity | 情景需要 |
| social actor model | 社会行动者模式 |
| social cognitive linguistics | 社会的认知语言学 |
| social turn | 社会转向 |
| socio-cognitive approach | 社会认知方法 |
| sociolinguistic typology | 社会语言类型学 |
| Space Grammar | 空间语法 |
| speaker design | 说话人设计 |
| speaker subjectivity | 言者主观性 |
| specificity | 详细程度 |
| state change event | 状态变化事件 |
| strength of attention | 注意强度 |
| subjectivity | 主观性 |
| subordinate category | 低层次范畴 |
| substrate | 概念基体 |
| summary scanning | 总体扫描 |
| superordinate category | 高层次范畴 |
| symbolic structure | 符号结构 |
| symbolic unit | 象征单位 |

| | |
|---|---|
| syntagmatic representation | 组合关系的呈现 |
| target | 目标语 |
| Template Construction Grammar | 模板构式语法 |
| temporal contouring event | 体相事件 |
| The Correspondence Principle | 对应原则 |
| the pressure of coherence | 连贯的压力 |
| The Semantic Coherence Principle | 语义一致原则 |
| token | 例 |
| token frequency | 例证频率 |
| topology | 认知布局 |
| trajector | 射体 |
| transactive construction | 转移构式 |
| Transcranial Magnetic Stimulation, TMS | 快速经颅磁刺激 |
| trigger | 触发语 |
| type | 类 |
| uniqueness | 唯一性 |
| universality | 普遍性 |
| unpacking | 还原 |
| variationist sociolinguistics | 变异社会语言学 |
| web-crawled corpus | 网络爬虫语料库 |
| window of attention | 注意窗 |
| zero | 零元素 |